U0573034

权威·前沿·原创

皮书系列为
“十二五”“十三五”国家重点图书出版规划项目

BLUE BOOK

智库成果出版与传播平台

节能汽车蓝皮书
BLUE BOOK OF ENERGY-EFFICIENT VEHICLE

中国节能汽车发展报告（2021）

ANNUAL REPORT ON ENERGY-EFFICIENT VEHICLE INDUSTRY IN CHINA (2021)

主　　编 / 中国汽车工程研究院股份有限公司

社会科学文献出版社
SOCIAL SCIENCES ACADEMIC PRESS (CHINA)

图书在版编目(CIP)数据

中国节能汽车发展报告．2021 / 中国汽车工程研究院股份有限公司主编．-- 北京：社会科学文献出版社，2021.11
（节能汽车蓝皮书）
ISBN 978-7-5201-9258-3

Ⅰ．①中… Ⅱ．①中… Ⅲ．①汽车节油-研究报告-中国-2021 Ⅳ．①U471.23

中国版本图书馆 CIP 数据核字（2021）第 213876 号

节能汽车蓝皮书
中国节能汽车发展报告（2021）

主　　编 / 中国汽车工程研究院股份有限公司

出 版 人 / 王利民
责任编辑 / 张　超
责任印制 / 王京美

出　　版 / 社会科学文献出版社·皮书出版分社（010）59367127
地址：北京市北三环中路甲 29 号院华龙大厦　邮编：100029
网址：www.ssap.com.cn
发　　行 / 市场营销中心（010）59367081　59367083
印　　装 / 三河市东方印刷有限公司

规　　格 / 开 本：787mm × 1092mm　1/16
印 张：17.25　字 数：257 千字
版　　次 / 2021 年 11 月第 1 版　2021 年 11 月第 1 次印刷
书　　号 / ISBN 978-7-5201-9258-3
定　　价 / 128.00 元

《中国节能汽车发展报告（2021）》

编　委　会

编委会主任　李开国

主　　　编　抄佩佩

副　主　编　沈　斌

编　　　委　冯　静　楼狄明　王　勇　周梅生　付铁军

主要执笔人　王　凤　殷　蕾　孙美林　李　青　王树臣
金　陵　苟武尧　刘思含　吴予麟　杨振国
杨　凯　王　鹏　李　丽　吴良渠　周　杰
王国勇　曾　科　陈　君　唐国强　赵　杰
吴　玉　高国华　刘　卓　毛　斌　白晨旰
彭丽惠

参与编写人员　（按姓氏拼音排序）
陈其彬　陈锡均　胡钦高　霍加林　柯雄风
李　光　李艾丹　李若曦　梁新苗　刘　滨
刘　洋　刘乃胜　刘一林　罗　翔　任志远
孙瀚文　唐　敏　王发福　谢雨宏　徐　楠
杨　松　尹华钢　喻　澜　曾望云　张　宇
张君柯　赵　旭　郑雨汶

主编单位简介

中国汽车工程研究院股份有限公司　我国汽车行业产品开发、试验研究、质量检测的重要基地及技术支撑机构，建于1965年3月，原名重庆重型汽车研究所，系国家一类科研院所。于2012年6月11日在上海证券交易所正式挂牌上市（股票简称：中国汽研，股票代码：601965）。研发和测试新基地于2013年10月建成并投入使用。经过50余年的发展，已拥有较强的汽车技术研发能力、一流的试验设备和较高的行业知名度。目前主要从事汽车研发、咨询、测试和评价领域的技术服务业务和专用汽车、轨道交通关键零部件、汽车燃气系统及其关键零部件、汽车及零部件试验检测设备的制造业务。按照“优先重点发展研究开发业务，大力积极发展测试评价业务，统筹稳健发展科技成果产业化业务”的发展思路，已建成汽车安全、汽车噪声振动、电磁兼容、汽车节能与排放、电动汽车、替代燃料汽车、汽车整车、发动机、零部件等试验室和汽车工程研发中心，并努力建设成为我国汽车产业的科技创新平台和公共技术服务平台，发展成为国际一流、国内领先的汽车工程技术应用服务商和高科技产品集成供应商，为我国汽车产业的持续健康发展发挥应有的技术支撑作用和科技引领作用。

摘　要

“节能汽车蓝皮书”是关于中国汽车产业节能发展的年度研究报告，2016 年首次出版，本书为第六部。本书由中国汽车工程研究院组织编撰，集合了国内外整车企业、零部件企业、科研院所等众多行业专家的智慧，是一部全面论述中国节能汽车发展的权威著作。

2020 年 9 月 22 日，国家主席习近平已面向全球提出中国碳达峰及碳中和的目标。交通运输行业是经济与社会发展的基石，同时也是碳排放的重要行业之一。我国历年交通行业碳排放数据显示，乘用车的碳排放逐年增加，商用车占有率低但排放量较大，汽车整体行业的节能减排至关重要。在此背景下，持续优化产业结构，规模化发展节能汽车，全面推广绿色低碳技术，成为我国汽车产业实现可持续发展的内在要求。

中国是石油消费大国，2020 年我国国内原油表观消费量 7.36 亿吨，原油对外依存度高达 73.5%。其中，车辆的巨额成品油消耗量是主要因素。2020 年我国乘用车企业平均燃油消耗量不降反升，在未来 10 年内传统能源汽车仍为主力，因此大力推进节能技术的应用、持续降低传统能源汽车的能耗是我国汽车产业实现高质量发展的必然要求。

本年度报告以“2020～2021 年中国节能汽车发展评估与展望”开篇，围绕行业热点，论述国内外节能汽车发展现状及趋势。报告主要包括七个部分，即总报告、市场篇、技术篇、政策篇、测试篇、专题篇及附录。

总报告基于 2020 年国内外汽车产业发展态势，结合行业热点及政策研究，总结节能汽车发展形势，对其未来发展趋势进行了展望。

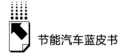

在市场篇中，国际汽车市场聚焦美国、日本和欧洲地区，从市场概况、节能战略及规划、节能技术应用及发展等方面研究节能汽车市场现状，并通过各地的典型车企分析得出节能技术应用现状；国内汽车市场从市场表现、节能水平、节能技术应用等维度，分析我国节能汽车发展状况，并概述节能汽车发展趋势。

技术篇主要研究发动机、重卡智能化节能和变速器三个领域。发动机热效率技术发展从行业发展、国内外技术现状、市场发展及应用等领域，对发动机主流热效率提升技术进行简要介绍；重卡智能化节能技术领域从技术简介、国内外主要技术应用、发展机遇及挑战等，对重卡智能化节能技术进行简要介绍；变速器节能技术从传统变速器、混动变速器和电驱动变速器三大类对变速器的产品迭代和技术升级进行系统阐述。

政策篇重点研究2020~2021年的节能减排政策。其中，乘用车领域开展乘用车燃料消耗量限值、双积分中节能技术的政策、限购城市的节能优待政策等的研究；商用车领域开展排放标准升级、新能源扶持政策等的研究；分析政策新规对汽车产业的影响，并对传统能源车企的发展提出建议。

测试篇分别选取一组插电式混合动力车型（不同构型）和一组48V轻混车型（48V轻混车及燃油车）开展试验测试，通过试验对比分析在不同驱动模式下的燃油经济性。

专题篇重点研究碳中性燃料，阐述E-fuel合成燃料的生产技术和效率，现有技术水平，对环境的影响，投资、成本和发展潜力。自主车企混动专题对国内主流自主品牌车企的混动技术和产品进行阐述。

综观全书，无论是研究的深度，还是涉及领域的广度，以及考虑因素的维度，均有助于不同领域的读者全面、系统地了解我国节能汽车发展态势，对汽车行业相关管理部门、整车及零部件企业的研发与规划部门、汽车用户、行业相关投资机构等具有重要的参考价值和研究意义。

关键词： 节能汽车　智能化　节能减排

目 录

Ⅰ 总报告

Ⅱ 市场篇

Ⅲ 技术篇

Ⅳ 政策篇

Ⅴ 测试篇

Ⅵ 专题篇

Ⅶ 附录

皮书数据库阅读使用指南

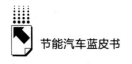

总报告

General Report

B.1

2020 ~2021年中国节能汽车发展评估与展望

王树臣　金　陵*

摘　要：　2020年全球各大汽车市场表现低迷，我国汽车市场下降幅度相对较小。在政策、市场和产业发展新形势的推动下，主流车企倾向于采用多元化的节能技术路径，这为汽车产业链带来了新的挑战和机遇。我国汽车产业的节能技术有所发展，既有热效率提升、高效变速器等节能技术的进步，也有低碳燃料、智能化节能等新技术方向。本文对国内外汽车产业形势进行了梳理，总结出我国发展节能汽车所取得的成就及面临的问题，并对节能技术发展趋势进行了展望。

关键词：　节能汽车　节能技术　新能源

---

* 王树臣，中国汽车工程研究院咨询专家，主要研究领域为汽车产品规划、市场洞察和营销管理；金陵，中国汽车工程研究院高级咨询师，主要研究领域为节能与新能源汽车产业。

一　全球汽车产业形势

（一）全球新冠肺炎疫情影响持续

新冠肺炎疫情仍在蔓延，全球汽车市场经历一次重大考验。2020 年全球汽车累计产出 7643 万辆，较 2019 年减少 1450 万辆，同比下滑 15.9%。2020 年全球汽车累计销售 7705 万辆，较 2019 年减少 1196 万辆，同比下滑 13.4%。其中近八成国家遭遇销量下滑，下滑程度均不容乐观。分国别看，亚洲区域的中国、日本、韩国汽车销量分别为 2527 万辆、459 万辆、187 万辆，全球汽车销量份额分别增加了 4.1 个百分点、0.2 个百分点、0.4 个百分点。然而，美国 2020 年汽车销量 1495 万辆，市场份额下降 0.2 个百分点；德国销量 322 万辆，市场份额下降 0.2 个百分点；法国销量 210 万辆，市场份额下降 0.3 个百分点（见表 1）。疫情牵动着汽车市场的鼻子，汽车市场呈现“东进西退”的现象，2020 年亚洲区域全球汽车份额增加，美洲和欧洲有所减少。

表 1　2020 年全球汽车销量规模及增速对比

国家	销量(万辆)	同比增长(%)	市场份额(%)	份额同比变化(百分点)
中国	2527	-1.9	33.0	4.1
美国	1495	-14.9	19.5	-0.2
日本	459	-11.5	6.0	0.2
德国	322	-18.7	4.2	-0.2
印度	294	-23.0	3.8	-0.5
法国	210	-23.4	2.7	-0.3
巴西	206	-26.2	2.7	-0.4
英国	193	-28.1	2.5	-0.5
韩国	187	5.2	2.4	0.4
俄罗斯	160	-9.1	2.1	0.1

资料来源：MarkLines，中国汽研整理。

（二）汽车产业加速能源转型

传统能源汽车[①]向电动化转型的步伐不减。2020 年美国、欧洲、中国电动化车型[②]销量稳步提升，在轻型车市场的渗透率有所增长。其中欧洲新能源（纯电动和插电式混合动力）乘用车注册量超过中国成为 2020 年全球最大的区域市场。2020 年的混动乘用车表现良好，2020 年日本市场销量 90.2 万辆，同比下降 16.7%，降幅低于日本的电动化整体市场；美国市场销量 45.8 万辆，同比增长 13.8%；中国市场销量 74.5 万辆，同比增长 30.9%；英国市场销量 10.8 万辆，同比增长 39.7%。

碳达峰、碳中和推动节能与新能源技术发展。趋严的油耗排放法规、环保政策和补贴鼓励措施，促使更多的车企发布电动化、碳中和的方针，或是明确已经发布的电动化计划。促进节能领域的推广应用政策相对较少，但从 2020 年欧、美、日、中的乘用车新车油耗分布来看，混合动力车型节油优势更为明显，普通燃油车达到油耗目标的难度较大。趋严的法规管控，将促使更多汽车制造商采用多种节能技术结合的方式，进一步挖掘传统能源汽车的节能潜力。

（三）智能网联带来发展新动能

汽车智能化、网联化的大趋势不可阻挡，吸引了众多科技巨头的加入，为汽车产业发展带来新动力。谷歌（Waymo）在自动驾驶车队规模、部署范围、投资金额和软件技术方面均处于行业最高水平，微软通过其强大的软件为整车厂和其他汽车科技企业提供大力支持，亚马逊在与货运相关的自动驾驶技术方面处于领先地位。华为发布了 Harmony OS 智能座舱、4D 成像雷达、智能驾驶计算平台 MDC810、自动驾驶开放平台“华为八爪鱼”和热管

---

① 本文中的传统能源汽车是指除去新能源汽车以外的，能够燃用汽油、柴油、气体燃料或醇醚燃料等的汽车。

② 电动化车型包括纯电动汽车（BEV）、混合动力汽车（HEV）、燃料电池汽车（FCV）、插电式混合动力汽车（PHEV）。

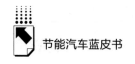

理系统 5 个产品。智能座舱的人机交互、自动驾驶多种场景的应用解决方案、高算力的芯片成为跨界入局者的主要技术攻克方向。

在人工智能、大数据、云计算等数字技术的共同驱动下，汽车从传统的交通工具逐渐向移动智能终端、储能和数字空间转变。5G、物联网等新一代信息通信技术的发展，为汽车产业链带来了重构和新的融合机遇。

二　节能汽车发展形势

（一）节能减排管控加严

随着环境污染的日益严重，全球汽车主要市场开始推出更为严苛的节能减排措施，推动汽车产业向绿色低碳方向发展。美国拜登政府频频颁布行政命令来推行能源新政，并提出到 2050 年实现净零排放目标，要求有关机构重新评估上届政府的燃油效率标准。日本在绿色战略中提出了汽车产业发展目标，计划在 2030 年中期实现乘用车新车销售 100% 为电动化汽车，到 2050 年实现合成燃料的成本低于汽油价格。欧盟已就新一轮排放标准（欧 7，Euro7/VII）启动立法项目，计划 2021 年提出立法建议，预计最快会在 2025 年生效。

2021 年 2 月，我国发布强制性国家标准《乘用车燃料消耗量限值》，对推动汽车产品节能减排、促进产业健康可持续发展、支撑实现我国碳达峰和碳中和战略目标具有重要意义。该标准规定 2025 年前传统能源乘用车、插电式混合动力电动乘用车的试验工况将由 NEDC 切换为 WLTC，工况的改变将影响车辆综合燃料消耗量；将车型燃料消耗量的评价体系从基于整备质量分组的阶梯式变更为基于整备质量的直线式。根据政策规划要求，2025 年我国乘用车新车平均燃料消耗量下降至 4.0L/100km，实现这一目标企业压力较大。新标准更贴近事实的油耗状况，推动消费终端对节能汽车的需求。

（二）节能技术进一步丰富

汽车节能技术进一步丰富，包括热效率提升、高效变速器、智能化节能、低滚阻力节能等方面。相比前期，高效变速器、智能化节能是新增的技术方向。热效率提升方面，主流的发动机热效率约为40%，丰田、本田、马自达、比亚迪、长安等企业发动机的热效率实现40%的突破，日产有消息称，新款发动机综合热效率的最终目标为50%。乘用车自动变速器普及程度较快，当前自动变速器市场份额超过七成。基于操控舒适性和节能考虑，变速器技术提升变革也较快，中高端车型搭载8AT逐步成为常态，国产的8AT变速器也已经面世。汽车智能网联化发展，通过信息共享和子系统之间的协调优化，可以进一步提升燃油经济性。

（三）替代燃料逐步多样化

国内为缓解石油资源匮乏和进口的高依赖度问题，实现经济和环境的可持续发展，一直鼓励替代清洁燃料的研发和推广。据悉，当前全球已经有80多个国家和地区推广使用天然气替代燃油。随着技术的成熟，替代燃料车型将会逐步增多，节能汽车的品类将会持续扩大。

在未来一段时间内汽车仍将以内燃机汽车为主，传统的化石燃料虽然碳排放量有所降低，但离双碳目标仍有较大差距。学界和产业界提出通过富集大气中的CO_2，并与可再生能源发电电解水制备的氢气反应，制备合成燃料（E-fuel）。欧洲部分汽车制造商正在联合能源企业共同研发合成燃料，尝试将能量利用效率提高至电动汽车相当的水平。我国双碳政策对于低碳燃料的发展一定程度有利，为传统化石燃料车型过渡到绿色、低碳、环保车型提供了另外一种可能。

三　中国节能汽车发展展望

（一）节能概念扩大到全产业链条

汽车领域的节能概念前期聚焦在使用阶段，远期节能概念会扩充到整个生命周期，延伸到产业全链条。碳中和背景下，基于汽车全生命周期的碳足迹计算，节能概念覆盖了汽车生产、流通、运行的所有环节，将对汽车行业的市场准入、供应链、流通管理、政府监管产生重要的影响。扩充概念范围的节能汽车，还需要关注原材料的低碳化、生产制造和流通领域的节能。

（二）节能汽车规模将会持续扩大

节能汽车将与新能源汽车呈现协同发展态势，节能汽车市场规模仍会继续扩充。我国国土面积大、地理环境复杂多样，多元化能源结构更适合我国国情。2020 年工信部等五部门通过双积分政策的调整，鼓励车企在低油耗乘用车方面投入精力，“矫正”对新能源积分的过度依赖。《节能与新能源汽车技术路线图 2. 0》对 2035 年纯电动汽车销量占比目标也进行了一定的下调，并提出未来 15 年新能源汽车与节能汽车协同发展的目标。为了满足法规要求，企业需要多技术路线协同作用，重视传统能源的节能潜力，促进节能技术优化升级及传统能源混动化发展。

（三）混动技术走向合作共赢

混动技术是实现双碳（碳达峰和碳中和）、双积分达标的重要技术路线之一，国内品牌与国际先进汽车企业合作混动技术研究，推动国内乘用车混动化发展。2020 年 10 月，丰田参股的混合动力公司 BluE Nexus 和广汽集团达成了技术合作，广汽 GS8 车型将搭载 THS 混动系统。法国汽车制造商雷诺集团与吉利控股集团共同宣布，双方建立创新型合作伙伴关系，瞄准亚洲的混合动力市场，共享资源和技术。从技术竞争角度看，混动汽车技术从独享向普及，应用范围会越来越广泛。

市 场 篇

Market Reports

B.2 国外节能汽车市场现状及发展趋势

王 凤　苟武尧*

摘　要： 受新冠肺炎疫情影响，美国、日本和欧洲地区三大主要汽车市场表现不佳，销售出现大幅下滑。美国、日本和欧盟已提出碳中和目标，对应地区的能效管控趋严。从各地新车油耗来看，传统汽油车（非混动）的油耗差异不明显，达标较为困难，部分混合动力车型和插电式混合动力车型已达成2025年油耗目标。国内外的典型汽车和零部件企业在坚持推进传统节能减排技术应用的同时，进一步扩大48V轻混、纯电动、燃料电池等电动化技术的渗透范围。

关键词： 汽车市场　节能战略规划　节能技术应用

* 王凤，中国汽车工程研究院高级咨询师，主要研究领域为节能汽车产业；苟武尧，重庆交通大学研究生，主要研究领域为无级变速器建模与仿真。

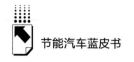

一 部分国家和地区节能汽车发展现状①

（一）美国

1. 市场概况

2020 年的美国汽车市场表现不佳，销量跌至 2012 年以来最低水平（见图 1）。MarkLines 数据显示，2020 年美国总计销售轻型车 1458.2 万辆，同比下滑 14.5%。各类市场均有所下滑，其中，轻型卡车（Light Truck）销售 1097.6 万辆，同比下滑 9.5%，跌幅低于整体市场水平；轿车（Car）销售 360.6 万辆，同比下滑 26.6%，市场份额进一步萎缩；中重型卡车销售 41.0 万辆，同比下滑 22.3%。分析其主要原因是新冠肺炎疫情蔓延，汽车产业链系列活动放缓甚至停滞，就业市场和消费情绪持续恶化，叠加资本对汽车产业未来趋势的担忧等诸多不利因素。

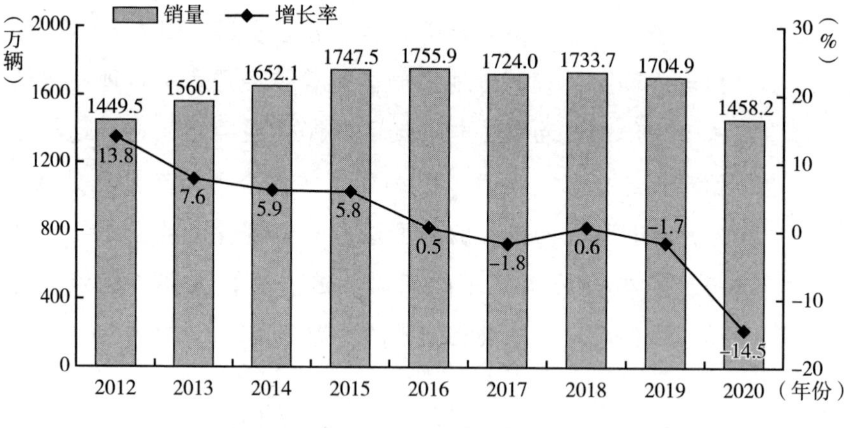

图 1 2012～2020 年美国轻型车销量及增长率

注：在美国市场，轻型车包括重量不超过 8500 磅（3855.5kg）的轿车和重量不超过 10000 磅（4536kg）的轻型卡车（四轮驱动 SUV、厢式货车、轻型皮卡等）。

① 本报告数据（若无注明）来源于 MarkLines 全球汽车信息平台。

从节能细分市场来看，受政府能源政策导向、美国消费需求偏向以及汽车厂商战略规划影响，美国整体汽车市场油耗偏高，节能技术的应用和发展仍具有较大空间。

美国消费者偏向于皮卡和SUV车型，轿车（Car）车型占比逐年下降（见图2），对大空间、大排量的车型偏好使整体轻型车市场油耗下降有限。2020年美国汽车市场中，SUV车型销量占据轻型车市场的份额为51.1%，其中一半以上为中大型SUV。皮卡车型销量约占轻型车市场的20%，在2020年畅销车型中排名前三的均为全尺寸皮卡，依次为福特F系列78.7万辆、雪佛兰Silverado 58.7万辆、道奇Ram 56.4万辆（见表1）。

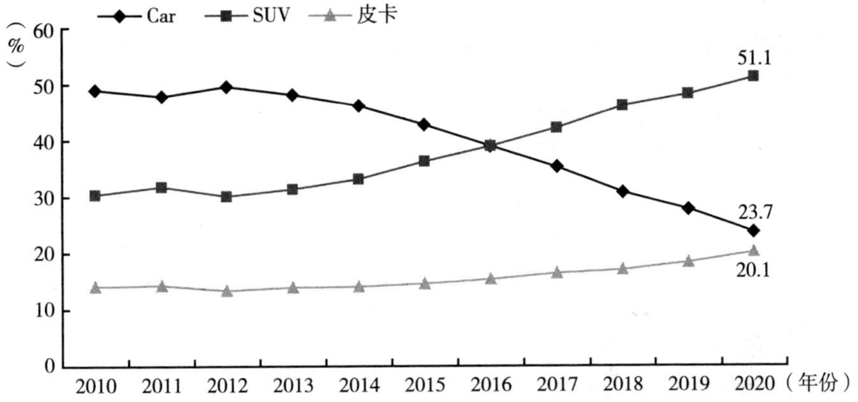

图2　2010~2020年美国轻型车市场车型类别占比趋势

表1　2020年美国市场销量前10名车型

单位：万辆

排名	车型	类别	品牌	销量
1	Ford F-Series	皮卡	福特	78.7
2	Silverado	皮卡	雪佛兰	58.7
3	Ram P/U	皮卡	道奇	56.4
4	RAV4	SUV	丰田	43.0
5	CR-V	SUV	本田	33.4
6	Camry	轿车	丰田	29.4
7	Equinox	SUV	雪佛兰	27.1

续表

排名	车型	类别	品牌	销量
8	Civic	轿车	本田	26.1
9	GMC Sierra	皮卡	GMC	25.3
10	Tacoma	皮卡	丰田	23.9

从动力类型来看，2020 年美国电动化车型①销量稳步提升，全年总计销售约 79.0 万辆，同比增长 9.1%，占据整体轻型车市场份额的 5.4%（见图 3）。其中，2020 年混动汽车销售 45.8 万辆，同比增长 13.8%。从混动汽车的国别来看，日系品牌销售约 38.2 万辆，占比 83.4%；美系品牌销售约 5.1 万辆，占比约为 11.2%；韩系品牌销售 2.5 万辆，占比 5.4%。在纯电动市场中，本土品牌特斯拉仍是一枝独秀，占据美国市场的绝对优势。

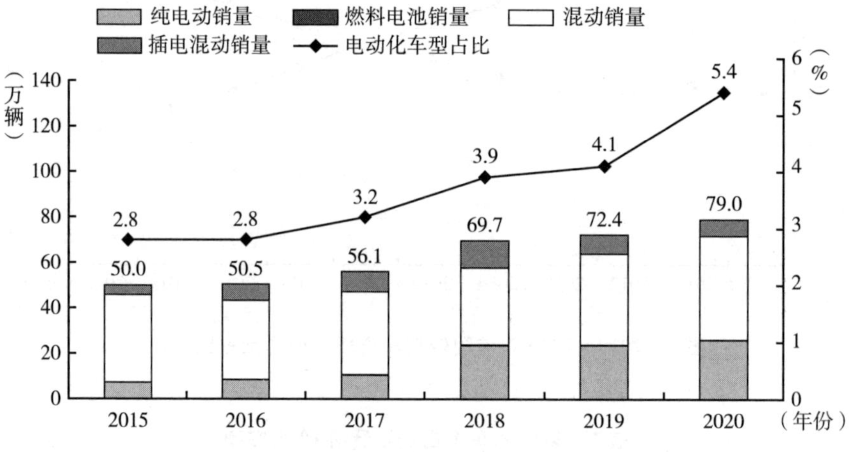

图 3　2015～2020 年美国电动化车型分燃料类型销量

2. 节能战略与规划

美国的燃油经济性标准及温室气体排放标准是由美国道路交通安全管理局（NHTSA）和美国环保局（EPA）发布的两项管理法规组成的，是美国能源和气

① 本文中的电动化车型，包括纯电动汽车（BEV）、混合动力汽车（HEV）、燃料电池汽车（FCV）、插电式混合动力汽车（PHEV）。

候政策的关键要素，对汽车行业技术创新的步伐和方向也会产生重大影响。

2010 年，NHTSA 和 EPA 确立了轻型车的第一阶段目标，覆盖 2012 ~ 2016 年新车车型。2012 年，奥巴马政府确立了第二阶段目标，覆盖 2017 ~ 2025 年新车车型。特朗普总统执政期间，通过系列操作降低了对轻型车的能效管控：2018 年 8 月正式宣布将燃油经济性标准冻结在 2020 年 36.9mpg 的水平；2019 年 11 月宣布正式启动退出《巴黎协定》的程序；2020 年 3 月由 NHTSA 和 EPA 联合宣布安全经济燃油效率（SAFE）规则将取代之前的企业平均燃油经济（CAFE）规则。新标准规则要求新车车队整体燃油经济性在 2026 年前达到 40.4mpg，年改善幅度约 1.5%。相比而言，奥巴马政府时期制定的标准，要求新车车队整体燃油经济性从 2017 年的 35.1mpg 提升至 48.7mpg，总体改善幅度近 40%，年改善幅度约 5%。基于第一阶段的管控成果，奥巴马执政时期制定的排放标准，使美国跻身于世界上对轻型汽车能效管控最严格的地区之一。然而，特朗普的新标准使美国管控跌出了第一梯队，单从乘用车标准限值来看还不及印度的标准严格。

美国新任总统拜登推行绿色能源政策，自上任之后，频频颁布行政命令来推行能源新政：签署重新加入《巴黎协定》的行政命令；提出到 2050 年实现 100% 清洁能源和净零排放目标；要求有关机构重新评估燃油效率标准；要求重新考虑特朗普在 2019 年所做的决定，即撤销加州自行制定汽车尾气排放标准、要求车企生产更多零排放汽车的权力。虽然企业和州政府等利益相关方仍在博弈之中，但美国汽车的燃油经济性和排放标准有望加严。

受益于数年来的严格管控，美国新车整体燃油经济性和 CO_2 排放量连续改善，但 2019 年出现波动。EPA 发布的年度汽车趋势报告显示，2019 年美国汽车燃油经济性下跌至 24.9mpg，比 2018 年减少了 0.2mpg，其中大型 SUV 和卡车是下跌的最大贡献者。2019 年美国汽车 CO_2 排放量为 356g/mile，相比 2004 年排放量减少 23%，或 105g/mile。

就 2020 年美国市场新车油耗分布来看，不同动力类型车型油耗表现差异较大，混动系统有利于降低油耗。如图 4 所示，传统汽油车（非混动）中，搭载增压发动机与自吸发动机的油耗差异不明显，车重超过 1600kg 的车型均未达到2020年的油耗目标（5.4L/100km）。相比而言，车重2000kg以下的混合动力车型和插电式混合动力车型均已提前满足2025年的油耗目标值（5.0L/100km）。

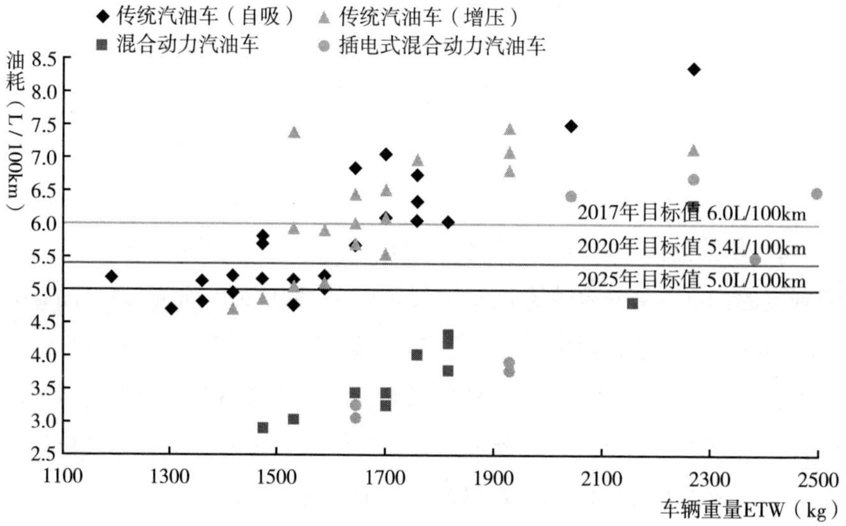

图4　2020年美国市场新车油耗分布

注：美国的油耗目标值根据车辆的脚印面积划分，脚印面积无法精确换算为重量，图中目标值仅供参考。

在商用车领域，加州空气资源委员会（CARB）于2020年6月发布《先进清洁卡车法规》，要求卡车制造商从2024年开始从柴油卡车和厢式货车过渡到零排放卡车。该法规适用于从2b级（比如福特F-250）到最大的8级卡车和拖拉机（不包括轻卡），提出以下发展目标：在2024年，3%的2b~3类卡车、7%的4~8类卡车、3%的7~8类拖拉机必须是零排放的；到2035年，该州销售的55%的2b~3类卡车、75%的4~8类卡车和面包车、40%的7~8类卡车和拖拉机必须达到零排放目标；至2045年所有在加州销售的卡车新车均为零排放汽车。测算结果显示，与基准情形相比，《先进清洁卡车法规》实施的温室气体减排效益从2028年起才开始显现，至2040年，温室气体减排量累计将超过1620万吨。

3. 节能技术应用与发展

各大车企节能技术的应用呈现多元化。在大众、宝马、奔驰等德系车企中，GDI（缸内直喷）、Turbo（涡轮增压）、启停、7 挡及以上变速器被广泛应用。本田、斯巴鲁、日产等日系车企主推 CVT 的应用。相比较而言，美系车企的节能技术应用较为均衡，Turbo、GDI、停缸技术等发动机节能技术，加上多挡化变速器、48V 轻混系统等的应用，共同支撑美国乘用车燃油经济性提升。整体而言，GDI 在 2020 年的应用率达 55%，七挡及以上变速器应用率达 51%，启停技术应用率为 42%。此外，混合动力（Hybrid）技术在 Mercedes 和 FCA 上继续发力，2020 年渗透份额较 2019 年提升 4% ~5%（见图 5）。

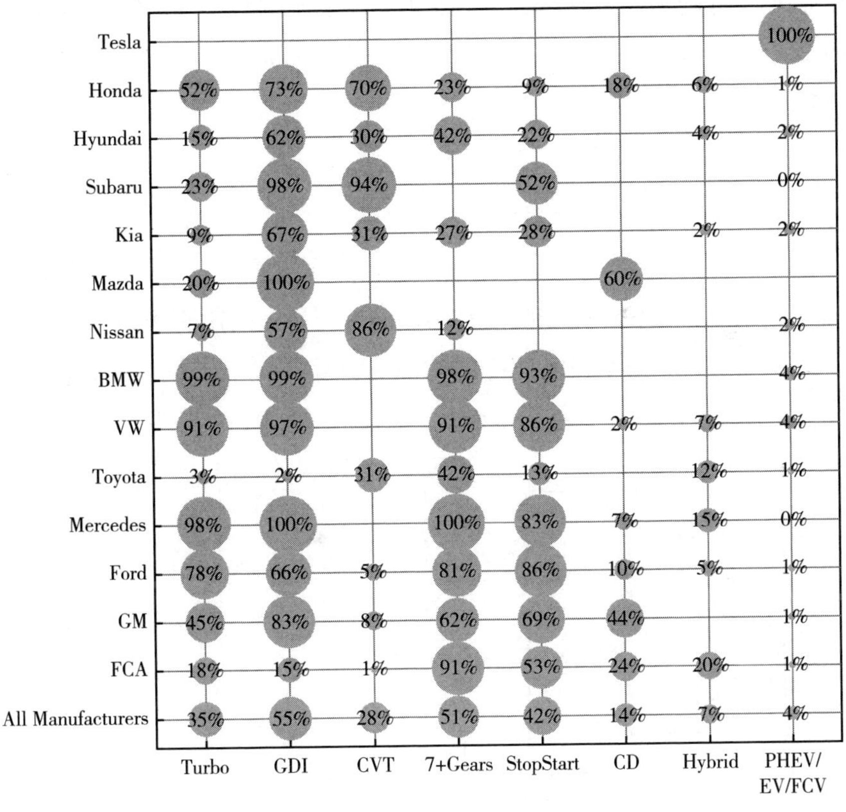

图 5　2020 年美国市场节能技术应用情况

资料来源：EPA Automotive Trends Report 2020。

借助超级卡车项目，美国商用车在整车动力学、智能化技术、轻量化技术上有了较大突破。55%热效率的技术路线为柴油发动机热效率提升指明了方向，同时也说明柴油发动机的节能潜力巨大，在一些新材料、新工艺、新燃烧技术等得到应用后，其潜力将得到进一步的发挥。康明斯与重卡自动驾驶公司智加科技合作研发自动驾驶天然气重卡，计划在自动驾驶系统的节油算法下进一步降低重卡的燃料消耗。2021年4月，美国能源部宣布再投资1亿美元，用于第三期超级卡车项目。新项目追求创新的研发理念，以使中型和重型原始设备制造商（OEM）、供应商和车队合作开发更高效率的卡车和货运系统，以大幅度减少CO_2排放。新项目寄希望于清洁能源或替代能源的使用，例如低碳燃料、混合动力、插电式混合动力系统，以及氢和燃料电池技术。

（二）日本

1. 市场概况

从日本汽车销售协会联合会和日本全国微型车协会联合会发布的销售数据来看，2020年日本国内汽车总销量为459.9万辆，同比回落11.5%（见图6）。新冠肺炎疫情减少外出及经济减速导致整体汽车市场低迷，销量降至与

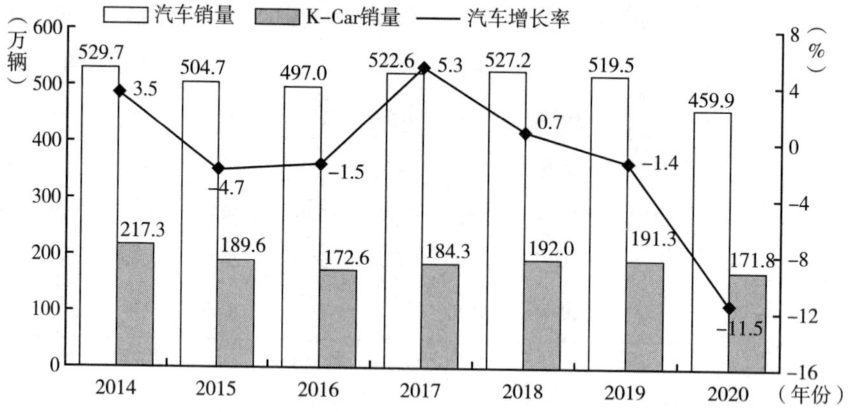

图6　2014~2020年日本汽车销量及增长率

资料来源：日本汽车销售协会联合会和日本全国微型车协会联合会。

雷曼危机后的2009年（约460万辆）持平的水平。从车型大类上看，乘用车总计销售402.2万辆，降幅与整体市场一致。从细分类别来看，2020年日本国内的K-Car销量同比下降10.1%，降幅低于市场整体，降至171.8万辆。

日本作为汽车大国，受法规和用车环境，以及消费者节能理念影响，K-Car占据较大市场。如表2所示，在2020年销售TOP10中，K-Car占据4位，分别为本田的N-BOX、铃木的Spacia、大发的Tanto和Move。

表2　2020年日本市场销量前10名车型

单位：万辆

排名	车型	类别	品牌	销量
1	N-BOX	K-Car	本田	19.6
2	Hijet	K-Truck	大发	14.1
3	Spacia	K-Car	铃木	14.0
4	Tanto	K-Car	大发	13.0
5	Raize	SUV	丰田	12.6
6	Yaris	轿车	丰田	11.9
7	Corolla	轿车	丰田	11.8
8	Move	K-Car	大发	10.4
9	Fit(Jazz)	轿车	本田	9.8
10	Alphard	MPV	丰田	9.1

从动力类型来看，2020年日本电动化车型受疫情影响，累计销售92.7万辆，同比下跌17.2%，跌幅大于日本整体汽车市场。有赖于政策推动及本土汽车制造商对节能技术的研发应用，电动化车型占整体市场的比例较高，近5年电动化车型占比维持在19%～22%区间，其中2020年占比为20.2%。混合动力汽车继续保持绝对主力地位，2020年共计销售90.2万辆，约占据电动化车型总销量的97%。相对而言，纯电动、插电式混合动力和燃料电池汽车发展较为缓慢，存在感较低（见图7）。

从电动化车型偏好来看，日本2020年销量排名前30的电动化车型中只有1款为纯电动车型，即日产的LEAF（中文品牌为聆风），以1.1万辆的

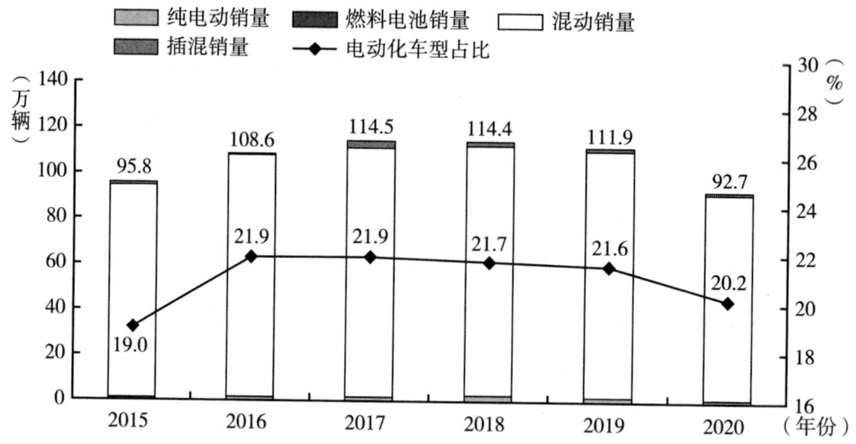

图7　2015～2020 年日本电动化车型占比及分动力类型销量

销量入榜，其余车型均为混动。如表 3 所示，日本销售前 10 名的电动化车型均为混动车型，丰田共计 5 款车型上榜，日产和本田各 2 款上榜，其中 Serena 和 Fit 跻身前 5 位。

表 3　2020 年日本销量前 10 名电动化车型

单位：万辆

排名	车型	品牌	动力类型	销量
1	Prius	丰田	HEV/PHEV	11.6
2	Corolla	丰田	HEV	7.7
3	Serena	日产	HEV	6.7
4	Fit(Jazz)	本田	HEV	6.2
5	Yaris	丰田	HEV	5.6
6	Note	日产	HEV	4.9
7	Freed	本田	HEV	3.5
8	Sienta	丰田	HEV	3.2
9	Solio/Wagon R +	铃木	HEV	3.1
10	C-HR	丰田	HEV	2.6

2. 节能战略与规划

日本政府根据国内外经济形势、汽车发展情况不断对产业政策进行调整。

2020 年 12 月 25 日，日本经济产业省（METI）发布了《绿色增长战略》，提出到 2050 年实现碳中和目标，并针对能源、运输、制造、居家及办公等领域的 14 个产业提出了具体的发展目标和重点发展任务。绿色增长战略中与汽车产业相关的有：在未来十年推进电动化汽车部署，实现相关技术领域占据世界领先地位，形成可靠的产业供应链；推进合成燃料规模化和技术发展；建立蓄电池产业；氢燃料电池车辆规模化发展。战略中设定的主要目标：到 2030 年中期，实现乘用车新车销售 100% 为电动化汽车；到 2050 年，合成燃料的价格低于汽油；到 2050 年，氢能相较于化石燃料具有较强竞争力。

考虑到新冠肺炎疫情造成的影响，日本政府对税收政策进行了修改。2020 年 12 月，日本确认了 2021 年税制改革，根据不同车型节能减排达标情况，分别在购车前两年车检时给予 25% ~100% 不等的汽车重量税减免。

在汽车的能耗管理方面，日本国土交通省和经济产业省于 2019 年 6 月宣布：到 2030 年，日本乘用车新车平均燃油经济性需达到 25.4km/L，引入 “Well-to-Wheel”（油井到车轮）全生命周期目标，并将各类燃料消耗全部换算为汽油消耗，其中插电式混合动力换算成油耗进行评价，纯电动车以 WLTC 工况下的电耗进行评价。

就 2020 年日本乘用车油耗分布来看，超过 70% 的混合动力汽油车油耗表现大幅优于 2020 年标准，部分车型甚至已达 2030 年目标水平。日本国内的混动车型投放数量可观，有效提升了乘用车整体油耗表现（见图 8）。

3. 节能技术应用与发展

发动机领域，日本整车厂在进一步挖掘传统能源汽车节能潜力的同时，进行替代燃料、清洁能源的研发应用，以促进节能减排整体目标的实现。日产研发中搭载在下一代 e-POWER 系统的专用发动机，综合热效率最终开发目标为 50%，在原发动机基础上，通过采用高滚流比燃烧室、高能点火系统、高压缩比、废热回收技术等进一步提升热效率。马自达推出了搭载微混 e-SKYACTIV X 动力系统的新车型，搭载 6 速自动变速器，共同提升整车的

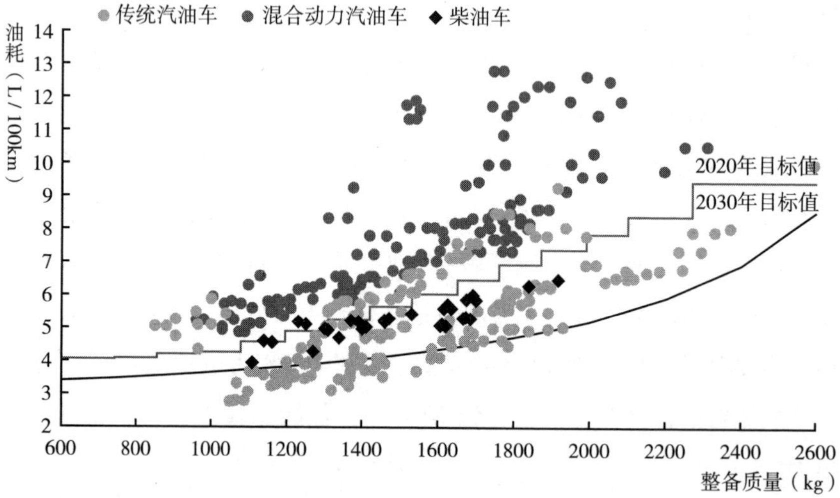

图 8　2020 年日本乘用车油耗分布

燃油经济性。据规划，24V/48V 轻混系统的动力总成，将在未来覆盖所有马自达车型。

日本市场的自动变速器销售占比约为 90%，其中无级变速器 CVT 占绝对优势。日系整车厂（除马自达外），特别是大部分微型乘用车和小型乘用车、普通乘用车，推进向 CVT 的转变，因此 CVT 的配套率远高于其他类型变速器，且趋势进一步加强。本田针对飞度系列混合动力车自主生产了由德国舍弗勒机构零部件组成的双离合自动变速器，但以 2020 年车型全改为契机，将转变为电控式无级变速器，衍生车型也将逐步更换。马自达并不完全转向无级变速器化，其开发的“SKYACTIV-Drive”6 速自动变速器已投放市场。爱信 AW 完成了由“驱动桥 + 电机 + 逆变器”构成的纯电动车动力源，即 EV 单元“eAxle”的商业化。加特可（JATCO）宣布了前置后驱车 9 速自动变速器“JR913E”的商业化，该产品长度与传统 7 速自动变速器相同，并已实现 9 挡变速。

动力系统的电动化、智能化节能是日本中重型商用车实现碳中和主要抓手。日野汽车在环境挑战 2050 中宣称，为了实现碳中和，将投放电动汽车、改良内燃机、提高物流效率作为三大支柱推进业务。五十铃汽车、丰田汽车宣布就商用车达成新的合作伙伴关系，将共同进行纯电动车和氢燃料电动车、自动驾驶技术、以小型化商用卡车为中心的电子平台的开发。日本的列队行驶技术（Truck Platooning）由国家主导推动，日野、三菱扶桑、UD、五十铃等多家商用车企业参与。日本国土交通省和经济产业省 2021 年 3 月 5 日宣布，在日本新东名高速的部分区段上成功实现了“后车无人列队行驶”验证测试。

（三）欧洲①

1. 市场概况

受新冠肺炎疫情冲击，欧洲汽车市场受到重创，结束连续 7 年的增长态势，2020 年主流市场均陷入低迷。MarkLines 系统显示，2020 年全年累计销售 1317.8 万辆，同比下降 23.9%（见图 9）。然而，2020 年的欧洲新能源汽车市场却逆势爆发，在整体汽车市场中表现显眼，反超中国成为 2020 年全球最大的区域市场。

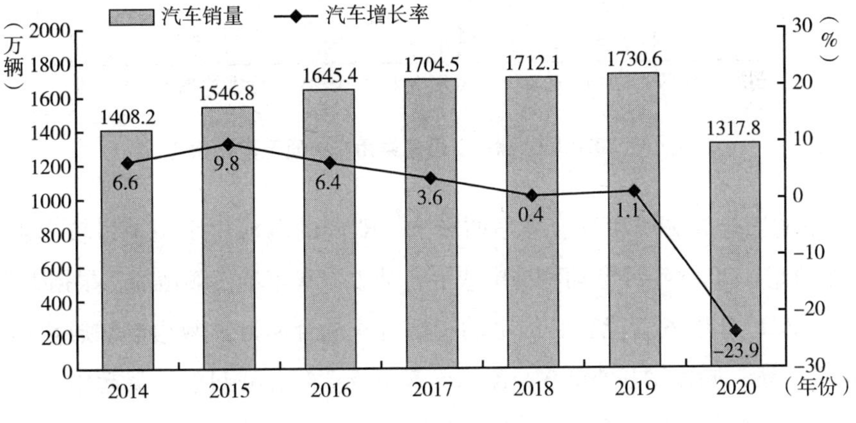

图 9　2014～2020 年欧洲汽车销量及增长率

注：统计车型含乘用车、轻型商用车、中重型卡车。

① 本部分的欧洲包括 24 国（EU-27，含英国，不含冰岛、拉脱维亚、立陶宛、塞浦路斯）。

分国家来看，欧洲大部分国家乘用车销量在2020年下滑明显。销量排名前5位的依次为德国、法国、英国、意大利、西班牙，其中德国依然是欧洲最大的汽车市场，其销量同比下滑19.1%至291.8万辆。英国受脱欧、疫情影响，且政府并未提供额外的行业支持，销量下滑29.4%至163.1万辆，创造有记录以来的最大降幅。法国政府投入数十亿欧元，对汽车产业“救市”，下半年车市开始回暖，全年销售165.0万辆，超越英国排第2位。在南欧地区，意大利新车销售下滑27.9%，西班牙下滑31.9%（见图10）。

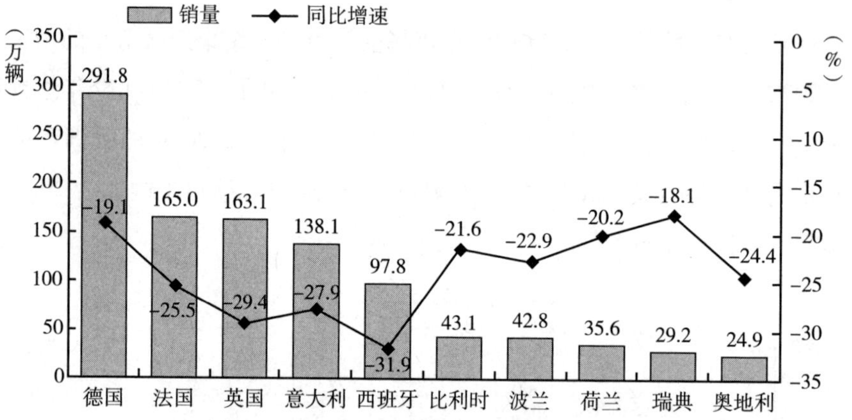

图10　2020年欧洲主要国家乘用车销量及同比增速

受欧盟排放法规和政府补贴的影响，欧洲的电动化车型销售较为乐观（见图11）。2020年纯电动和插电式混合动力汽车市场份额增加，根据JATO数据，2020年欧洲新能源（纯电动和插电式混合动力）乘用车注册量达到136.7万辆，同比增长142%，市场份额从6.3%增至11%，反超中国成为2020年全球最大的区域市场。究其原因主要得益于两个因素：车型供应的增加和政府补贴的增加。

2020年欧洲混动车型销售略有下滑。2020年共计销售混动车型45.6万辆，同比微跌1.1%。如表4所示，电动化车型销售前10名中有3个混动车型上榜，分别为丰田的Corolla、Vitz和C-HR。2020年插电式混合动力车快

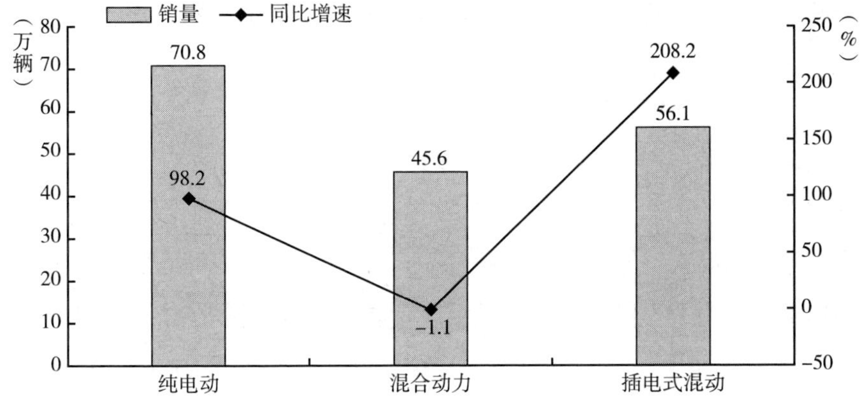

图 11　2020 年欧洲电动化车型分类型销量及增速

速增长，奔驰 A 级、沃尔沃 XC40、福特翼虎等诸多车型在欧洲推出了插电式混合动力版，而且销量较好。

表 4　2020 年欧洲销量前 10 名电动化车型

单位：万辆，%

排名	车型	品牌	动力类型	销量	同比增速
1	Zoe	雷诺	EV	10.1	112.9
2	Corolla	丰田	HEV	9.6	5.9
3	Model 3	特斯拉	EV	8.3	-12.1
4	Vitz(Yaris)	丰田	HEV	7.9	-18.8
5	NIRO	起亚	HEV/EV/PHEV	7.7	33.9
6	C-HR	丰田	HEV	7.7	-15.0
7	RAV4	丰田	HEV/PHEV	6.5	-6.8
8	Kona	现代	HEV/EV	6.0	171.8
9	ID.3	大众	EV	5.6	—
10	Golf	大众	HEV/PHEV	2.3	80.5

2. 节能战略与规划

“欧洲绿色协议”是欧盟在应对气候和环境问题方面的新承诺，也是制定汽车排放标准的主要依据。欧盟各国就绿色协议中的减排目标达成一致：共同承诺 2030 年温室气体排放较 1990 年减少 50%～55%，到 2050 年实现碳中和。欧洲议会和欧洲理事会于2021年4月达成了一项非正式协议，将欧盟2030年的减排目标至少提高到比1990年水平低55%的水平。更严格的目标预计将转化为更严格的年度碳排放上限。

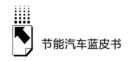

欧盟现阶段的排放标准高于其他地区或主要市场，并且将愈发严格。2021年碳排放目标值来源于2019年发布的U 2019/631号法案，即境内销售的乘用车车队温室气体平均排放量不高于95g/km（WLTP测试工况下），轻型商用车不高于147g/km；2025年起排放量比2021年降低15%，2030年乘用车排放量比2021年降低37.5%，轻型商用车降低31%。若以目标值95g/km为基数，则2025年和2030年的目标值依次为80.75g/km和59.38g/km。对于排放量低于50g/km的车型，2020～2022年的销量将依次以2、1.67、1.33的倍数计入整车制造商的总账户进行核算。相对应的是，超额排放则意味着巨额罚款，对排放不达标的车企，将对每辆车超出部分罚款95欧元/g。在这种排放法规影响下，欧盟境内的整车厂将会按照碳排放目标来规划新车型的生产和销售，短期内将刺激整车厂的电动化转型。但从长远来看，为了促进2025年和2030年目标达成，新一代节能减排技术的发展必不可少。

奖惩分明的排放政策，有效地推动了欧盟地区整体能耗水平的降低。据ICCT（The International Council on Clean Transportion）的数据，新车的平均CO_2排放水平2020年预计达107g/km，较2019年的122g/km（NEDC）下降15g/km。相比2015～2019年的每年0.6g/km的下降速度大幅增加。欧盟境内的汽车制造厂商都符合或非常接近各自的2020年CO_2目标水平，所以预计均不会受到实质性的惩罚。考虑到电动汽车的投放以及针对低排放车的奖励系数，据ICCT测算，2020年新车平均CO_2排放值为97g/km（NEDC）。

虽然欧盟境内的大多数整车厂在2020年成功实现或接近实现各自制定的CO_2减排目标（见图12），但2021年减排目标的实现难度将会更大。根据2021年减排目标的评判规定，所有售出的车辆都将统计在内，高燃耗车将不再享有补贴。另外，针对低排放车厢的积分奖励倍数减少，实现2021年减排目标对于某些整车厂而言将变得异常艰难。

	Target gap	New car fleet average CO_2 (in g/km)									
		Dec 20		2020		Compliance credits			Status 2020	Target 2020	Target gap
		WLTP	NEDC	WLTP	NEDC	PI	EC	SC	NEDC	NEDC	NEDC
PSA-Opel	-3%	119	95	122	98	3.0	0.1	5.3	90	92	-2
BMW	-2%	120	99	136	112	3.0	0.9	7.5	101	103	-2
Renault	-2%	101	85	120	101	3.0	0.2	7.5	91	92	-1
Hyundai	-1%	92	81	118	103	3.0	0.0	7.5	93	94	-1
Kia	-1%	102	88	119	104	3.0	0.0	7.5	93	94	-1
Nissan	0%	117	94	132	106	3.0	0.1	7.5	95	95	0
Toyota-Mazda	0%	113	92	122	99	3.0	0.1	1.8	94	95	-1
AVERAGE	**1%**	**111**	**91**	**129**	**107**	**3.0**	**0.2**	**6.7**	**97**	**96**	**1**
Ford-Volvo	2%	127	107	134	112	3.0	0.1	6.8	103	101	2
FCA-Tesla-Honda	3%	93	78	129	108	3.0	0.1	7.5	97	94	3
Daimler	3%	99	84	138	117	3.0	0.7	7.5	105	102	3
VW Group	4%	113	93	136	112	3.0	0.0	7.5	101	97	4

图 12　2020 年欧洲主要汽车制造商 CO_2 排放目标达成情况

3. 节能技术应用与发展

为了应对更为严格的减排目标，欧盟汽车市场的动力总成格局正在发生变化，主要的整车厂和供应商倾向于在各个细分市场提供多种动力总成系统。主流车企和供应商积极推广 48V 轻混系统，大众集团积极普及 P0 + BSG 方案，戴姆勒则拿出了更先进的 P1 + ISG，宝马技术停留在 P0 层面，渗透率略低。欧宝开发第 4 代发动机，计划采用直喷技术、3 级气门机构、用于可变气门正时和停缸的滑动凸轮系统（SCS）、主动热管理及轻量化设计，实现燃效的提升。德国供应商 IAV GmbH 正在探索以甲烷（CH_4）为燃料的混合动力总成，该动力总成具有高压缩比（CR）、预燃室安装火花塞、进气门早关（EIVC）等技术。雷诺推出采用 E-TECH 新型混合动力系统的车型，该系统由 1.6L 直列 4 缸汽油发动机、2 台电机、使用牙嵌式离合器的多模式变速箱以及锂离子电池组成。在燃料电池领域，宝马基于现款 BMW X5 配备氢燃料电池驱动系统，计划于 2022 年小批量生产。

变速器领域，集成化、高效化、电动化转型是主要的发展趋势。麦格纳与法拉利合作推出的 8 速双离合变速器 8DCL900，与 7DCL750 相比在轴系、液压系统、离合器、变速器油品等方面提升了系统效率。轴系设计，取消准双曲面齿轮，优化输出圆柱齿和锥齿参数，采用三列角接触球轴承代替圆锥滚子轴承，以降低摩擦；采用低黏度油品，调整了摩擦稳定剂及轴系抗磨剂，使轴系能满足扭矩承载而不发生失效；通过波形弹簧应用降低离合器分离时的拖曳扭矩；液压系统选用叶片泵代替了齿轮泵，通过系统优化，降低了系统压力与工作压力的偏差，提升液压系统效率；应用轻量化设计技术，降低系统重量。起亚欧洲技术中心对现有的手动变速箱进行了电气化改良，引入轻度混合动力技术和闭缸滑行功能。采埃孚第四代 8HP 系列变速箱在整机的集成性上做了大量优化，使新推出的 3 个版本之间的体积差异很小，零部件通用度高，这有益于不同车型之间的适配和成本控制。第四代 8HP 首次推出了 P2 构型的混动版本，将 48V 电机安装在变速箱输入轴与 K0 离合器之间，可实现短距离的纯电驱动。此外，新一代变速箱在油泵和行星齿轮组摩擦设计等方面进行了优化升级，有助于降低能耗和 CO_2 排放。

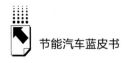

商用车领域，传统节能和智能化节能技术取得一定进展。沃尔沃卡车推出 FH 和 FM 液化天然气卡车，既可以使用沼气实现 CO_2 零排放，也可以使用天然气，与柴油相比约减少 20% 的 CO_2 排放。曼恩卡客车有限公司（MAN Truck & Bus）计划从经济和技术角度探讨将 Sono Solar 太阳能技术整合至运输车中的可行性，并与德国物流集团 DB Schenker、Fresenius 大学合作将两辆数字联网卡车投入运营。作为试点的一部分，曼恩列队行驶卡车已在德国慕尼黑和纽伦堡之间的 A9 公路上运行。在低摩擦领域，普利司通在欧洲推出新型城市公交车轮胎 U-AP 002，该轮胎可通过减少滚动阻力来降低在市区的油耗和排放。该轮胎凭借其厚侧壁保护、结实的胎体以及风险读取功能带来的高耐用性，使用寿命将延长 9%。

二　部分国家和地区车企节能技术应用现状及规划

在不同国家和地区各自的市场情况、节能战略和技术应用背景下，各国的主要车企各自采用了不同的技术发展路线。在乘用车领域，混合动力技术发展应用、动力总成升级优化、先进电子电器技术应用是日本、欧洲和美国节能技术发展的共性。

（一）日本车企

根据日产官方报道，搭载在下一代 e-POWER 系统的专用发动机的综合热效率最终开发目标是50%。此动力系统中的专用发动机采用了基于高滚流比燃烧室和高能点火系统的技术，实现在高压缩比下燃烧更为稀薄的空气与燃料混合物，从而将发动机的热效率提高到46%。同时，在结合废热回收技术之后，获得额外4%热效率。

而丰田主要以沉淀几十年的混动技术作为支撑，以此进行PHEV、BEV、FCEV的研发工作，丰田的HEV车型在市场上取得了多项第一的成就。在提升发动机热效率技术方面，通过提高EGR率、提高压缩比、提高滚流比等技术，可使A25B-FXS发动机热效率达到41%。变速器方面，丰田旗下车型根据发动机排量分别搭载CVT、AT以及用于混动系统的E-CVT变速器。针对CVT传动效率低、起步较慢、加速迟滞等劣势，丰田推出了Direct-Shift CVT，通过增加一套名为Launch Gear的起步齿轮组，实现了传动效率的提高和传动比的增大；另通过缩小钢带的角度和钢带小型化，使换挡速度提升20%；这些措施也大幅改善了驾驶响应性。THS II混动系统方面，驱动桥、电机、动力控制单元、动力电池等都进行了革新，有效地实现了小型化、轻量化，以及降低了各种损失。

本田第三代i-MMD双电机混动技术由高效发动机、集成双电机的E-CVT、功率控制单元PCU以及高放电倍率的锂电池组成，可以实现混动（Hybrid）、纯电（EV）、发动机三种动力输出模式，在不同的工况下切换，兼顾动力以及平顺性，与前两代相比取消了发动机与发电机之间的常闭离合器，通过E-CVT使混动系统处于高效工作区间。本田对2.0L混动发动机进行了优化，提高了废气再循环（EGR）比例，对进气门表面进行镜面处理（降低粗糙度），采用了充钠排气门，使压缩比从13提高至13.5，降低机械损失等，其热效率达到40.6%。动力单元比上一代体积减小了32%，其中第三代i-MMD变速箱总体重量100.5kg，轴向仅有375mm长，更加紧凑轻便与高效。

马自达从第一代创驰蓝天SKYACTIV-G到第二代的SKYACTIV-X，马自达把内燃机的压缩比提升至15∶1，热效率达到43%。SKYACTIV-X 2.0L压燃发动机拥有马自达独有的SPCCI技术，也就是火花点火控制压燃点火技术，融合了汽油机和柴油机的优势，可实现火花点火和压燃点火之间的无缝切换，以提升动力输出和油耗表现。日本车企节能技术应用情况，如表5所示。

表5　日本车企2020~2021年部分投放车型节能技术应用

款型	类别	典型节能技术及参数
凯美瑞双擎2.5HG	HEV	发动机：2.5L A25B-FXS 自然吸气4气缸 VVT-iE（最大功率131kW/最大扭矩221Nm） 变速器：E-CVT 双电机（总功率88kW/总扭矩202Nm）
RAV4 双擎 E⁺	HEV	发动机：2.5L A25B-FXS 自然吸气4气缸（最大功率131kW/最大扭矩221Nm） 变速器：E-CVT 双电机（总功率128kW/总扭矩323Nm）
雷凌双擎1.8H	HEV	发动机：1.8L　自然吸气4气缸（最大功率72kW/最大扭矩142Nm） 变速器：E-CVT 双电机（总功率53kW/总扭矩163Nm）
昂克塞拉2.0L压燃版	24V MHEV	发动机：HF 2.0L 自然吸气4气缸（最大功率132kW/最大扭矩230Nm） 变速器：6速手自一体变速器
CR-V锐·混动	HEV	发动机：2.0L LFB12 自然吸气4气缸（最大功率107kW/最大扭矩175Nm） 变速器：E-CVT 双电机（总功率135kW/总扭矩315Nm）

资料来源：公开信息整理。

（二）欧洲车企

在电动化转型方面，新一代奔驰C级将会搭载最先进的M254产品序列发动机，通过加大电池来为电机提供48V输入电压，让电机能够输出10~25kW的功率，帮助车辆起步加速，或弥补发动机低转速工况下扭矩不足的问题。另外，在车辆制动、滑行时BSG电机也能变成发电机，为电池或相关设备供电。原本M274、M264发动机上的水泵、油泵、压缩机等附件不用再依靠发动机曲轴来驱动，转而采用更高效率的电能驱动，不仅可以降低发动机负荷，让车辆行驶更加平顺，同时也降低了噪声。并拥有包括缸壁镀膜、缸壁衍磨技术，以及直接安装于发动机的废气后处理系统，可以在工作时降低机械运转阻力，将排放标准达到新的高度。同时，全新的双涡管涡轮增压器也减少了不同气缸之间的排气干扰，提升了瞬时的响应速度。另外，全新奔驰 C 级还会推出 PHEV 车型，为了不影响乘坐及尾箱空间，奔驰 C 级将精心研制的小型化电池放置在了后桥。在变速器方面，奔驰为了将 9AT 变速箱应用于传统车型和插电式混合动力车型，将 P2 单电机加双离合器混合动力系统适配到 9AT 自动变速箱 9G-Tronic 当中。在原来液力耦合器加多组行星齿轮组的基础上，增加了与发动机进行脱开/结合动作的发动机脱离离合器。动力电机按照 P2 架构被放置在离合器和液力耦合器（锁止离合器）之间，奔驰 9AT 自动变速箱对尺寸及性能进行了极致优化，进一步增强了平顺性和运动性能。在适配传统车型的同时，还通过集成动力电机的 9AT 混动变速箱适配插电式混合动力车型。目前国外已经在 S500e、E350e 和 GLC350e 等多款插电式混合动力车型上得到了应用，期待着这些车型早日进入国内市场。而国内市场方面，最新的奔驰 2021 款 C 级、S 级与 CLE 级则分别搭载了 1. 5T、3. 0T 与 2. 5T 的涡轮增压发动机与 48V 轻混系统，并同时搭载了 9 挡的手自一体变速箱（见表 6）。

表 6　奔驰 2020～2021 年部分投放车型节能技术应用

款型	类别	典型节能技术及参数
2021 款 C260L	48V 轻混	发动机：1. 5L 涡轮增压 +48V 轻混 4 气缸（最大功率 135kW/最大扭矩 280Nm） 变速器：9 挡手自一体变速箱
2021 款 S 450L 4MATIC	48V 轻混	发动机：汽油 +48V 轻混 3. 0L 涡轮增压 6 气缸（最大功率 270kW/最大扭矩 500Nm） 变速器：9 挡手自一体变速箱
2021 款 CLE450	48V 轻混	发动机：汽油 +48V 轻混 2. 5L 涡轮增压 4 气缸（最大功率 270kW/最大扭矩 500Nm） 变速器：9 挡手自一体变速箱

续表

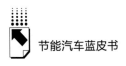

款型	类别	典型节能技术及参数
A6L 55 TFSI Quattro	48V 轻混	发动机:汽油 +48V 轻混 3.0L 涡轮增压 6 气缸(最大功率 250kW/最大扭矩 340Nm) 变速器:7 挡湿式双离合
535Le	HEV	发动机:B48B20C 汽油 2.0L 涡轮增压 4 气缸(最大功率 135kW/最大马力 184Ps) 变速器:8 挡手自一体变速器 电机:单电机(电机总功率 215kW/电机总扭矩 420Nm)

资料来源：公开信息整理。

宝马集团电动化转型战略。宝马全新 5 系插电混合动力车型比上一代减重 190kg，其中动力电池减重 100kg。新款 X3 采用现代混合动力技术，带有 48V 轻度混合动力系统。在这种系统设计下，汽车在刹车时产生的能量可被回收，并用来支持 12V 电子系统的一些关键功能。储存的能量还可以在硬加速时提供 11bhp 的动力推进。所有版本的 X3 车型都配备了宝马 xDrive 智能全轮驱动和八速 Steptronic 自动变速箱。

奥迪正式发布“Vorsprung 2030”战略。按照规划，未来 12 年内，奥迪将完成全面电动化转型。奥迪公布其新避震系统 eROT 系统，通过电子机械结构的循环往复式避震器，将颠簸路面行驶时产生的动能通过齿轮传动到发电机，从而转化为电能存储到电池组中供给车辆使用，有效降低油耗和 CO_2 排放量。目前 eROT 系统原型已在德国公路上进行测试，它以电压 48V 的电力系统为基础，能产出平均 100 ~ 150W 电力。

（三）美国车企

早在 2017 年 12 月，福特就发布了“中国 2025 计划”，计划至 2025 年底在我国推出超过 50 款新车型，至少 15 款福特和林肯品牌电动车型。2019 年 4 月 3 日，福特中国发布的“福特中国 2.0”战略中提出，将在未来 3 年内推出超过 30 款专为我国消费者打造的福特和林肯品牌新车型，其中 10 款为新能源车型。而就其节能路径而言，福特针对传统燃料内燃机动力系统、电动化动力系统、替代燃料和轻量化等进行多方向全面发展。在汽油发动机方面，福特继续深研其 EcoBoost 发动机技术，通过缸内直喷、可变凸轮正时与涡轮增压三大关键技术，并结合为其量身打造的先进软件程序实现最理想的性能释放，优化 20% 的燃油经济性，降低 15% 的 CO_2 排放量。使用这一技术的 2.3L EcoBoost 当选 2020 沃德十佳发动机。变速器方面，10 挡变速箱在更多的车型上应用，包括全新福特探险者和 Mustang。轻量化方面，福特在全新福克斯、蒙迪欧等车型发动机罩上，都应用了蜂巢状结构的 MuCell 微发泡注塑成型技术。这种成型技术在保证零部件耐用性，且优化燃油性降低排放的同时可降低车身重量近 20%。截至 2021 年 5 月，福特在我国市场仅上市一款混动车型，即 2021 年 4 月油电混合动力车型领界 EcoBoost 145 CVT。

凯迪拉克 XT4/5 · 2021 款推出了轻混版本，加入了轻混电机（BSG）在部分场景中辅助输出动力，而电机的动力曲线要比内燃机理想很多。且所搭载的发动机有进气门半开极限模式，双缸运行进气门是气缸顶部的气门而不是“总节气门”。这个气门的半开能够限制进气量，而喷油量是根据进气量的多少，以 14.7：1 的理论空气燃料比计算，也就是说进气门半开等于缩减喷油量，再加上极限节油模式的“智能变缸”，以双缸运行加上半开的气门，最终再加上轻混电机，XT5 的耗油量可以在 10L/100km 以内，XT6 也能控制在 10.5～11.0L/100km 区间（见表 7）。

表 7　福特、凯迪拉克 2019～2020 年部分投放车型节能技术应用

车型	车型类别	典型节能技术及参数
福特 领界 S EcoBoost 145 CVT	48V 轻混	型号 JX4G15C6L 1.5L 直列 4 缸直喷漩涡增压发动机（最大功率 103kW/最大扭矩 225Nm），E-CVT 无级变速器，48V 轻混系统
凯迪拉克 XT6	48V 轻混	型号 LXH 2.0T 直列 4 缸直喷漩涡增压发动机（最大功率 174kW/最大扭矩 350Nm），9 挡手自一体变速箱，48V 轻混系统

资料来源：公开信息整理。

B.3

中国节能汽车市场现状及发展趋势

王凤　刘思含*

摘　要：随着国内新冠肺炎疫情防控形势的好转，我国汽车市场产销好于预期，乘用车销量增速稳中略降，商用车市场逆势上涨实现连续五年增长态势，商用车产销好于乘用车，总体来说，汽车市场保持稳定发展。在传统能源领域，乘用车向混动化转型的步伐加快，大型化、SUV 化趋势依旧；替代燃料在货车市场的渗透率有所提升，客车市场的电动化趋势明显。综观市场，商用车仍以传统能源为主，节能技术的应用仍存较大空间，可以预见，能源、互联、智能三大革命将为汽车产业创新发展注入强劲新动力。

关键词：汽车市场　节能战略　节能规划　节能技术应用

一　中国节能汽车市场发展现状①

（一）市场现状

1. 总体市场

2020 年突如其来的新冠肺炎疫情，给国内外经济发展环境带来复杂严

* 王凤，中国汽车工程研究院高级咨询师，主要研究领域为节能汽车产业；刘思含，中国汽车工程研究院咨询师，主要从事汽车产业投资、智慧出行产业研究及汽车行业国内外市场及政策研究。

① 本报告数据（若无注明）来源于中国汽车工业协会、MarkLines 全球汽车信息平台。

峻的考验。我国汽车产业逆流击楫，在一系列政府政策帮扶的牵引作用下，汽车产业 5 月基本实现全面复工。我国赢得了疫情防控和汽车产销的双胜利，全年汽车市场整体表现超预期向好，产销降幅小于 2%。2020 年全年，汽车产量达 2522.5 万辆，销量达 2531.1 万辆，分别比上年下降 2% 和 1.9%，汽车产销量连续 12 年蝉联全球第一。我国成为汽车产业唯一保持总体稳定发展的国家（见图 1）。

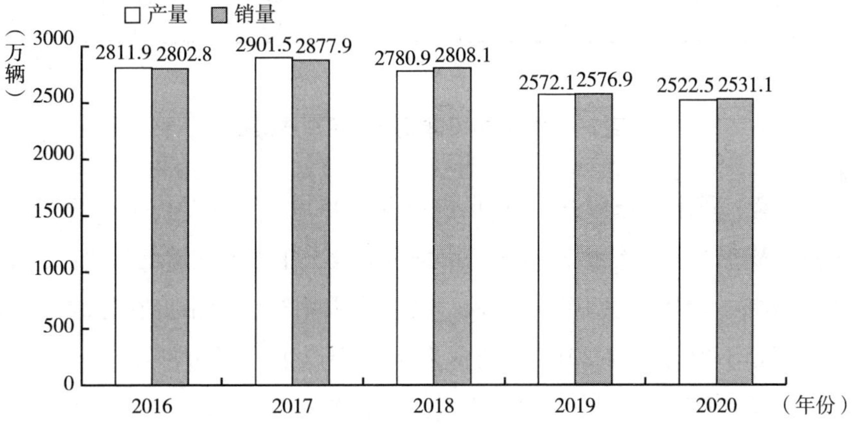

图 1　2016～2020 年我国汽车产销量

乘用车方面，2020 年全年产量达 1999.4 万辆，销量达 2017.8 万辆，同比上年分别下降 6.5% 和 6%。乘用车产量占 2020 年汽车总产量的 79.3%，销量占总销量的 79.7%，同比上年分别降低 3.4 个和 3.5 个百分点（见图 2）。

乘用车市场自 2018 年起连续三年销量下滑。2020 年由于我国疫情防控措施相对得力，政府相继推出置换补贴、放松限行限购等政策，国内乘用车市场率先走出泥潭，恢复好于预期。自 5 月开始连续 8 个月实现销量同比连续增长。但上半年疫情停工停产的巨大冲击，造成了汽车销量全年整体下滑的定局，全年增速稳中略降。2020 年 SUV 成为销量复苏的主要推动力，是 2020 年唯一跑赢大盘的细分市场，增长率 0.7%。SUV 全年销售 946.1 万辆，市场份额约占比 47%，较上年扩大 3.1 个百分点。轿车近 5 年来首次告别市场份额最大的宝座，全年销量较上年缩减超 100 万辆，全年轿车销量

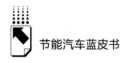

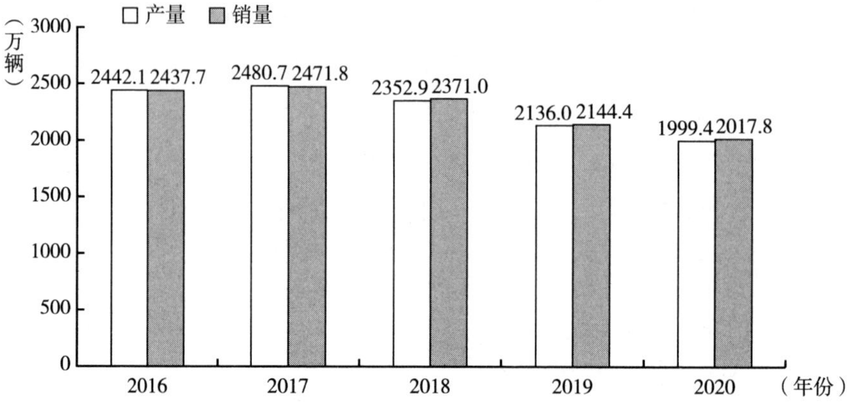

图2　2016~2020年我国乘用车产销量

927.5万辆，同比下降9.9%，市场份额占比45.9%，较2019年下降了2个百分点。MPV销量继续大幅回落，市场份额较上年再度萎缩至5.2%，同比下滑23.8%，全年销量105.4万辆。交叉型乘用车作为细分补充的市场格局，近年趋于稳定，自2018年销量大幅下降以来市场份额连续三年占比1.9%。2020年跌幅小于乘用车整体水平，跌幅持续放缓，同比下降2.9%，全年销量38.8万辆（见表1和图3）。

表1　2017~2020年我国乘用车分车型销量

单位：万辆，%

乘用车类别		2017年	2018年	2019年	2020年
轿车	销量	1184.9	1152.8	1027.6	927.5
	增长率	-2.5	-2.7	-10.9	-9.9
SUV	销量	1025.3	999.5	938.5	946.1
	增长率	13.3	-2.5	-6.1	0.7
MPV	销量	207.1	173.5	138.4	105.4
	增长率	-17.0	-16.3	-20.2	-23.8
交叉型乘用车	销量	54.6	45.3	40.0	38.8
	增长率	-20.1	-17.1	-11.6	-2.9
总计	销量	2471.8	2371.0	2144.4	2017.8
	增长率	1.4	-4.1	-9.6	-6.0

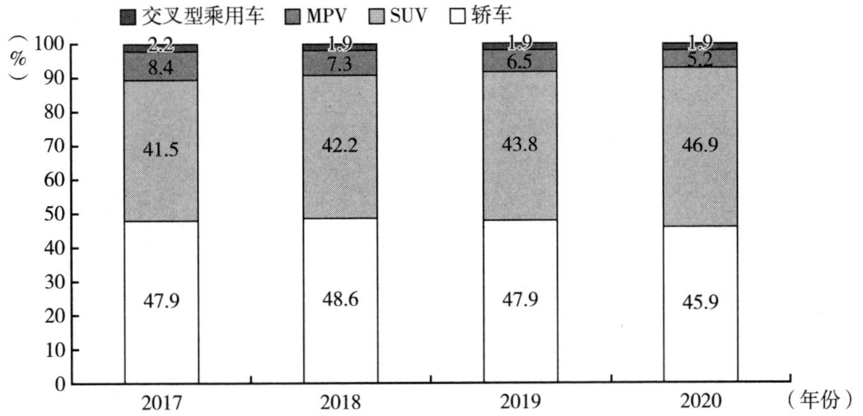

图3　2017～2019年我国乘用车分车型销量占比

2020年在汽车市场整体遇冷的情况下，我国商用车市场逆势上涨实现连续五年增长态势。受基建投资额回调、国Ⅲ汽车淘汰、新能源物流车需求增长、治超政策加严等积极因素推动，商用车产销好于乘用车，商强乘弱局面延续。2020年全年商用车的产销量分别达到523.1万辆和513.3万辆，与上年相比分别增长20.0%和18.7%，大幅扭转2019年销量负增长局势。产销量再创新高，乘商分化越趋明显（见图4）。

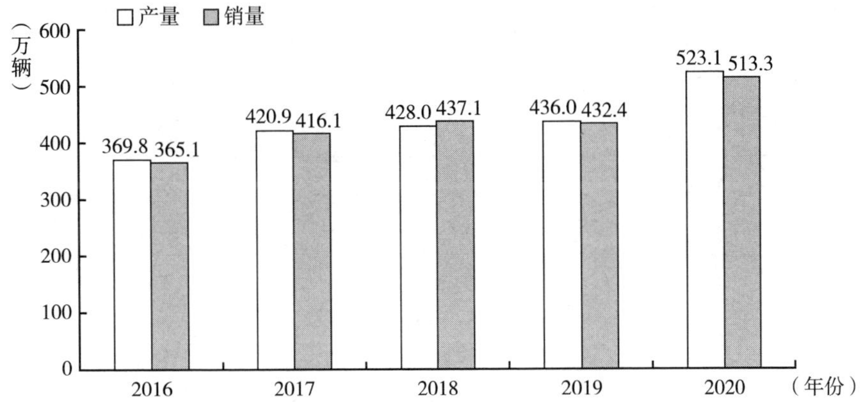

图4　2016～2020年我国商用车产销量

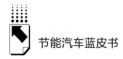

从车型来看，货车是支撑我国商用车市场持续高增长的主要车型，自2016年以来销量维持在310万辆以上且保持增长态势，市场份额也随之攀升。2020年全年销量468.5万辆，占商用车市场份额的91.3%。其中中重型、轻型货车增长贡献明显，微型货车同比增速较低。2020年中重卡销量177.8万辆；轻卡销量219.8万辆；微卡销量70.8万辆。在客车主要品种中，与上年相比，轻型客车产销小幅增长，大型和中型客车呈较快下降趋势。2020年全年客车销售再次缩紧，客车产销分别完成45.3万辆和44.8万辆，分别同比下滑4.2%和5.7%，其中销量最大的轻型客车销量为34.4万辆，占全国客车总销量的76.8%；大型客车和中型客车销量分别为5.7万辆和4.7万辆，销量占比分别为12.7%和10.5%（见表2）。

表2　2016～2020年我国商用车分车型销量

单位：万辆，%

车型		2016年	2017年	2018年	2019年	2020年
货车总计	销量	310.8	363.3	388.6	384.9	468.5
	增长率	8.8	16.9	7.0	-1.0	21.7
中重卡	销量	96.2	134.6	132.5	131.3	177.8
	增长率	28.1	39.9	-1.6	-0.9	35.4
轻卡	销量	154	171.9	189.5	188.3	219.8
	增长率	-1.2	11.6	10.2	-0.6	16.7
微卡	销量	60.6	56.8	66.6	65.3	70.8
	增长率	11.0	-6.3	17.3	-2.0	8.5
客车总计	销量	54.3	52.7	48.6	47.5	44.8
	增长率	-8.7	-2.9	-7.8	-2.3	-5.7
大型	销量	9.0	9.4	7.7	7.5	5.7
	增长率	6.9	4.4	-18.1	-2.6	-23.9
中型	销量	9.9	8.5	7.4	6.7	4.7
	增长率	26.1	-14.1	-12.9	-9.5	-29.6
轻型	销量	35.4	34.8	33.5	33.3	34.4
	增长率	-18.1	-1.7	-3.7	-0.6	3.5
商用车总计	销量	365.1	416.0	437.2	432.4	513.3
	增长率	5.8	13.9	5.1	-1.1	18.7

2. 节能乘用车市场

乘用车领域，《节能与新能源汽车技术路线图 2.0》中对混动乘用车[①]的发展提出了目标：2025 年混动乘用车占传统能源乘用车总销量比例的 50% ~60%，2035 年实现混动占比 100%。新版双积分政策给予节能减排车型一定的核算优惠措施，引导国内整车企业推进传统能源乘用车的混动化。另外，经过多年的发展，整个新能源汽车产业链的各环节已趋于成熟，混动和新能源部分技术的共通性，为实现国内混动技术的提升提供了一定基础。

在传统能源领域，乘用车混动化步伐加快。非混动乘用车虽占据市场的绝对主力位置，但整体走势偏弱，2020 年全年销售 1893.2 万辆，同比下滑 7.1%（见图 5）。混动乘用车（搭载 48V 轻混和 HEV 车型）2020 年销售 74.5 万辆，同比增长 30.9%，其在传统能源乘用车中的渗透率从 2017 年的 0.5% 提升至 2020 年的 1.3%。从车型类别看，2020 年搭载 48V 轻混系统的乘用车销量为 33.1 万辆，同比增长 39%；HEV 乘用车销量为 41.4 万辆，同比增长 40%。从品牌分布来看，目前搭载 48V 轻混系统的以欧系和美系为主，HEV 市场被日系品牌占据。自主品牌中，吉利和一汽红旗推进 48V

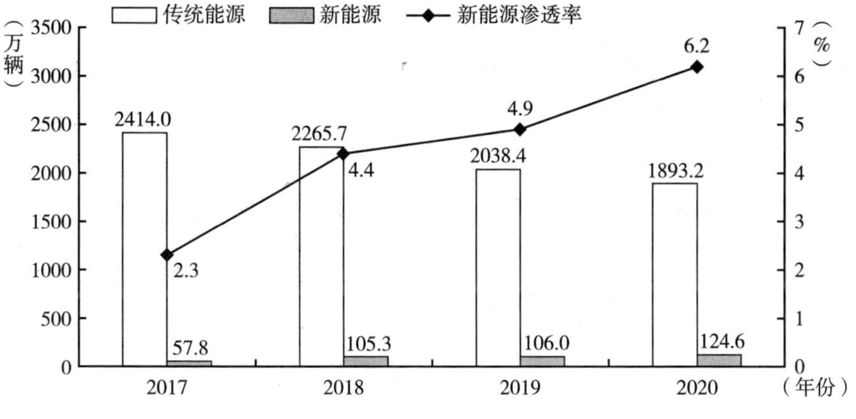

图 5　2017 ~2020 年传统能源和新能源乘用车销量走势

---

① 文中的混动乘用车含义同《节能与新能源汽车技术路线图 2.0》，即包含轻度、中度和重度混动，下同。

系统，长城、比亚迪、吉利等自主品牌在 HEV 领域已有方案布局。随着政策的认可与引导，国内自主品牌整车厂积极推动传统能源乘用车的混动化（见图 6 和图 7）。

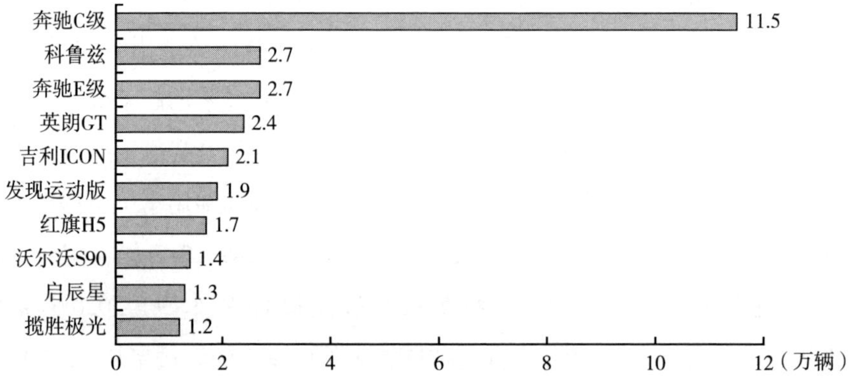

图 6　2020 年 48V 轻混乘用车销售 TOP10

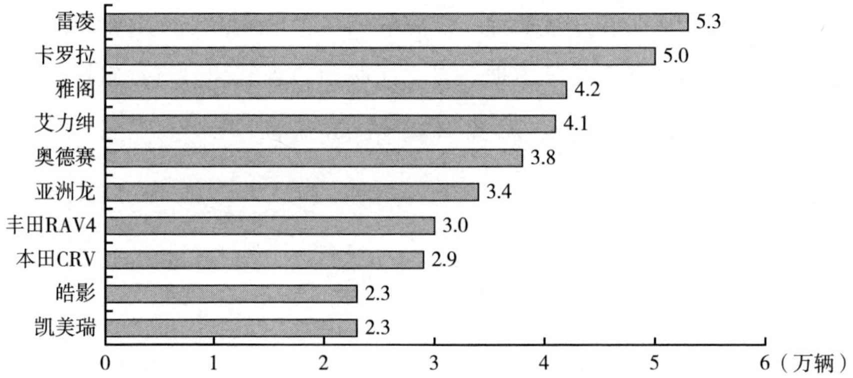

图 7　2020 年 HEV 乘用车销售 TOP10

传统能源乘用车大型化、SUV 化趋势依旧，节能减排技术应用仍具有较大空间。2020 年传统能源乘用车中，中型及以上车型销售占比近 30%，小型车市场销量继续下滑（见图 8）。SUV 作为乘用车市场中的重要组成部分，国内的市场需求持续增长。在传统能源乘用车市场中，SUV 销量占比呈增长态势，2020 年占比增至 49.0%，市场份额超过轿车。

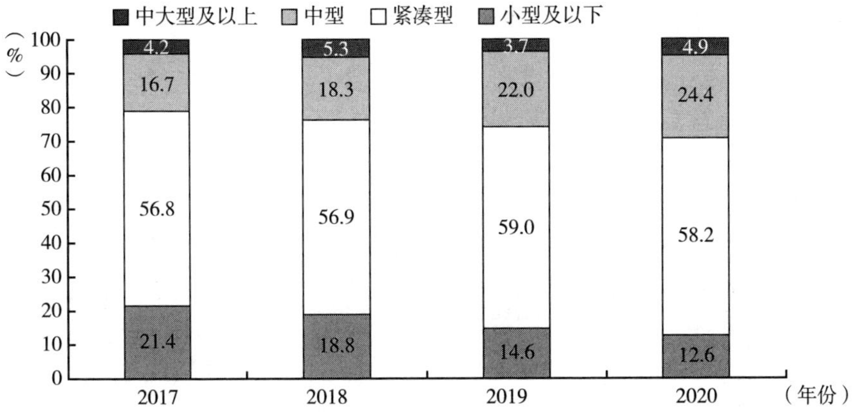

图8　2017～2020年传统能源乘用车分级别销售占比

3. 节能商用车市场

卡车市场，以传统能源为主力车型，替代燃料车型渗透率提升。其中2020年天然气重卡销售14.2万辆，同比增长22.4%，在重卡整体市场中占比8.7%，较2019年回落约1.2个百分点（见图9）。国内的天然气重卡2020年销量刷新全球纪录，市场增长原因主要有几个方面。首先，2020年重卡整体市场势头较好。国家及地方相关政策不断出台，包括国三及以下排放柴油卡车加速淘汰更新、超载超限治理的持续高压态势、按轴收费税费改革、“新基建”投资规模扩大等因素，推动重卡整体市场2020年销量突破了160万辆，牵引车总销量突破83万辆，双双刷新销售纪录。行业大盘向好，为以天然气牵引车为主力的燃气重卡增长提供了坚实的基础。其次，随着国内疫情好转，内循环经济逐步启动，持续扩大国内消费市场。最后，2020年国内油气终端价格差距相对稳定以及众多气源丰富地区对天然气卡车的积极推广，促进了该细分领域市场增长。

客车市场，传统能源客车销售占比81.8%，其中柴油客车总体表现好于汽油车（见图10），天然气客车销售降幅较2019年有所扩大，2020年国内销量0.20万辆，同比上年下降39.7%。从燃料类型看，新能源客车销量仍呈下降趋势，2020年全年销量为7.9万辆，同比下降13.9%。其中：纯

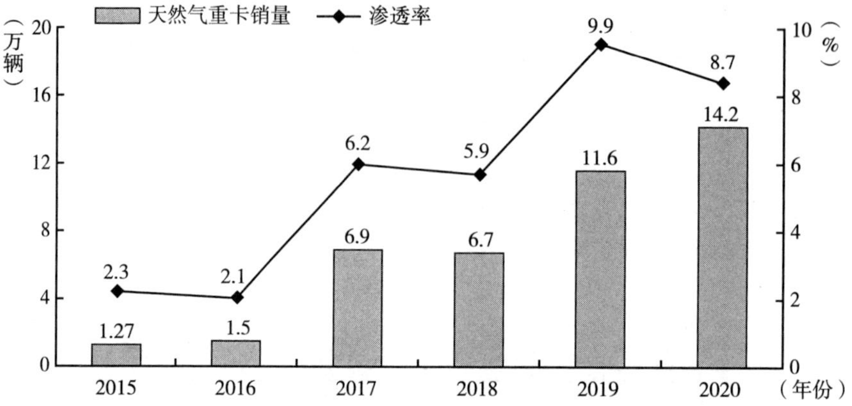

图9　2015～2020 年天然气重卡销量及渗透率

资料来源：保险数据，中国汽研整理。

电动客车销量为7.4 万辆，同比下降 12.4%，降幅比上年扩大 3.8 个百分点；插电式混合动力客车销量为 0.4 万辆，同比下降 28.1%，降幅比上年扩大 25.1 个百分点。此外，燃料电池客车销量连续两年快速增长的趋势逆转，销量大幅下降，2020 年共销售 962 辆，同比下降 41.6%。

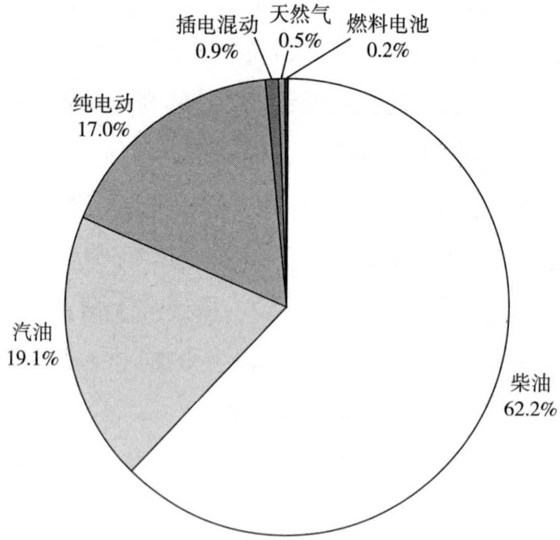

图10　2020 年客车分燃料类型销售占比

（二）节能水平

双积分政策的推出，对促进产业技术进步、引导乘用车企业主动提升新能源技术水平发挥了重要作用，在促进节能技术推广应用领域有所加强。2021 年 2 月，工业和信息化部在《关于 2020 年度乘用车企业平均燃料消耗量和新能源汽车积分管理有关事项的通知》中明确，在 2020 年乘用车企业平均燃料消耗量积分核算中，标准配置怠速起停系统、制动能量回收系统、换挡提醒装置的车型可依次减免百公里油耗 0. 15L、0. 15L（12V 为 0. 05L）、0. 1L，并对注册地在湖北省的乘用车企业，其在 2020 年产生的平均燃料消耗量负积分和新能源汽车负积分，减按 80% 计算。

传统乘用车企业平均燃油消耗值达标率持续走低，企业面临的油耗积分压力较大。根据 2021 年 7 月发布的《2020 年度中国乘用车企业平均燃料消耗量与新能源汽车积分情况》，2020 年中国境内 137 家乘用车企业的生产/进口总量达 1983. 02 万辆（包含新能源乘用车，不包含出口乘用车），行业平均整车整备质量增长 2. 0%，达 1510kg；新车平均燃料消耗量为 5. 61L/100km，较 2019 年增加 0. 05L/100km；油耗正积分出现较大降幅，2020 年正积分为 436. 74 万分，负积分为 1171. 43 万分。其中，116 家境内乘用车生产企业的累计产量达 1896. 85 万辆，2020 年共计 43 家企业平均燃料消耗量达标，达标率 37. 07%，较上年下降约 9 个百分点。21 家进口乘用车供应企业中，仅 1 家年度平均燃料消耗量达标，达标率仅 4. 76%（见表 3）。

表 3　2014 ~ 2020 年我国乘用车企业平均燃油消耗量及达标情况对比

项目	年份	平均整备质量(kg)	同比变化率(%)	平均能耗(L/100km)	同比变化率(%)	达标企业数(家)	未达标企业数(家)	达标率(%)
国产	2014	1340	0. 98	7. 12	-1. 52	61	27	69. 32
	2015	1364	1. 79	6. 98	-1. 97	67	23	74. 44
	2016	1392	2. 05	6. 39	-8. 45	68	28	70. 83
	2017	1419	1. 94	6. 00	-6. 10	62	39	61. 39

续表

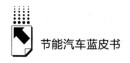

项目	年份	平均整备质量(kg)	同比变化率(%)	平均能耗(L/100km)	同比变化率(%)	达标企业数(家)	未达标企业数(家)	达标率(%)
国产	2018	1438	1.34	5.74	-4.33	66	46	58.93
	2019	1461	1.60	5.53	-3.66	55	64	46.22
	2020	1491	2.05	5.55	0.36	43	73	37.07
进口	2014	1828	2.00	8.76	-3.31	17	11	60.71
	2015	1826	0.11	8.33	-4.91	18	9	66.67
	2016	1875	2.68	7.52	-9.72	12	16	42.86
	2017	1875	0.00	7.13	-5.19	12	17	41.38
	2018	1872	-0.16	7.26	1.82	7	22	24.14
	2019	1905	1.76	6.28	-13.5	3	22	12.00
	2020	1933	1.47	7.01	11.62	1	20	4.76
合计	2014	1371	1.18	7.22	-1.5	78	38	67.24
	2015	1385	1.02	7.04	-2.49	85	32	72.65
	2016	1410	1.81	6.43	-8.66	80	44	70.97
	2017	1438	1.99	6.05	-5.91	74	56	56.92
	2018	1456	1.25	5.80	-4.13	73	68	51.77
	2019	1480	1.65	5.56	-4.14	58	86	40.28
	2020	1510	2.03	5.61	0.90	44	93	32.12

注：工业和信息化部公开数据整理。

（三）节能技术应用

1. 乘用车领域

《节能与新能源汽车技术路线图 2.0》提出的汽车产业发展目标：2035年，节能汽车与新能源汽车将各占汽车总销量的50%，传统能源汽车实现全面混动化。新版汽车技术路线图将混合动力汽车的地位明确提升，为我国汽车产业链带来了新的挑战和机遇。

国内自主品牌在混动市场上动作频频。配装长城柠檬混动 DHT 技术的玛奇朵在 2021 年 9 月底上市。2021 年 5 月 18 日，奇瑞全功能混动构型 DHT（混动专用变速器）下线。广汽采用丰田混动技术的传祺 GS8 预计在 2021 年下半年上市。48V 轻混系统是吉利智擎混动技术的一种，现已搭载在博瑞 GE、嘉际，以及吉利 ICON 等多款车型上，且吉利汽车正在研发全新一代混合动力系统。长安汽车于 2021 年 6 月发布全新的混动系统蓝鲸 iDD 混动系统。

国内主流车企的发动机技术不断成熟，部分量产发动机热效率已超过 40%。比亚迪骁云—插电式混合动力专用 1.5L 高效发动机，采用阿特金森循环、附件电子化、高湍流、冷却 EGR、变排量机油泵、钠填充、15.5 的超高压缩比、发动机分体冷却等技术，实现热效率 43.04%。广汽集团“钜浪动力”中专为混合动力车型开发的第四代发动机——2.0ATK 发动机，最高热效率可达到42.1%，该款发动机使用了广汽 GCCS 燃烧控制系统、智能热管理、低摩擦、低温废气再循环等技术。东风风神 C15TDR 发动机高效版，采用 12∶1 的压缩比、进排气双 VVT 气门正时系统、阿特金森循环、350bar 喷射系统、高滚流比进气道、电控涡轮增压器等技术，热效率达到 41.07%。

变速器领域，国内自动变速器 DCT、CVT 技术进展较好。长城的横置 9 挡湿式双离合变速器（9DCT），重量为 78.5kg，双离合模块为湿式多片式，承受的扭矩容量为 200～400Nm，并已搭载在 2021 年上市的 WEY 摩卡车型上。长城汽车在2021 年上海车展上发布的 3.0T＋9AT/9HAT 超级动力总成，有望在年内实现量产。零部件企业积极推进混动变速器的研发，如万里扬正在开发的 DHCVT30 产品，预计在 2021 年内搭载样车进行相关测试工作。国内企业已开展自动变速器核心零部件的自主研发，如液力变矩器、双离合器、液压油泵、电磁阀、电控系统等，但尚处于对标设计及改进阶段，创新性和工程化应用有待提升。

2. 商用车领域

面对严苛的国六排放标准，我国重卡柴油机的技术水平得到提升。我国内燃机企业已超前布局，具备多款满足政策和市场需求的产品。玉柴生产的 K08 柴油机是国内第一款获得国六 b 阶段排放标准认证报告的柴油发动机。解放动力推出的“国六”发动机采用 EGR＋DPF＋SCR 技术路线，是完全自主正向开发的机型，其排放生产一致性稳定，实现了油耗和尿素消耗的降低。潍柴动力于2020年9月发布了全球首款本体热效率50.26%的发动机，此款发动机满足国六/欧Ⅵ排放要求，且具备量产和商业化条件。在大马力方面，解放动力研发的奥威16L发动机建设项目也已正式启动，标志着与世界巨头正面竞争的新篇章已经开始。

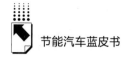

重卡AMT变速箱技术不断进步与成熟，市场的推广有所改善。东风商用车在14挡手动变速箱基础上开发的DA14系列自动变速箱（AMT）已经实现量产。中国重汽推出的16挡自动变速器S-AMT16变速器，级差1.2，预计2021年将有10万辆以上的装配量需求。2020年，重汽、解放、陕汽、福田、东风等一线品牌车企均大力推广AMT配置的车型。随着国内AMT技术越发成熟，市场需求逐步释放，未来十年或将成为AMT重卡的快速增长期。

二　中国节能汽车市场发展趋势

2021年，我国汽车产业仍将继续面临一系列挑战，包括复杂多变的国际环境、新冠肺炎疫情在全球范围内持续蔓延、国内疫情防控形势依旧严峻、全球汽车供应链不稳定性加剧等。但随着“十四五”战略规划布局，国内经济持续恢复、资本市场持续看好国内汽车市场、芯片短缺问题有望缓解，2021年国内汽车制造逐渐回暖，行业景气度将有所提升，整体市场有望继续稳定恢复。

在未来一段时间内，传统能源汽车产销量仍将占汽车总体的相当大比例，降低能耗及排放水平，提升产品自主化研发生产能力及国际竞争力是未来节能汽车发展的主要方向。动力总成的升级优化、混动系统应用占比的提升、传动效率的提升仍是节能技术发展的重点，能源、互联、智能三大革命也将为节能汽车的发展注入新动力。

从企业本身来看，无论是出于传统能源车型转型发展趋势还是应对国家政策导向，降低油耗势在必行。车企在推动新能源发展的同时，需注重节能技术的研发及应用，共同推动汽车节能减排任务目标的达成。

技 术 篇

Technical Reports

B.4

发动机热效率提升技术研究

杨振国　王　鹏　杨　凯　李　丽*

摘　要：在我国，商用车以较低的保有量，消耗了超过一半的燃油，排放了大部分尾气污染物。因此，提高热效率、降低 CO_2 排放是内燃机发展的首要课题。美国应用“超级卡车”的研究成果，提升发动机热效率和运输效率。欧洲客车节能技术全球领先，替代燃料发动机研究应用处于前列，并开展智能化节能研究。日本研究人员开展“创新燃烧技术”项目，乘用车的汽油和柴油发动机均可获得超过50%的净最大热效率。英国研究院从事 CryoPower 发动机概念的研发，以提升发动机热效率。国内车企具备发动机热效率提升技术储备，量产

* 杨振国，一汽解放发动机事业部前瞻技术研究院主任师兼授权部长，高级工程师，研究方向为发动机设计及开发；王鹏，一汽解放发动机事业部前瞻技术研究院发动机性能开发主任师，高级工程师，研究方向为发动机排放控制及能量管理；杨凯，一汽解放发动机事业部前瞻技术研究院主任师，一汽专家，高级工程师，研究方向为发动机整机开发及低摩擦技术应用；李丽，一汽解放发动机事业部前瞻技术研究院高级工程师，研究方向为发动机性能与排放开发。

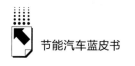

热效率集中在45% ~46%。本文对国内外商用车柴油发动机热效率提升技术的发展现状和趋势进行综合描述，分析主要技术的市场应用情况及能效水平。

关键词： 热效率 燃油消耗 低排放 废热回收

一 行业发展概况

为了人类的生存环境，为了不让全球气候走向灾难，世界各国纷纷提出降低碳排放强度，我国政府正式宣布力争2030年前实现碳达峰、2060年前实现碳中和。即到2030年，单位国内生产总值 CO_2 排放将比2005年下降65%以上，非化石能源占一次能源消费比重将达到25%左右，森林蓄积量将比2005年增加60亿立方米，风电、太阳能发电总装机容量将达到12亿千瓦以上。这是我国基于推动构建人类命运共同体的责任担当和实现可持续发展的内在要求作出的重大战略决策。我国承诺实现从碳达峰到碳中和的时间，远远短于发达国家所用时间，需要付出艰苦努力。在我国，商用车占据汽车总产量的15%，却消耗了50%的石油。因此，提高热效率、降低 CO_2 排放是内燃机发展的首要课题。业界正在开发一些技术解决方案，包括提高进气效率、先进的后处理系统、混合动力、低碳燃料和预测控制策略等。

目前的柴油发动机技术面临在满足严格的排放规定和满足客户的燃油经济性要求之间的权衡。随着2017年第一阶段温室气体法规的实施，美国柴油发动机制造商将被要求同时满足美国环境保护署（Environmental Protection Agency，EPA）2010年氮氧化物（NO_x）排放标准和460 g/bhp-hr的 CO_2 排放标准。近年来，重型和中型柴油发动机采用废气再循环（EGR）、柴油微粒过滤器（DPF）和选择性催化还原（SCR）作为排放控制措施。所有这些减排技术系统都增加了泵气损失，从而导致热效率的降低以实现排放目标。

热效率是衡量内燃机燃油利用效率的标准，热效率越高，燃油消耗越少，节能减排的效果就越显著。随着技术的不断进步，由1897年世界上第一台柴油机成功面世至今，柴油机热效率由当时的26%提升到46%。随着排放法规的日益严苛，热效率提升的难度越来越大，这已然是世界公认的行业技术难题。因此，发动机制造商在实现排放目标的同时也在寻求减少燃料损失提高发动机热效率的措施。发动机制造商对减少热效率损失的关注点有所不同。但是，共同的重点都包括涡轮增压器的改进、开发低压废气再循环（EGR）冷却器、降低后处理系统的背压、减少辅助负荷以及高转化效率的NOx后处理系统以及其他效率改善措施如减小活塞摩擦、废热回收（WHR）和高级燃烧策略等。评估发动机体系结构中各个子系统的损失和效率是非常必要的，因为巨大的损失也暗示了在发动机架构的某个类别中有提高效率的潜在机会。涡轮增压柴油机能量分布方程为：

$$\dot{Q}_{fuel} = \dot{Q}_{exhaust} + \dot{Q}_{coolant} + \dot{Q}_{CAC} + \dot{W}_{brake} + \dot{W}_{friction+pumping} + \dot{Q}_{ambient\ heat\ transfer}$$

其中，$\dot{Q}_{fuel}$为燃料能量，$\dot{Q}_{exhaust}$为废气能量，$\dot{Q}_{coolant}$为冷却剂能量，$\dot{W}_{brake}$为制动能量，$\dot{W}_{friction+pumping}$为摩擦损失和泵气损失，$\dot{Q}_{ambient\ heat\ transfer}$为环境传热损失。

因此，各技术重点围绕这个方程的各组成部分展开。对某一15L重型柴油发动机的能量分解显示，43.6%的燃料能量转化为有用的工作。据计算，24.2%、22.9%和2.8%的燃料能量是通过废气流、冷却剂流和环境传热损失的。此外，6.5%的燃料能量也因摩擦、发动机泵送和发动机附件的组合而损失。

世界各地的汽车公司一直在致力于提高内燃机热效率的技术开发。美国应用“超级卡车”的研究成果，大幅提升发动机热效率和运输效率。第二期“超级卡车”目标是发动机热效率达55%（带余热回收），整车货运效率较2009年提升100%。欧洲客车节能技术全球领先，替代燃料发动机研究应用处于前列，并开展智能化节能研究。公交车型向电动化过渡，公路客车主要发展清洁柴油及天然气车型，部分发展混动及先进发动机技术。日本通过增压中冷、高压共轨等技术提升节能效果，同步发展混动、轻量化节能技术，降低整车油耗。

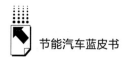

国内商用车以传统能源为主，替代燃料占比不断提升。目前商用车企业具备发动机热效率提升的技术储备，已量产的有效热效率集中在45%～46%。商用车以手动变速器为主，技术较为成熟，整体朝多挡化方向发展，电控机械式自动变速器（AMT）在重卡中逐步推广。国内列队行驶技术和热管理技术研究取得一定进展，但产业化应用进展缓慢。商用车风阻系数逐年优化，未来有望进一步下降。在动力总成领域以及核心零部件技术方面与国际巨头还有一定差距，混合动力、低摩擦、热管理方面也存在技术短板，但是差距在逐渐减小。

二　技术动态及趋势

为了缓解温室效应、降低CO_2排放、满足消费者对高燃效的需求，近年来世界各国主要着力于提升发动机热效率和降低排放两方面的研发工作。其中，在实现高效率方面，为了提高发动机各项性能指标并有效降低各类损失，采用高压燃料喷射、改善燃烧室、高效增压及多级增压、小尺寸设计、减速、降低发动机本体与辅机的机械损失。其中为了减少冷却损失，对隔热技术开展了相应研发工作，并基于上述进程不断开发新机型或对现有机型进行改良设计。

（一）美国技术水平现状

作为全球成熟的汽车市场之一，美国的标准、法规制定及先进技术研发具有先导效应。在美国，卡车运输承载着道路物流运输的主要职能。据统计8类重型卡车（最大总质量超过15吨的车）运送了美国70%的物资，但同时也消耗了美国80%左右的柴油。因此卡车油耗的控制对于美国节约物流成本和石油资源至关重要。美国在2010年1月1日开始实施的EPA2012法规，规定的卡车排放标准比欧六都严格，堪称目前全球最严的排放法规。“超级卡车”计划在这样的背景下诞生，并力图继续降低美国重型卡车的油耗和排放，为更进一步的排放标准的实施打下基础。

2010年，美国市场上主流发动机的热效率大多数只有40%，60%左右都在热能转化过程中丢失了。美国能源部树立了举世震惊的节能目标：长途8级重型卡车的油耗降低50%，其中30%可从整车技术上获取，20%必须从发动机获取。为了达到发动机降油耗目标，发动机热效率须提高至50%~55%。

为引导重卡制造商提高车辆燃油效率，美国能源部（Department of Energy，DOE）主导了两代超级卡车项目投资计划，以大幅降低重卡油耗水平，最终实现至少55%的制动热效率（Brake Thermal Efficiency，BTE），达到最低125%的货运效率。一期超级卡车项目实现了货运效率最低50%、制动热效率最低50%的目标，项目成果中有20多项技术已成功进入商业化阶段。目前二期超级卡车项目正处于技术方案示范验证。

项目采用费用分摊、公私合作的方式，第一期耗资2.84亿美元，第二期耗资2.25亿美元，加速目前尚未在市场上得到应用的先进节能技术的开发。项目第一期形成四个团队：康明斯/彼得比尔特（Cummins/Peterbilt）团队、戴姆勒（Daimler）团队、纳威司达（Navistar）团队和沃尔沃（Volvo）团队；2017年，佩卡（Paccar）加入二期项目。超级卡车项目一期和二期计划目标如表1所示。

表1　超级卡车项目计划目标

类别	2015年(一期)	2020年(二期)
预算	2.84亿美元	2.25亿美元
发动机制动热效率(BTE)	50%	55%
燃油经济性提升	20%	30%
货运效率提升	50%	100%
氮氧化合物排放(g/bhp-hr)	<0.20	<0.20
颗粒物排放(g/bhp-hr)	<0.01	<0.01

1. 一期超级卡车技术

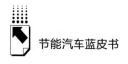

按照美国能源部的要求，加入一期超级卡车计划的企业五年内车辆总体油耗要降低 50%，其中整车油耗降低 30%，发动机油耗降低 20%，发动机热效率达到 50% ~55%，同时还要符合美国 EPA2012 法规严苛的排放要求。项目第一期，参与项目的四个团队均达成并超过最初设定的目标：货运效率提升 50%，BTE >50%。各团队目标达成情况如表 2 所示。

表 2　一期超级卡车投资及目标达成情况

项目		康明斯/彼得比尔特	戴姆勒	纳威司达	沃尔沃
项目周期		2010 年 4 月至 2014 年 9 月	2010 年 4 月至 2015 年 3 月	2010 年 10 月至 2016 年 9 月	2011 年 6 月至 2016 年 6 月
主要资金来源		能源部 3880 万美元 行业 3960 万美元	能源部 3580 万美元 行业 3830 万美元	能源部 2930 万美元 行业 4040 万美元	(美国)能源部 1900 万美元 (美国)行业 1900 万美元 (瑞典)政府 1500 万美元 (瑞典)行业 1500 万美元
项目成果	货运效率提升	76%(长途驾驶循环试验) 86%(24 小时循环试验)	115%	104%	88%
	油耗	10.7mpg(65mph 巡航)	12.2mpg	13mpg	12 + mpg
	发动机制动热效率	51.1%(测功机，带废热回收)	50.2%(带废热回收)	50.3%	50%(带废热回收) 完成 56.2% BTE 模拟分析
	降低风阻系数	46%(牵引车、挂车组合)	54%	>30%	—
	车重降低	1305Ib	2800Ib	—	—

热效率提升技术主要集中在发动机小型化、自动降速、自动变速器、混合动力、有机朗肯循环、复合涡轮、单驱动桥、空气动力优化、轻量化以及低滚阻轮胎技术等方面。各团队采用了不同的技术路线，如戴姆勒和纳威司达偏向于采用混合动力技术实现节油目标。

康明斯/彼得比尔特主要采用了以下技术：对发动机设计进一步优化，采用提高压缩比、优化活塞碗形状、优化并校准喷油器规格等技术；在废气再循环（EGR）回路中采用更低的差压，同时提高涡轮增压器效率实现进一步优化气流；采用了减少摩擦的轴封、可变流量润滑油泵、小功率冷却泵和燃油泵以及减少摩擦的齿轮系和气缸组件，实现发动机摩擦降低 30% [降低平均摩擦有效压力（FMEP）]；废热回收方面配备散热模块，在没有冷却风扇辅助的情况下，使废热回收冷凝器耐热水平高于高速公路巡航点时的水平；后处理系统方面，优化 NOx 传感器、闭环控制、集成废热回收热交换器，并研发新的选择性催化还原（SCR）催化剂的制剂。通过以上技术组合，BTE 达到 51.1%。

另外，康明斯/彼得比尔特通过先进牵引车—挂车空气动力学改进、高效先进变速器、自重降低、低滚动阻力轮胎、驾驶员辅助工具和行驶路线管理系统等，货运效率提高了 76%。

戴姆勒采用了发动机小型化和降低速比的技术方案，将 DD15 基础机型改换成 11L 发动机。通过采用混合动力、动力总成集成、空气动力学改善、整车轻量化、减小附加损失、能量管理以及废热回收等技术手段，货运效率提高了 50%。

戴姆勒提高制动热效率（BTE）方面主要从以下几个方面进行优化：压缩比、活塞碗型外观、涡流水平、涡轮匹配、米勒凸轮定位、分离废气循环冷却、级间冷却、等离子喷涂衬套、DLC（Diamond-like Carbon，类金刚石薄膜）涂敷环和涂层销、分离润滑系统、小型油泵以及活动活塞冷却喷嘴，最终 BTE 达到 50.2%。

纳威司达在轻量化、滚动阻力、空气动力学以及动力总成技术方面也进行了技术组合：采用轻量化车架、复合材料以及轻量化挂车进一步减轻整车质量；利用能量回收和降低寄生损失进一步降低了滚动阻力；采用高效驱动系统、起/停系统降低怠速、废热回收、电子涡轮以及先进的后处理系统提高了发动机性能，最终 BTE 达到 50.3%，超级卡车燃油经济性提升 104%。

纳威司达在货运效率方面主要采取以下技术，包括 48V 镍锌电池再生充电、“智能冷却”、电子恒温器、48V 电动 HVAC（Heating，Ventilation，Air Conditioning）系统、本迪克斯空气压缩机、低摩擦车桥、动态载荷偏

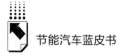

移、开槽裙板、挂车转向架整流罩以及尾流聚拢装置。具体技术路线如图1所示。

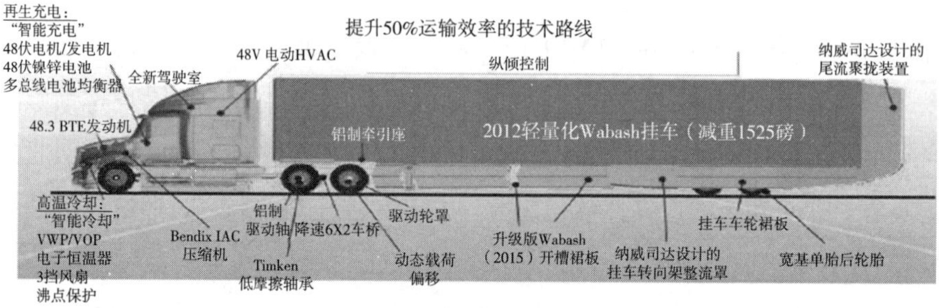

图1　纳威司达提升50%运输效率的技术路线

在一期超级卡车技术上，沃尔沃提升货运效率分为两个阶段：第一阶段识别技术和理念并进行概念选择，第二阶段对选择的概念进行技术改进、验证、技术集成等。如表3所示的技术路径，最终BTE达到50%，超级卡车燃油经济性提升88%。

表3　沃尔沃货运效率提升技术路径

项目	第一阶段(2011～2013年)	第二阶段(2014～2016年)
节省燃油	·牵引车空气阻力降低20% ·轮胎滚阻降低12% ·13L TC+一期余热回收 ·400r/min降速,AMT ·6×2车桥+润滑油液位控制	·空气阻力减少>40% ·预测巡航控制 ·可变润滑油/冷却液泵 ·轮胎滚阻减少>20% ·小型化+涡轮增压+二期余热回收 ·减少摩擦,降低润滑油压力
驾驶室减重	·驾驶室内外LED灯等	·改善驾驶室绝热效果 ·15kWh能量优化电池 ·双区域24V A/C系统 ·预测动能回收 ·太阳能光电板(驾驶室空气流通+照明+涓流充电)
整车减重	·轻量化挂车 ·轻量化挂车线束 ·铝材料驱动轴 ·宽基车轮+轮胎 ·6×2配置	·铝制底盘减重>40% ·综合挂车空气动力学装置 ·铝驾驶室侧壁板 ·发动机小型化(13L→11L) ·CF牵引车整流罩/发动机罩/车顶再生CF踏步

2. 二期超级卡车技术

二期超级卡车项目，为达成55% BTE 目标，各团队采用的主要技术包括：快速燃烧、高效涡轮增压、摩擦损失最小化、废热回收（WHR）、使用热障涂层/低传导性材料减少冷却液和机油损失等。

为达成货运效率提升100%，各团队均采用了混合动力技术（主要是48V 轻度混合动力系统）。各团队在二期超级卡车上主要采取的技术路径如表4 所示。

表4　二期超级卡车主要技术路径选择

项目	康明斯/彼得比尔特	戴姆勒	纳威司达	沃尔沃	佩卡
技术路径	·小型化、定制化发动机、先进动力总成 ·混合动力 ·先进材料、轻量化	·主动空气动力性 ·发动机停缸 ·混合动力/电动附件 ·轻量化 ·汽车系统运行改善	·发动机零部件电动化 ·更符合空气动力学的驾驶室设计 ·轻量化 ·提高发动机效率	·轻量化驾驶室 ·可替代的发动机设计 ·电动动力总成 ·轻量化	·燃烧策略、废热回收、附件电气化 ·动力总成电气化、高效变速器与车桥 ·空气动力性 ·模块化底盘、轮胎滚动阻力

康明斯/彼得比尔特在2020 年 BTE 达到53.5%，预计通过高效涡轮增压、减摩擦、燃烧系统及废热回收技术可将 BTE 提高到55%以上。技术现状及下阶段技术举措如表5 所示。

表5　康明斯/彼得比尔特二期超级卡车技术

项目	技术现状	下阶段关键技术举措
高效涡轮增压	通过提高匹配度、涡轮壳体材料、低压EGR 提高涡轮效率	提高涡轮效率、脉冲优化空气动力性、改进低传热系统的匹配
减摩擦	减少低摩擦环的摩擦、改善衬套和轮廓、改进润滑系统设计	减少发动机摩擦、变更润滑油系统、降低压力和黏度、为超精加工曲柄搭配合适的轴承
燃烧系统	高燃烧放热率、高压缩比、高燃烧温度	活塞/气缸盖低传热技术、提高杯模流动指数、改善喷射器的喷射准确性
废热回收	增压空气、废气再循环、冷却液、排气	验证系统性能、构建最终涡轮、过程最终优化

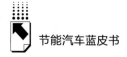

货运效率方面，康明斯/彼得比尔特在2016年货运效率达86%，预计通过轻量化、混动、电气化等技术可将实际货运效率提高到170%以上，远超过125%的目标。技术方面主要采用并优化了以下方面：主动伸长装置、前视横摆速度传感器、摄像头/显示器、电动助力转向系统、轻量化底盘、高效率的发动机/变速箱、高级循环效率管理器、轻度混合动力传动系统、48V电动暖通空调系统、24.5英寸铝制轮毂、滚动阻力系数较低的轮胎、底盘高度调节装置、金属复合材料制动鼓以及6×4/6×2（提升桥）串联式驱动桥。

戴姆勒二期超级卡车技术在2020年BTE达52.9%，预计通过减少热损失、废热回收等技术可将BTE提高到55%以上。戴姆勒主要采用以下技术：紧密耦合SCR、两级柴油机排气液剂量、涂层活塞、涂层气缸盖、相变冷却乘员安全控制器以及环戊烷成员安全控制器。

戴姆勒2016年货运效率达115%，通过48V能源管理、挂车空气动力学、底盘热气动布局以及燃料性能测试等技术可将货运效率提高到125%。

纳威司达二期超级卡车技术上，2016年BTE达50.3%，预计通过优化燃烧、后处理及废热回收等技术可将BTE提高到55%以上。主要在一期超级卡车技术基础上进一步在以下方面进行优化，包括：燃烧和燃油系统优化、重新优化进气阀形状以改善换气过程、气缸瞬态运行的动态控制系统、废热回收系统、汽油压燃系统、后处理排放控制以及早期引入DEF（Diesel Exhaust Fluid，车用尿素溶液）。

纳威司达2016年货运效率达104%，在此基础上通过空气动力学、底盘轻量化、冷却系统配置优化、智能网联等技术可将货运效率提高到140%以上。

沃尔沃2016年BTE达50%，二期是在一期超级卡车技术基础上通过燃烧、减少摩擦及热损失、空气调节等技术可将BTE提高到55%以上。如燃烧方面采用压缩比20：1、最高压力250 bar、活塞碗形状优化、米勒凸轮轴、新共轨；摩擦和附加损失方面采用e-EGR泵送、低摩擦环、长连杆、低压缩高度、改进的轴承、低摩擦衬垫、减少活塞冷却、低黏度油；空气调节系统方面采用高效进气循环、优化废气再循环冷却、低 EATS 限制、优化涡轮增压、废气再循环泵送；热损失方面采用 TBC 碗、高温活塞、气缸盖绝缘排气口绝缘。

沃尔沃 2016 年货运效率达 88%，二期预计通过轻量化、动力总成电气化等技术可将货运效率提高到 120% 以上。采取的技术手段如表 6 所示。

表 6　沃尔沃货运效率提升技术

一期超级卡车货运效率提升技术			二期超级卡车货运效率提升技术	
节省燃油	·牵引车空气阻力降低 40%，轮胎滚阻降低 20% ·400r/min 降速，AMT ·6×2 车桥＋润滑油液位控制 ·预测巡航控制 ·可变润滑油/冷却液泵 ·13L TC 小型化＋涡轮增压＋第二代余热回收		整车降重	·通过优化空气动力性相关配置，降低挂车重量 ·通过混合使用技术和材料，降低牵引车重量 ·衍生设计大幅降低了重量并节省了时间
驾驶室减重	·驾驶室内外 LED 灯等 ·改善驾驶室绝热效果 ·15kWh 能量优化电池	·双区域 24V A/C 系统 ·预测动能回收 ·太阳能光电板（驾驶室空气流通＋照明＋涓流充电）	冷却	评估了多种冷却组件配置，以在散热/空气阻力/重量/能耗之间进行权衡，所选概念包括： ·48V 风冷电机驱动的 710mm 风扇 ·低阻力散热器芯 ·带电动泵的双（HT/LT）回路冷却系统
整车减重	·轻量化挂车 ·轻量化挂车线束 ·铝材料驱动轴 ·宽基车轮＋轮胎 ·6×2 配置 ·铝制底盘减重＞40%	·综合挂车空气动力学装置 ·铝驾驶室侧壁板 ·发动机小型化（13L→11L） ·CF 牵引车整流罩/发动机罩/车顶再生 CF 踏步	动力总成电气化	·48V 轻混系统回收动能 ·采用改进的基础发动机降低附加损失 ·燃烧效率提高 ·改良的空气处理系统 ·重新设计的后处理系统 ·48V 轻混可进一步降低附加损失
基准车辆	D13 485HP，1650Ib-ft，10 挡＋OD 挡，手动，3∶58 RAR；发动机怠速；载荷：31350 磅，毛重：33650 磅，总重：65000 磅		基准车辆	325HP 11L 48V 电气化和轻度混合动力纯电动 HVAC，4×2 车桥配置，19.5 英寸车轮，短驾驶室，整备质量：27000 磅

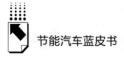

佩卡目前通过降低活塞磨损、采用高压燃油泵、优化进气、米勒循环、优化燃烧策略、提高涡轮机械效率等技术已将 BTE 提高到 51%，计划通过废热回收将 BTE 提高到 55% 以上。二期超级卡车技术还采用了以下技术，包括优化 48V 锂离子蓄电池系统集成、车辆级能源管理控制器、混合动力总成及畜电池系统，并利用了关键控制概念：控制软件、卡车控制装置、预测巡航装置、自适应巡航控制集成。

在二期超级卡车技术中，佩卡计划通过提高动力总成效率、轻量化及降低空气阻力的技术，将货运效率提高到 125% 以上。通过基础发动机、轻度混合/电气化、低滚动阻力轮胎实现动力总成效率提高 40%，通过系统工程、模块式集成、材料应用可将重量减少 25%，通过理想型、流程管理、挂车裙板与尾部可减少 60% 空气阻力。

美国超级卡车项目中各个团队围绕卡车空气动力学、发动机燃烧效率、废热回收、混合动力等方面分别进行了技术研发，二期超级卡车项目将在 2021 年下半年结束，以实现在发动机测功机试验台上演示 65mph 巡航模式下至少 55% 的制动热效率，并达到最低 125% 的货运吨效率（FTE），提高运输效率。目前美国在一期超级卡车项目的基础上，确定了实现制动热效率和货运效率目标的技术路径，在二期超级卡车项目中主要进行样车的构建准备及技术成果的演示验证。

（二）日本技术水平现状

为了提高柴油机净热效率，日本国家科学技术开发局（JST）联合庆应义塾大学、京都大学和早稻田大学等组成研发小组，开展战略创新创造计划（SIP）“创新燃烧技术”项目。通过高速空间燃烧、降低机械摩擦损失、提高涡轮增压系统效率以及提高热电转换系统效率技术实现提高净热效率。该项目在 2019 年 1 月 16 日发布研究结果，乘用车的汽油和柴油发动机均已成功获得超过 50% 的净最大热效率，对商用车发动机热效率提升具有借鉴意义。

在实际的发动机中，会发生能量损失，如冷却损失、排气损失以及机械摩擦损失。冷却损失，即燃烧气体的热能通过下部燃烧室的壁释放到外部时的能量损失；排气损失，即燃烧气体的热能与排出的气体一起损失的能量；机械摩擦损失，即由于发动机滑动部件的摩擦而损失的能量等。净热效率是指可以减少这些损失并将燃料的总能量转换为发动机的有效功的效率。为提高净热效率，研究人员提出一个新的燃烧概念，该燃烧概念可以最大限度地减少能量损失，而没有在燃烧过程中将其转化为动力，并进一步将燃烧过程控制在更高的水平。针对汽油发动机和柴油发动机，他们分别提出了“超稀燃”和“高速空间燃烧”的概念，如图 2 所示。

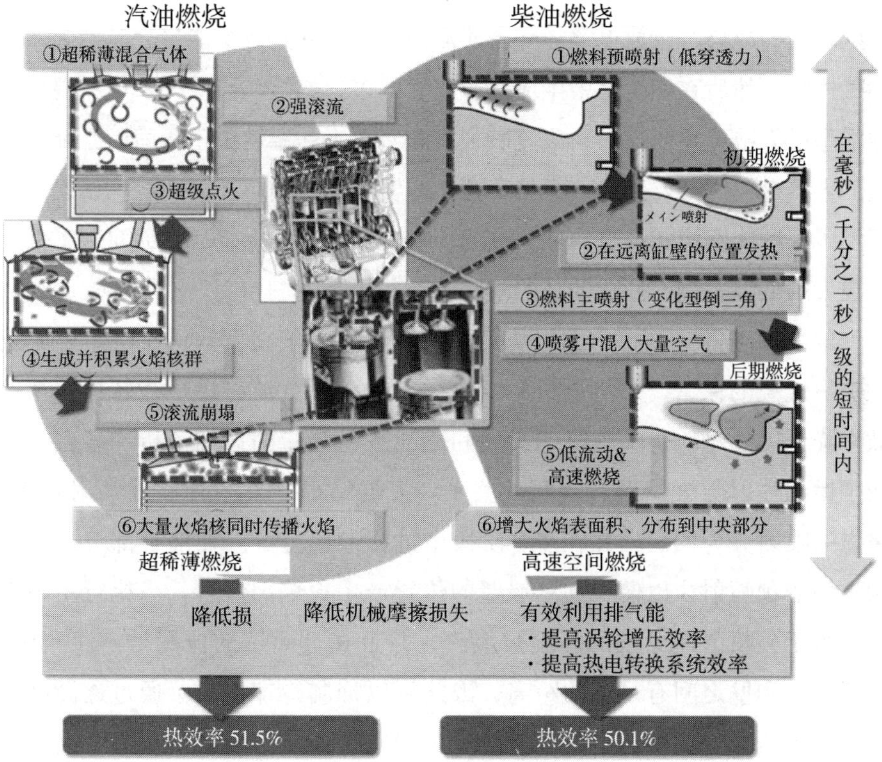

图 2　最大净热效率超过 50% 的技术概述

汽油发动机使用常规点火技术很难点火。即使施加大量的放电能量以部分点燃，火焰传播时与火焰熄灭和不传播时之间的波动也很大，并且燃烧不稳定。超稀燃指燃料浓度低于化学计量比一半的燃烧。理论上为每种燃料确定每单位质量完全燃烧燃料所需的最小空气质量。此时的空气质量除以燃料质量的比率称为化学计量。在该项目中，将燃料浓度小于化学计量空燃比的一半的混合气中的燃烧称为“超稀薄燃烧”。在现有的汽油发动机中，通常以接近化学计量空燃比的值燃烧以实现稳定的燃烧。“超稀薄燃烧”通过在超稀薄燃烧场中引入强大的滚流（垂直涡流）来阐明高湍流和稀薄燃烧的现象。

汽油燃烧的“超稀薄燃烧”机理：滚流（垂直涡旋）强的超稀薄混合物被活塞压缩，产生微细的涡旋群。当以适当的时间间隔多次执行产生强大放电能量的超燃时，放电路径随着滚流而延伸，并且放电能量分配到未燃烧的气体中，然后在燃烧室中生成并积累了许多火焰核。当空气—燃料混合物被活塞最大限度地压缩时，滚流破裂。随着压力和温度由于压缩而升高，大量的火焰核同时开始并加速火焰传播，并实现稳定的超稀薄燃烧。研发人员开发了一种能够稳定点火的点火技术，实现了超稀薄燃烧，从而实现了低能量损失的低温燃烧，并成功证明了热效率的提高。

柴油发动机“高速空间燃烧”机理：由于火焰在发动机燃烧室壁附近和滞后燃烧的保留，燃烧能量的产生（冷却损失）或将燃烧能转换为功的效率降低。通过对燃油喷雾的发展和燃油浓度分布的详细分析和试验，弄清了燃油喷射与火焰形成之间的关系。根据结果开发一种燃油喷射技术，将燃油喷射分为四次，并在多个阶段中进行最佳分配。在前半部分进行低渗透率的预喷射，以便在远离墙壁的位置产生火焰。然后，当执行主喷射时，由于预喷射而导致的高温被接收，并且在远离壁的位置处产生火焰。由于火焰和壁之间有足够的距离，因此可以抑制冷却损失。通过逐渐减少主喷射的喷射量（称为“先进反向德尔塔喷射”），雾化的燃料将在夹带大量空气的同时进行。结果，实现了低流量和高速燃烧，并且实现了高速空间燃烧，在该高速空间燃烧中，具有比常规燃烧更大的表面积的火焰位于燃烧室的中央。最终实现了减少后燃的高速空间燃烧，并且成功地证明了热效率的提高。

为了减少能量损失，“创新燃烧技术”项目还开发了减少因摩擦而损失的技术（这些摩擦是由高速发动机的机构不可避免地产生的），以及诸如涡轮增压和热电发电之类的技术，这些技术有效地利用了作为废气排放的能量。

在此研究中，通过开发由固体润滑剂和软金属组成的高度耐用的低摩擦层及其表面改性技术，可以使发动机的滑动表面具有低摩擦功能，并降低机械摩擦损失 55.5%。

在基于流体分析的基础上重新设计叶片排和流道的同时，考虑了轴承中的传热和摩擦力，构造了涡轮增压器系统，效率高达 69%，比商用涡轮增压效率高出 10 个百分点或更多。

此项目开发了可以将发电温度范围扩大到中低温的新型元件和模块，证明它具有相当于热效率的高达 1.3% 的性能，包括带有废热的热交换系统。

此项目通过集成这些技术，将研究结果进一步与排气温度/流量和燃烧产生的压力等条件进行了匹配，获得汽油发动机的最大净热效率 51.5% 和柴油发动机的最大净热效率 50.1%。

（三）欧洲技术水平现状

长期以来，欧洲大约 60% 的汽车为柴油车，约 90% 以上的出租车采用柴油发动机，SUV 采用柴油机的比例更是高达 80% 左右。尽管柴油发动机在排放方面有着先天缺陷，但其高热效率和低成本优势，让它在欧洲独领风骚。

德国 FEV 发动机公司的 CEO 史蒂芬·皮辛格在 2018 年的传统燃料车辆动力技术转型升级国际研讨会上说，德国内燃机的热效率已从过去的 39% 提高到 50%，未来废气再循环技术将普及。奥地利 AVL 公司的 CEO 赫尔姆特·李斯特也说，目前各家的内燃机正处于良性竞争，碳零排放是共同目标。AVL 公司在一台美国能源部支持研发的卡车发动机上，实现了 50% 的热效率，并将进一步提高。

英国里卡多（Ricardo）和布莱顿大学等合作伙伴一直从事 CryoPower 发

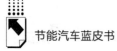

动机概念的研发课题。里卡多技术专家认为：使用柴油机的基础热动力循环，很难将热效率提高 50% 以上，因为燃料约一半的化学能都消耗在废气和内部热损耗上。在改进基本发动机的同时，很多制造商希望利用增配式系统回收废气中的部分高品质热能。有些能量回收系统效果不错，但相较于所增加的复杂性，它们的优势并不明显。

相比不断改进现有技术的其他方法而言，里卡多 CryoPower 分体式发动机概念重新定义了内燃机的往复循环，使燃烧效率明显高于 2020 年以前的最先进发动机。CryoPower 概念不依赖辅助废热回收装置，它的目标是将废热回收至发动机的实际工作循环中，如图 3 所示。

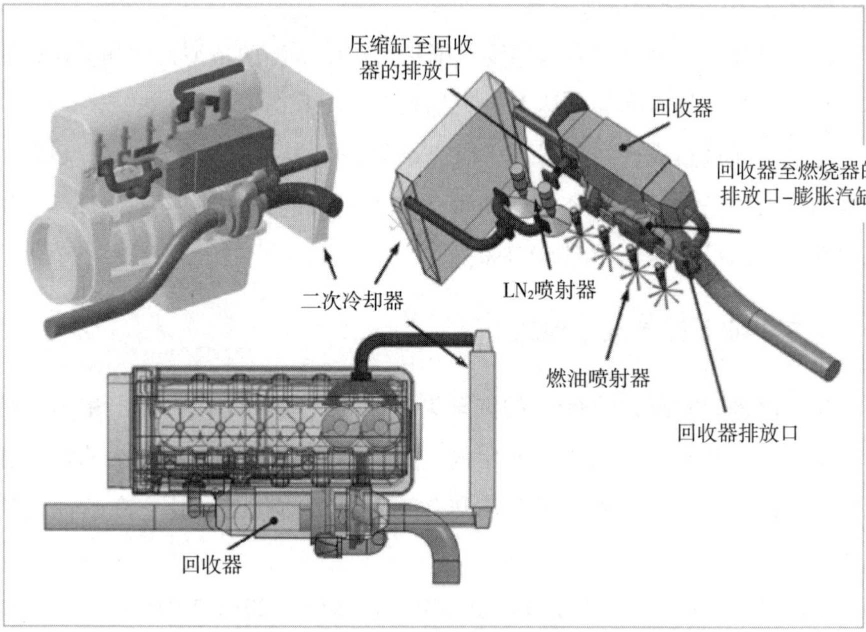

图 3　里卡多 CryoPower 分体式发动机概念

CryoPower 将传统的四冲程卡车发动机工作过程放在不同的气缸中完成，一个用来吸气和压缩，另一个用来燃烧和排气。这种方式可以将废热在压缩工作结束后回收到工作气体中。这样可以在吸气、压缩气缸实现米勒循环，而在燃烧、排气气缸实现最高的燃烧效率。

通过注入少量的液氮冷却，从而等温完成压缩过程，可以实现效率的最大化。因此，液氮既是冷却剂，也是一种额外的能量矢量，从而抵消部分燃料需求。燃烧过程使用可再生生物燃料或传统液体或气体燃料，并将热能传递回已经过冷却和压缩的进气流。

里卡多利用 CryoPower 将循环燃气轮机最佳的优势（后压缩机气体在燃烧前接收废热）与往复内燃机的最佳特性相结合。另外，相对于使用昂贵的材料和燃气轮机制造所需要的复杂工艺，CryoPower 技术采用了传统的往复发动机结构和材料。

研发人员在布莱顿大学的单缸试验平台上完成了早期开发工作，结果证明 CryoPower 不仅具备提高热效率的潜力，而且低温燃烧（CPCC）在燃烧过程中排放的氮氧化合物含量还低得惊人。得出这个结果后，研发人员做了广泛的模拟试验，并研究了部件和子系统，为使用柴油或各种其他液体燃料、传统气体燃料、生物燃料或合成燃料的重型发动机实现零排放指明了一条道路。

从 2019 年 9 月发布的研究结果可以看到，里卡多通过精确模拟 CryoPower 发动机概念的关键部件和子系统，预测 CryoPower 低温燃烧技术可实现 49% 至 56% 的制动热效率，CryoPower 概念发动机被证明能够节省 10% 以上的燃料。

（四）中国技术水平现状

经过几十年的奋起直追，我国商用车在降低发动机油耗、减少排放、轻量化、电子智能化、车联网等方面都取得了一定的进步。

2020 年 9 月 16 日，潍柴动力集团发布全球首款突破 50% 热效率的商业化柴油机，满足国六/欧Ⅵ排放要求，并具备了量产和商业化条件。潍柴动力采用协同燃烧技术、协调设计技术、排气能量分配技术、分区润滑技术以及智能控制技术，解决了高效燃烧、低传热、高可靠性、低摩擦损耗、低污染物排放、智能控制等技术难点，最终实现 50.26% 热效率。

面对日益严峻的生态环保形势和市场竞争态势，一汽解放动力在 2018

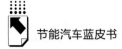

年提出打造“最节油、最环保、最可靠”的“三最”发动机的目标。最节油即把热效率提升至50%；最环保即从实验室数据验证发动机排放达到零污染；最可靠即发动机寿命提升到200万公里。

2018年以来，一汽解放动力致力于超低排放技术研究，构建技术平台，完善技术模块，成功在清洁燃烧技术、低温高效后处理系统集成技术、热管理标定技术上实现了众多突破。2020年11月20日，第五届国际商用车展览会期间，解放动力重磅发布了“超低排放”柴油机技术。该技术是解放动力围绕2027年美国加州发动机法规标准研发的成就，NOx排放比国六降低了95%，达到超低排放的高标准。目前一汽解放正在进行最环保项目的二期，力争在最节油一期技术成果的基础上实现低排放和高热效率的平衡。

在节油方面，面向2025年下一代重型柴油机产品技术储备，一汽解放动力在燃烧、换气、低摩擦、智能附件、热管理等技术领域开展创新研究，最节油项目达成50%热效率挑战目标研究。该项目为解放动力满足2025年中国四阶段油耗法规、实现国际一流油耗目标提供了技术支持。

据报道，东风康明斯48%热效率机型将于2021年正式批量投入市场，将是国内率先实现量产的高热效率发动机。48%热效率发动机满足国六B排放标准。

（五）国内外技术发展趋势

国内外发动机制造商在高强化整机技术、高性能关键零部件技术、先进的燃烧技术、低功耗附件、余热利用、后处理等方面不断投入研发资源。

美国未来将借助“二期超级卡车技术”的55%热效率的研究成果，将燃烧优化、高效涡轮增压、减小摩擦损失、降低热损以及废热回收（WHR）等技术进行下一步的验证及商业化应用。另外，美国超级卡车团队选择的技术路线及演示成果，将为重型车辆效率法规的审议提供技术数据。美国未来可能会出台更严格的油耗和排放标准，以推动先进技术的商业化应用。解决先进技术的成本问题并实现商业化应用，将大幅提升企业的技术竞争力，并为美国运输业带来巨大的经济效益。

日本发动机通过高速空间燃烧、降低机械摩擦损失、提高涡轮增压系统效率以及提高热电转换系统效率技术实现提高净热效率，同时也在逐步发展混合动力。

欧洲发动机节能技术主要分为两类，一是将循环燃气轮机优点与往复内燃机的最佳特性相结合，从而在吸气、压缩气缸实现米勒循环，而在燃烧、排气气缸实现最高的燃烧效率；二是利用先进高效发动机技术组合以及未来推广的废气再循环技术，以达到降低发动机油耗的目的。

中国在发动机节能技术方面持续关注美国超级卡车项目动力总成、整车技术选择及商业化应用趋势。国内自主商用柴油机已实现在试验阶段达到50%热效率，但离实现量产和商业化还需要一段时间。一方面，高爆发压力、高轨压、高压缩比是实现高效燃烧和做功的基础条件，也是未来柴油机节能技术的显著特征。目前，我国市场上主流重型商用车柴油机距离实现50%有效热效率所需的大于250bar的爆发压力存在差距，还需要投入大量的时间和精力进行高端柴油机的研发。另一方面，柴油机节能技术缺乏高性能核心零部件的支持。如对发动机性能、成本有举足轻重影响的发动机管理系统等关键零部件技术及系统集成技术仍掌握在几个国外巨头手上；涡轮增压器、液压挺柱、可变气门正时、可变气门升程等先进零部件也基本依靠国外进口或其在国内的生产厂供给。达到50%有效热效率目标需要2500bar燃油系统和大于55%的增压器总效率，国内缺少可实现此类高水平发动机零部件产品化的供应商。

废热能的回收，已被广泛认为在显著提高发动机性能的同时实现燃油经济性。目前有一些高校及发动机制造商已经采用了包括有机朗肯循环（ORC）和复合涡轮的技术再次利用废热。一汽解放动力前期已经完成自主有机朗肯循环系统的搭建，下一步将以实现2%～3.5%制动热效率（BTE）为目标不断优化。

可见，发动机热管理及能量回收是未来发动机节能的重要途径之一，同时通过电控化、智能化降低发动机的附件能耗，达到节能的效果。

1. 能量回收技术

有机朗肯循环能量回收技术主要是利用低温有机工质（如制冷剂、乙醇等）在换热器内与发动机高温热源进行热量交换，吸收热量的有机工质将能量转化成可用机械能的一种技术。一般来说，有机朗肯循环能量回收系统由发动机热源、储液罐、工质泵、蒸发器、膨胀机、冷凝器等组成，如图4所示。能量回收技术的难点主要有以下四点。

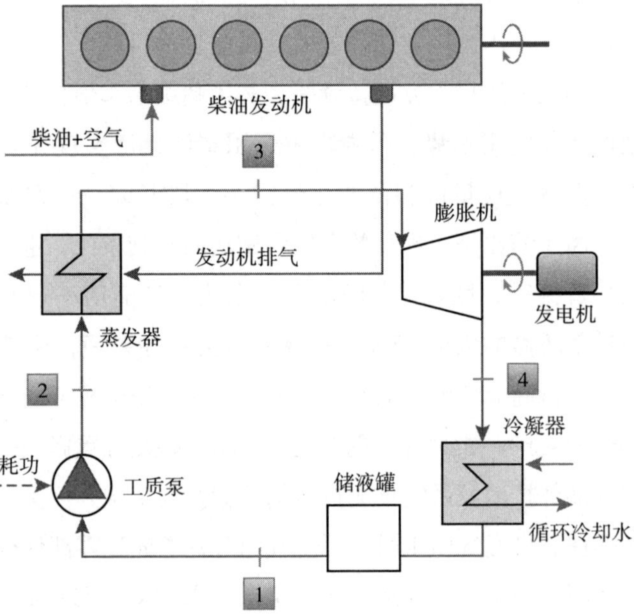

图4　有机朗肯循环能量回收系统

（1）高效紧凑型膨胀机开发

在有机朗肯循环能量回收系统中，膨胀机是负责将高温高压的有机工质能量转化成可用机械功的部件，其工作效率的高低直接影响能量回收系统的效率，因此膨胀机是有机朗肯循环能量回收系统中最关键的零部件。适合车用有机朗肯循环能量回收系统的膨胀机的特点是高效、紧凑。现有膨胀机大多用于工业余热回收行业，其体积庞大，由于整车布置空间有限，无法布置现有大型膨胀机；而由车用制冷压缩机改造而成的膨胀机绝热效率往往较低，能量回收系统效率太低，因此急需开发紧凑型膨胀机。

（2）高效紧凑型换热器开发

换热器的主要功能是提供足够的换热面积，从高温热源获取到驱动系统运行所需的足够能量以及向低温热源释放热量。车用有机朗肯循环能量回收系统中的换热器需要具有结构紧凑、换热效率高、压降小等特点。

目前常用的管壳式或翅片管式换热器由于体积大，无法满足车用空间布置的需求；而板式换热器虽然换热效率高、结构紧凑，但是其工作温度较低，对于某些发动机工况排气温度超过了板式换热器所能承受的工作温度。因此高效紧凑型换热器的开发也是车用有机朗肯循环能量回收技术的一项技术难点。

（3）小型电控阀开发

在有机朗肯循环能量回收系统中，电控阀主要用于控制进入膨胀机的工质流量，从而达到对膨胀机入口压力的控制以及能量回收系统启停控制的目的。系统对于电控阀的要求是结构紧凑、耐高压和高温、比例调节、响应性快。目前还没有同时满足上述要求的电控阀门，因此有机朗肯循环能量回收系统用电控阀的开发也是一项重要难题。

（4）系统控制策略开发

能量回收系统的稳态及瞬态控制策略是系统能够得以安全高效运行的保证。一方面控制策略的开发是基于大量能量回收系统台架及整车测试验证，而目前还缺乏车用能量回收系统测试数据和运行经验；另一方面，由于缺乏运行经验，控制策略的逻辑框架还不能考虑完整，特别是瞬态工况下的控制需要进一步研究。

在法规要求的道路测试循环工况下，能量回收技术的节油率为3%；而能量回收结合48V轻混技术后，综合节油率约为5%。可以看出，该技术具有一定的节油效果，符合未来商用车发动机低碳化发展的趋势需求。

根据国外样件开发的经验分析，整套能量回收系统重量约110kg，一半的重量来自蒸发器。预计量产以后，膨胀机约占总成本的30.4%，而蒸发器成本占总成本的29.5%，预计整套系统售价约23000元。根据目前国内重型商用车行驶习惯和柴油价格，大约2年内回收成本。

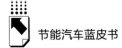

总体来说，该技术具有良好的技术前景，如果能够进一步降低成本以及系统结构小型化，是存在市场应用可能性的。

2. 机电耦合增压技术

增压技术的应用能有效提高内燃机效率，降低燃油消耗，涡轮增压技术的发展历程如图5所示。

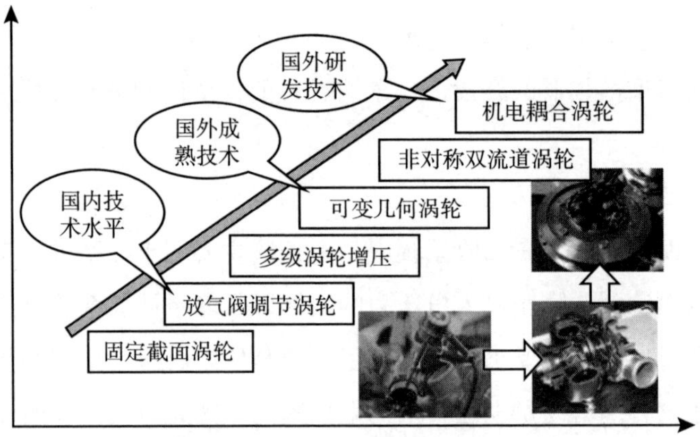

图5　涡轮增压技术的发展历程

传统的固定涡轮增压技术的“迟滞”带来的问题，往往使发动机在加速时动力不足、燃烧恶化、冒黑烟等。机电耦合增压系统通过电子控制实时地回收废气能量和改善进气状况，从而能提高发动机在不同工况下的燃油经济性，近年来逐渐得到关注并开始进入研发阶段。其快速响应性和灵活的工作方式使其有望成为解决增压发动机固有问题的又一有力措施，受到欧美日发达国家汽车行业的青睐，成为目前研究热点。

如图6所示，机电耦合增压器的转子和高速电机集成在一起，电控单元通过控制功率变换单元控制电机状态，使能量在电机和储能单元之间转换（充电模式或电动模式），有效地解决传统涡轮增压系统调节的问题，同时可通过能量回收改善燃油消耗、增加低速扭矩提高瞬态响应。

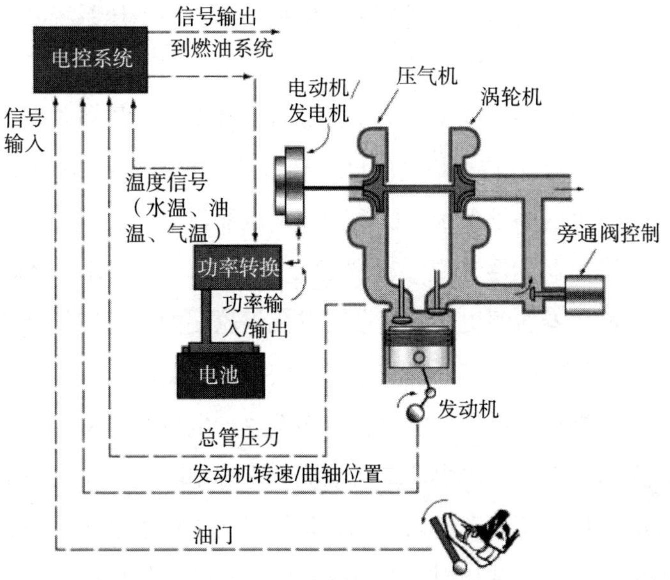

图6　机电耦合增压器原理

在机电耦合增压器整体方案的设计过程中，电机和叶轮轴支撑方式（轴承）是选型及其布置最重要的两个环节。

电机在机电耦合涡轮增压系统中的结构布置有电机中置和电机侧置两种方案。电机中置方案主要的供应商为霍尼韦尔、三菱重工和 EcoMotor。电机侧置方案主要的供应商为三菱重工。综合考虑各个因素，电机中置的方案由于其结构紧凑，转子稳定性好，轴承受力均匀磨损小，是机电耦合增压系统的首选方案。国内外研究也表明，电机中置方案是现阶段主流方案。机电耦合增压系统的电机转速很高，每分钟可达十几万转，电机转子外径的圆周速度通常会超过 200m/s。适合于机电耦合增压系统的高速电机可以有多种形式，如永磁同步电机、异步感应电机和开关磁阻电机等。

轴承的布置方案主要有两种：轴承外置和轴承内置。轴承外置的优点是：轴承处于两端，在增大转子刚度同时能降低轴承线速度，提高轴承寿命。轴承内置的优点是：轴承之间的距离可缩短，转子尺寸小重量轻，壳体结构大大简化，进出口气流阻力小，结构简单，重量轻，惯量小，国内外大多数涡轮增压器都采用这种布置方案。依据柴油机对增压系统要求的结构简单、布置紧凑、重量轻、瞬态性能好等，目前比较成熟的是轴承内置方案。另外，提高轴承的效率可以提高增压器的机械效率。车用涡轮增压器转速普遍为每分钟 8 万 ~ 15 万转，最高的已达到每分钟 26 万转。因此，选择一款高效率和高可靠性的轴承系统是机电耦合增压器设计的关键。

机电耦合增压器的冷却是一个必须重视的问题，相对于普通涡轮增压器，机电耦合增压器热源更多更复杂。首先涡轮端的高温燃气是最主要的热源，如果不采用可靠的冷却隔热措施，中间体中的轴承、线圈、磁体等将烧毁，造成增压器损坏。其次是电机自身的发热。电机的功率损耗是其发热的主要原因，而高速电机不仅由于绕组电流和铁心中磁通交变频率增加导致基本电气损耗的增加，而且还增加了高频附加损耗，特别是转子表面由于高速旋转产生的风磨损耗和轴承损耗在总损耗中占有较大的比重。同时，单位体积功率密度与损耗增加，总体散热面积减小，因此有效的散热和冷却方式，是机电耦合增压器设计中的一个重要问题。

3. VVA 技术

传统发动机凸轮轴驱动的机械配气机构产生的气门升程和相位都是固定的，可变配气机构 VVA（variable valve actuation）产生的气门升程和相位是灵活可控的，所以 VVA 被看成是可能改变发动机工作循环、提高热效率的未来技术，VVA 已经有数十年的研究历史，近年来发动机电控技术的发展使原来 VVA 研究中的难题得到化解，促进了 VVA 研究进展。

无凸轮轴驱动的 VVA 机构就是将气门驱动从传动链中脱离开来，完全由电液驱动控制，分为全可变和部分可变两种。主要优点就是能够实现灵活迅速的气门运动，使气门正时及气门升程均可变，满足各工况的燃烧需求。由于进气 VVA 在成本及经济效益上的优势，部分可变的 VVA 技术已经应用在商用车上。通过推迟或提前关闭进气门，实现如图 7 所示的气门正时及升程曲线，改变有效压缩比，使压缩比小于膨胀比，实现米勒循环，提升柴油机热效率。

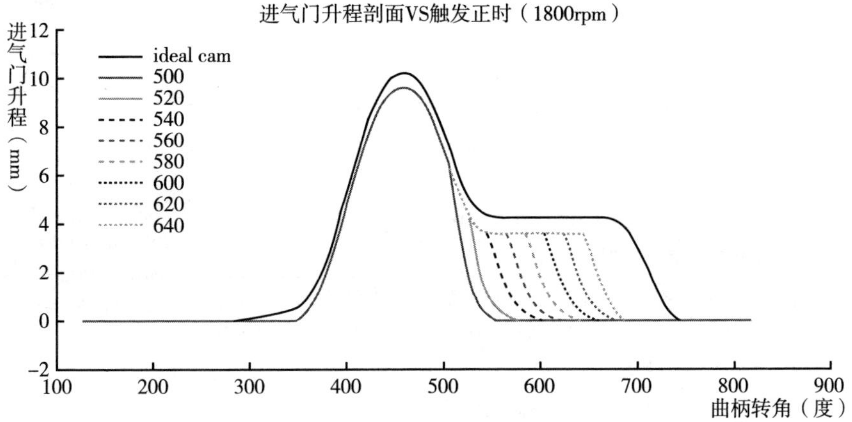

图 7　进气门 VVA 气门升程曲线

（六）国内外技术路线对比

通过对各国节能技术进行梳理可以发现，各国发动机节能技术路径不尽相同，美国总体上采取了以“超级卡车”计划为总体牵引，各研究团队分别采取空气系统、燃烧系统、摩擦损失、热损失以及废热回收的技术组合，实现发动机热效率提高的目的；日本专注于改善发动机燃烧效率，匹配进气系统的优化提高发动机热效率；中国各商用车主机厂着眼于未来，紧随美国，也正在全力开发各项新技术降低发动机油耗。具体技术路线如表 7 所示。

表 7　国内外热效率提升技术路线

国家或地区	研究机构	技术	热效率提升
美国	康明斯、彼得比尔特	空气系统：双流道涡轮、优化涡轮壳体材料、低压 EGR 提高涡轮效率	发动机测功机上实现 65mph 巡航模式下 BTE > 55%
		减少摩擦损失：改善衬套和轮廓、改进润滑系统设计	
		燃烧系统：高燃烧放热率、高压缩比、高燃烧温度	
		废热回收：增压、废气再循环、冷却液、排气	

续表

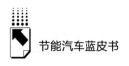

国家或地区	研究机构	技术	热效率提升
美国	戴姆勒	降速使能器:两级涡轮增压、级间冷却	在测功机上以65英里/小时的速度,证明了发动机制动热效率(BTE)≥55%
		更快的助燃:高压缩比、更大的气缸压力、重新设计的碗形结构	
		空气系统:米勒循环气门定时,长环废两级废气循环冷却、气循环	
		摩擦和附加损失:衬套表面处理、涂层活塞环和活塞销、油流降低、活动活塞冷却喷嘴、低黏度油、更高的油温	
		热损失减少:热障涂层活塞、涂层气缸盖	
		废热回收:相变冷却废热回收	
	纳威司达	燃烧和燃油系统:建立了新的喷油器,改变了孔数、喷嘴流量和喷射速度,提高了气缸压力	发动机测功机上实现65英里/小时巡航模式下BTE>55%同时满足现行排放标准
		空气管理:低传热,优化进气阀形状改善换气过程	
		停缸:实现了瞬态运行的动态控制系统,校准了气缸停用和气缸再用具体技术	
		废热回收系统:膨胀机效率>73%,蒸发器效率>80%,实现制动热效率(BTE)贡献值>3.0%	
		汽油压燃系统:在低负载和冷启动时,降低喷射压力,提高气缸压力和温度,早期引燃喷射策略为1.3%,后期引燃喷射策略为0.7%	
		后处理系统	
	沃尔沃	48V轻混系统回收动能	发动机测功机上的制动热效率(BTE)达55%
		空气调节系统:高效气液式增压空气冷却器(CAC),优化废气再循环冷却,低EATS限制 优化涡轮增压,废气再循环泵送	
		高级燃烧:采用废气再循环泵+双入口FGT,重新优化固定几何涡轮,增加0.5%~0.9%BTE;压缩比为20:1可增加0.3%BTE;米勒凸轮轴可增加0.3%~0.7%BTE	
		摩擦和附加损失:e-EGR泵送,低摩擦环,长连杆,低压缩高度,改进的轴承,低摩擦衬垫,减少活塞冷却,低黏度油	
		热损失:高效气液式增压空气冷却器(CAC),优化废气再循环冷却,低EATS限制,优化涡轮增压,废气再循环泵送	
		废气回收:双回路设计发电,收集废气和冷却液能量,连接48V轻混系统,预计实现制动热效率增加2%~3%	

续表

国家或地区	研究机构	技术	热效率提升
美国	佩卡	快速燃烧:高速喷油器、峰值点火压力提高	在51%制动热效率(BTE)基础上再测试废热回收4%制动热效率(BTE)
		膨胀比增大:压缩比/长行程、进气阀延迟关闭(米勒循环)	
		高效涡轮增压:脉冲捕获、2级固定几何形状	
		低阻力送排气系统:优化歧管、孔口设计	
		隔热及减少摩擦:缸内热振荡涂层、排气	
		热管理:可变喷油孔、冷却液温度提高	
		废热回收	
欧洲	里卡多	CryoPower分体式发动机概念+低温燃烧+米勒循环	最高可实现56%的制动热效率(BTE)
	FEV		实现了50%的热效率,未来废气再循环技术将普及
日本	JST	高速空间燃烧	最大净热效率50.1%
		降低机械摩擦损失	
		提高涡轮增压系统效率	
中国	潍柴动力	协同燃烧技术、协调设计技术、排气能量分配技术、分区润滑技术以及智能控制	发布50%热效率商业化柴油机
	一汽解放动力	高效燃烧技术:双区燃烧室技术,快速燃烧技术,绝热技术,可变喷油速率技术	在现有商业化发动机46%热效率基础上进一步提高
		高效换气技术:电控混流增压技术,米勒循环技术,机电耦合增压技术	
		低摩擦技术:低黏度节能机油技术,减摩涂层技术,结构优化技术	
		智能附件技术:电控水泵技术,电控机油泵技术	
		能量回收技术:多源朗肯循环技术,超临界朗肯循环技术	

注:JST,全称Japan Science and Technology Agency,日本科学技术振兴机构。

三　市场发展分析

新冠肺炎疫情冲击全球经济运行，世界主要经济体普遍面临经济下行压力。疫情防控措施导致国际产业链受影响，国际产业链布局可能重新调整以提升供给安全性，但经济全球化进程不可逆转，疫情将推进全球治理体系变革。

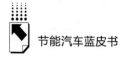

各国政府制定的排放法规和油耗法规是内燃机产业和产品技术发展的主要推动力。目前欧洲发达国家道路内燃机实施“欧六”标准，非道路实施“欧五”标准等。作为应对全球气候变化的重大举措，其正在制订或拟制订“零环境影响排放”法规，发动机热效率达到50%以上，一些先进技术国家正在开发柴油机热效率55%以上的技术和产品。

我国内燃机已连续十年产销量位居世界第一，要实现内燃机由大国向强国转变，内燃机行业未来5年的发展至关重要，时间紧迫、任务艰巨。现根据中国机械工业联合的相关工作要求，由中国内燃机工业协会负责内燃机行业“十四五”规划。“十四五”是我国内燃机产业由大变强高质量发展的关键期。我国将形成以国内大循环为主体、国内国际双循环相互促进的新发展格局，对我国内燃机产业高质量发展提出了更高要求，为今后内燃机发展指出了明确的发展方向。

节能减排、绿色制造、循环经济是内燃机发展总体趋势。“高效、低碳、超近零排放影响”已成为内燃机发展重要方向。提高内燃机热效率、燃料多元化是内燃机技术创新的重要途径，低碳化、电气化、智能化、轻量化是绿色制造、循环经济的重要目标。针对不同应用领域，应以不断突破热效率极限、提升发动机和整车的能源利用效率、满足“零环境影响”排放法规为目标，加强共性技术和技术集成研究，以企业为主体，通过技术链和产业链创新联盟，通过政产学研合作研发新一代高效、低碳和清洁柴油机新产品，并进行示范应用。

具体地，中国未来车用柴油机的发展规划为：①2025年，开发的柴油机产品按排量有效热效率分别达到50%～55%，商用车整车能源利用率较2015年提高50%，有害排放控制达到国际先进水平，B10寿命达到180万公里。关键技术得到突破，并实施应用。重点完成新一代高性能基础机型换代产品开发，开发满足柴油机RDE排放法规的高智能柴油机，发展新型复合循环发动机、新型混合动力发动机等先进柴油机动力系统。②2030 年，柴油机新产品有效热效率达到 55% ~57% 以上，有效排放达到“零环境影响”排放水平。在整机和关键核心零部件、新型复合循环发动机、新型混合动力发动机、智能内燃机系统方面形成系统性创新，产品技术达到国际领先水平。自主智能高压共轨燃油系统、先进涡轮增压器和高效后处理等关键零部件、关键技术取得突破得到成熟应用。商用车智能柴油机产品和高效混合动力系统广泛应用。③2035 年，颠覆性技术获得重大突破，开发的新产品有效热效率进一步提高，柴油机技术和产品达到国际引领水平。高效、低碳和“零环境影响”有害排放发动机普遍应用，低碳和碳中性燃料在柴油机上得到应用，商用车柴油机碳排放大幅度降低。

中国未来工程机械用柴油机的发展规划为：①2025 年，自主开发柴油机在挖掘机、全地面起重机、道路机械、矿山机械、正面吊、旋挖钻等市场推广应用。开发的产品低速转矩显著提升，发动机有效热效率达到 47%，满足非道路第五阶段排放法规。关键技术和关键零部件取得突破，自主燃油系统、排放后处理系统和增压系统在工程机械领域占据主导地位。重点开发大型工程机械，如 100 吨以上全地面起重机、20 吨以上挖掘机、18 吨以上压路机、12m 以上摊铺机等发动机产品与应用。②2030 年，推广智能工程机械配套动力和混合动力系统应用，工程机械用柴油机有效热效率达到 50% 以上，有害排放控制达国际先进水平。重点突破智能工程机械配套动力技术、混合动力技术和动力系统智能一体化控制技术，发展新型混合动力发动机、智能内燃机系统以及工程机械替代燃料发动机等。③2035 年，工程机械智能化得到普及，高效节能发动机及混合动力工程机成为主流，发动机有效热效率达到 55% 以上，替代燃料在工程机械上得到应用，内燃机颠覆性技术获得重大突破，工程用柴油机有害排放控制和热效率达到国际领先水平。

农用机械用柴油机方面，开发水田拖拉机、大型农用机械、谷物收获机械、青贮收获机械等专用发动机技术，发展农用燃气发动机和混合动力拖拉机，探索智能农机产品技术，全面提升发动机品质。具体地，中国未来农用机械用柴油机的发展规划为：①2025 年，农业机械用柴油机产品有效热效率提升达到 45% 以上，满足非道路五阶段排放标准，发动机品质得到全面提升，产品性能达到国际先进水平。重点发展拖拉机、装载机及大叉混合动力发动机，以及大型农用机械（190kW 及以上拖拉机、220kW 以上谷物收获机械、260kW 以上青贮收获机械）发动机产品。②2030 年，农业机械用柴油机热效率达到 47% 以上，有害排放达到国际先进水平。智能控制技术、燃气发动机技术和混合动力技术取得突破，智能内燃机产品得到推广和应用，混合动力技术得到普及，关键共性技术取得突破，关键零部件实现完全自主。③2035 年，农业机械用柴油机产品热效率达到 50% 以上，产品技术水平和性能达到国际领先水平。

船电用柴油机未来发展规划的三步走为：①2025 年，基本建成船舶高、中、低速柴油机及关重件自主研发体系，加强船电柴油机新产品研发，在整机、关键配套件以及部分关键技术等方面重点突破，完成小缸径至超大缸径高性能整机产品的布局，关键技术和先进核心配套件具备供货能力，部分产品及关键环节实现智能制造，初步建立基于互联网的船舶柴油机服务体系；自主研发船舶柴油机产品市场占有率达到 20% 。②2030 年，完成小缸径至超大缸径高性能整机全系列产品布局，具备国际先进制造能力，基本形成中国和国际知名品牌；建立基于互联网的船舶柴油机服务体系。建成船舶高、中、低速柴油机、气体机及关重件自主研发体系，关键技术达到国际先进水平；核心配套件实现自主可控；自主研发船舶柴油机产品在国内中高端市场占有率达到 30% 以上，进入国际主流运输船舶主机、辅机市场。③2035 年，全面完成小缸径至超大缸径高性能整机全系列产品布局；整机及零部件企业实现专业化分工，智能制造技术深入应用，形成中国和国际知名品牌以及先进的服务体系。完善船舶高、中、低速柴油机、气体机及关重件自主研发体系，关键零部件和核心技术达到国际领先水平；自主研发船舶柴油机产品在国内中高端市场占有率达到 50% 以上，进入国际主流运输船舶主机、辅机市场。

重型柴油车国六排放法规即将全面实施，重卡更新换代需求较为旺盛。

此外大功率、轻量化高端重卡是柴油车行业发展方向。重卡是公路运输、工程建设的重要生产资料，随着物流、基建的发展以及用户从个人向组织化、集约化物流公司集中，大功率高端化重卡在提升运输效率、节能环保等方面的优势逐渐显现。大排量、轻量化、高性能环保重卡对客户的吸引力大增。随着我国“稳增长、调结构”、“一带一路”倡议、“制造强国”战略的实施，物流行业的进一步发展壮大，以及治超新政的进一步实施，“蓝天保卫战”等环保政策趋严，未来市场对大功率高性能重卡的需求将逐渐提高，从而带动我国大功率发动机及零部件行业的发展。

四　应用及能效分析

（一）技术应用

美国一期超级卡车项目结束时，20 多项技术已成功进入商业化阶段，突破性技术领域包括空气动力学和发动机/传动系统一体化。如图 8 所示，康明斯 X 系列 2017 款发动机以及沃尔沃 2017 款发动机都应用了一期超级卡车技术。一期超级卡车技术商业化的应用计划如表 8 所示。

图 8　2016 年超级卡车技术商业化应用示例

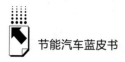

表 8　一期超级卡车技术商业化应用

发动机	传动系统	空气动力学	轻量化	滚动阻力	能量管理
2016 年商业化的超级卡车技术					
·低速化 ·智能扭矩管理 ·发动机/变速器集成控制	·电控机械自动变速器 ·变速器预换挡 ·优化变速器速比 ·变速器/发动机集成 ·6×2 车桥 ·降低寄生损耗	·牵引车空气动力学 ·挂车空气动力学	·全铝牵引座 ·全铝牵引挂车轮组 ·全铝驱动轴	·单宽基轮胎 ·采用能够降低滚动阻力的轮胎材料和设计	·具有预测功能的 GPS 巡航控制系统 ·生态驾驶反馈系统 ·LED 照明系统 ·夜间怠速减少(APU 或电池)
2018 年商业化的超级卡车技术					
·降低摩擦损失 ·降低寄生损失(发动机附件) ·改善传统燃烧 ·改善后处理 ·改善尾气处理(EGR、涡轮增压器)	·改善传动系统润滑油以降低摩擦	·挂车空气动力学(整个挂车裙板,包括挂车轮组、重新设计的挂车表面以减少阻力)	·刹车系统轻量化	·单宽基轮胎 ·持续改善轮胎复合材料和设计	·改善使夜间怠速降低系统
2018~2020 年商业化的超级卡车技术					
·高压燃油喷射系统 ·改善燃烧(如活塞碗设计) ·进一步改善尾气处理(涡轮增压器、EGR) ·附件电气化	·双离合自动变速器(AMTs) ·使用可减少摩擦的齿轮涂料和润滑油	·主动空气动力学特征 ·扩大牵引车表面设计范围(驾驶室、引擎罩等) ·牵引车-挂车车身底座空气动力学 ·减少牵引车/挂车间隙	·悬挂部件轻量化 ·传动部件轻量化	·自动轮胎充气系统	·基于电池的怠速管理系统 ·驾驶室热量管理

续表

发动机	传动系统	空气动力学	轻量化	滚动阻力	能量管理
2021～2025 年商业化的超级卡车技术（计划）					
·废气再循环 ·先进发动机控制装置 ·使缸压峰值更高的发动机结构材料	·附件电气化 ·混合动力化	·摄像头取代后视镜 ·主动牵引车/挂车间隙闭合 ·牵引车－挂车组合重新配置，减少空气阻力（发动机和变速器布置等）	·车架尾部轻量化	·单宽基轮胎 ·创新低滚动阻力轮胎复合材料	·先进智能发动机附件和传动系统控制 ·基于风速/天气的巡航控制 ·利用太阳能

美国超级卡车项目中，康明斯等团队在发动机热效率提升技术方面做了大量的技术保护布局。经过检索近 10 年的专利数据，从超级卡车一期项目开始，发动机热效率提升技术领域的专利申请量呈现上升趋势，在 2015 年达到峰值，此时一期项目即将结束。2015 年以后，专利申请量逐年减少并趋于稳定，说明超级卡车系统方案已经定型。从专利分布 IPC 分类来看，如图 9 所示，主要技术集中在系统控制方面，如分类号 F02D41；其次是排气控制管理，如分类号 F01N3、F02M25 以及 F02D41 等。通过分析超级卡车项目热效率提高的专利技术特点，可以从现有技术中寻找空隙和技术改进，从而为企业的技术、产品及服务开发中的决策提供参考。

我们在技术研发过程中应该保持对国内外热效率提升先进技术的专利检索及分析，特别是重点专利的解读和追踪：一是可以帮助我们提高研发效率、避免重复研发；二是可以帮助我们寻找技术空白点，激发创新启示；三是可以帮助我们规避专利风险，形成自主技术专利保护。

（二）能效分析

康明斯在一期超级卡车技术中通过发动机设计优化、气流优化、机械效

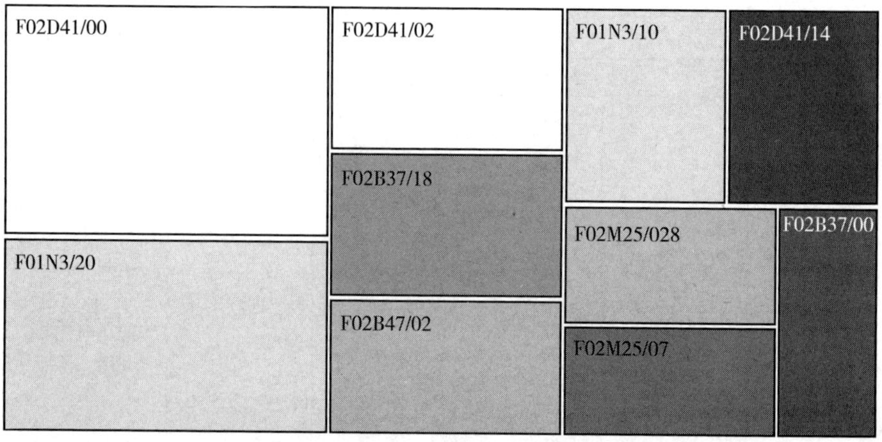

图 9　超级卡车专利技术 IPC 分类

率改进、废热回收和后处理系统等，制动热效率达到 51.1%，各种技术对 BTE 的贡献度如表 9 所示。二期超级卡车项目中，为达成 55% BTE 目标，各团队采用了快速燃烧、高效涡轮增压、摩擦损失最小化、废热回收（WHR）、使用热障涂层/低传导性材料等技术，各种技术措施对 BTE 的贡献度如表 10 所示。

表 9　超级卡车一期各种技术对 BTE 贡献度

单位：%

项目	主要技术组合	BTE 贡献度
发动机设计	提高压缩比、优化活塞碗形状、优化并校准喷油器规格等	2
气流优化	废气再循环（EGR）回路中更低的差压、提高涡轮增压器效率	2
机械效率改进	减少摩擦的轴封、可变流量润滑油泵、小功率冷却泵和燃油泵、减少摩擦的齿轮系和气缸组件，实现发动机摩擦降低 30%［降低平均摩擦有效压力（FMEP）］	1
废热回收系统	配备散热模块，在没有冷却风扇辅助的情况下，使废热回收冷凝器耐热水平高于高速公路巡航点时的水平，潜在的缺点是增加了重量	3.6
后处理系统	优化 NOx 传感器、闭环控制、集成废热回收热交换器，研发新的选择性催化还原（SCR）催化剂的制剂	0.5

表 10 超级卡车二期各种技术措施及对 BTE 贡献度

项目指标及技术	戴姆勒	沃尔沃	康明斯/彼得比尔特	纳威司达	佩卡/肯沃
项目起止	201701 ~ 202112	201610 ~ 202109	201610 ~ 202109	201610 ~ 202112	201710 ~ 202209
热效率	52.90%	技术研发中	53.50%	>52.8% (50.3% +2.5%)	51%
燃烧与燃油喷射系统	高压缩比(20)、高爆压	高压缩比(20)改善 BTE0.3%、波浪形燃烧室、爆压 250bar、放热率优化	高压缩比、快速燃烧	高压缩比(20.5)、GCI 汽油压燃(A50 点:BTE 改善 0.7% ~1.3%)	大流量高速喷油器、高爆压、快速燃烧
空气管理	米勒循环(LIVC)	米勒循环(LIVC),改善 0.3% ~ 0.7% BTE	—	—	长行程、米勒循环(LIVC)
	两级增压、级间水冷	复合涡轮、双流道 FGT	高效增压、脉冲涡轮增压	脉冲涡轮增压	脉冲涡轮、两级增压
	EGR 冷却分级冷却	电动 EGR 泵	高低压 EGR	动态停缸(城市节油 2.9%)	低进气温度、低阻力进、排气管
摩擦和附件损失	低摩擦(等离子喷涂衬套、DLC 涂覆环和销)、分区润滑、附件电气化、低黏度机油、高机油温度	低摩擦环、长连杆、低压缩高度、低摩擦衬垫、减少活塞冷却、低黏度机油、附件电气化(电动机油泵、水泵、风扇)	低摩擦(低黏度机油、低机油压力、超精加工曲柄和轴承)	—	降低摩擦、附件电气化、活塞销偏置
发动机热管理	TBC(0.8%)、可变机油喷射冷却活塞、高低温双区冷却系统、水空中冷器	TBC、排气管绝热;高低温双区冷却系统;水空中冷器	TBC、双壁隔热排气管、隔热涡轮材料、可变机油喷射冷却活塞	—	TBC、可变机油喷射冷却活塞;提高冷却液温度;缸内涂层;隔热排气管
余热回收 WHR	相变冷却 WHR 系统,预估 3.5% BTE	两套 WHR,预估 2% ~3% BTE	高低压回路 WHR;双流道膨胀机设计,预估 4.1% BTE	高低压回路 WHR,透平膨胀机,预估 > 3% BTE	高低压回路 WHR,预估 4% BTE
电气化	48V 轻混	48V 轻混	48V 轻混	48V 轻混	48V 轻混

续表

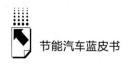

项目指标及技术	戴姆勒	沃尔沃	康明斯/皮特比尔特	纳威司达	佩卡/肯沃
后处理	ccSCR，双喷模型预估控制策略，两级 DEF 喷射	高孔密度薄壁载体，EHC，Low deltaP short DPF/SCR	—	ccSCR/AMOX，电加热喷嘴	ccSCR、低背压后处理

AVL 基于 13L 重型柴油机进行热效率提升研究，通过轻量化燃烧概念将 BTE 46%（182g/kWh）提升至 BTE 51.5%（163g/kWh），再利用余热回收 WHR 提升至 BTE 55%（153g/kWh）。各种技术措施对 BTE 的贡献度如表 11 所示。

表 11 AVL 各种技术措施及对 BTE 贡献度

单位：%

项目	主要技术组合	BTE 贡献度
燃烧优化	高压缩比、高流量喷嘴，形成较短的喷射持续期导致较短的燃烧过程	1.5
气流优化	提高涡轮增压器效率至 70%	1.8
热管理	减少 CAC 温度（35℃）	0.2
机械效率改进	减少摩擦［降低平均摩擦有效压力（FMEP）0.7bar］	1
米勒循环	—	0.5
热损失	最低热损失	0.5
余热回收 WHR	两套 WHR，回收排气和冷却剂热量	3.5

从以上研究成果中可以看出，对重型柴油发动机进行详细的能量分析，可以更好地理解与负载相关的效率损失的本质，并进一步评估有助于改善发动机制动热效率的最新技术。重型柴油发动机的能量分布包含了大范围的工作条件。能量分布特点分析为预测未来热效率的提高路径、对未来能源分布的影响以及未来重型柴油机温室气体排放标准的政策定义奠定了基础。

五 展望与建议

以目前46%的行业热效率水平估算，热效率提升至50%，柴油消耗将降低8%，CO_2排放减少8%。提高发动机热效率将为解决能源短缺和全球气候变暖问题做出重大贡献。国内外提高发动机热效率采取的技术措施都具有良好的技术前景，如果能够解决降低成本以及发动机小型化问题，这些技术都存在市场应用的可能。

作为全球成熟的汽车市场之一，美国的标准、法规制定及先进技术研发具有先导效应，美国一期超级卡车技术已有商业化应用，国外一些研究机构对发动机热效率提升技术仍在持续研究中。国内主机厂应持续跟踪美国重型车辆效率法规及排放法规动态，关注先进重卡技术研发及商业化应用趋势，加强技术对标研究及储备，持续提升企业产品技术竞争力。

面对日益严格的排放法规，我国应尽快建立以企业为主体、市场为导向、技术创新为目标的政产学研用协同创新体系，组建以关键技术、关键零部件、颠覆性创新技术突破为目标的若干技术创新战略联盟；加强知识产权保护，提高知识产权对产业的支撑，形成一批国际一流内燃机知识产权运用标杆企业。

按照内燃机行业“十四五”发展规划，我国需要不断加强关键核心技术的研发和成果转化，激励关键零部件行业的发展，提升全行业的综合竞争力，以促进“节能减排”和内燃机热效率提升的实现，为满足碳达峰和碳中和目标要求提供技术支持。

参考文献

姜小燕等：《超级卡车计划及相关技术分析》，《车辆与动力技术》2018年第4期。
刘勇：《如何实现低碳高效的卡车技术——美国超级卡车项目研究》，《汽车科技》

2017 年第 2 期。

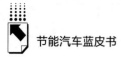

黎冲森:《汽车脱碳倒计时》,《汽车纵横》2021 年第 5 期。

高博等:《五年后车用发动机热效率提高到 50%》,《汽车零部件》2018 年第 2 期。

沈新竹:《内燃机行业“十四五”规划出炉 节能减排是重点》,《汽车工业报》2020 年第 11 期。

B.5
重卡智能化节能技术发展研究

吴良渠　周　杰　王国勇*

摘　要： 随着国家节能减排法规的加严，重卡传统节能技术发展面临挑战，与智能化、网联化、电动化相结合的重卡智能化节能技术得到了一定的发展。本文开篇介绍了重卡智能化技术的定义，并从整车能量流的角度对重卡智能化节能技术进行分类。紧接着，结合用户的实际行驶工况，从发展背景、技术原理、发展动态及应用效能、发展路径及趋势四方面介绍了重卡智能化节能技术。最终综述了重卡智能化节能技术的发展机遇与挑战。

关键词： 重卡　智能化　节能技术

一　重卡智能化节能技术定义及分类

重卡作为商用车中承载能力最强，运输效率最高的车型，承担了我国货运总量77%，油耗占汽车总油耗量50%。近年来，随着国家节能减排宏观战略及相应法规政策的陆续发布，重卡传统节能技术发展面临巨大的挑战，因此与智能网联电动化相结合的重卡智能化节能技术得到了一定的发展。

---

* 吴良渠，北汽福田汽车股份有限公司整车动力经济性开发负责人，主要研究领域为整车性能集成开发；周杰，北汽福田汽车股份有限公司整车集成开发专家，主要研究领域为整车性能集成开发；王国勇，北汽福田汽车股份有限公司新技术规划业务负责人，主要研究领域为汽车新技术发展与规划。

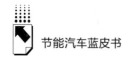

（一）重卡智能化节能技术定义

根据《GB/T 15089－2016 机动车辆及挂车分类》定义，重卡为 N3 类载货车辆，即最大设计总质量超过 12000kg 的载货车辆。综合各商用车企业的划分标准，一般认为三轴及以上的商用车为重卡。重卡分为四大类：半挂牵引车、自卸车、载货车及专用车。

重卡智能化节能技术是指重卡在计算机网络、大数据、物联网和人工智能等技术的支持下，所具有的能满足节能需求的技术。

（二）重卡智能化节能技术分类

从能量守恒的角度，车辆行驶过程中的能量流动如图 1 所示。

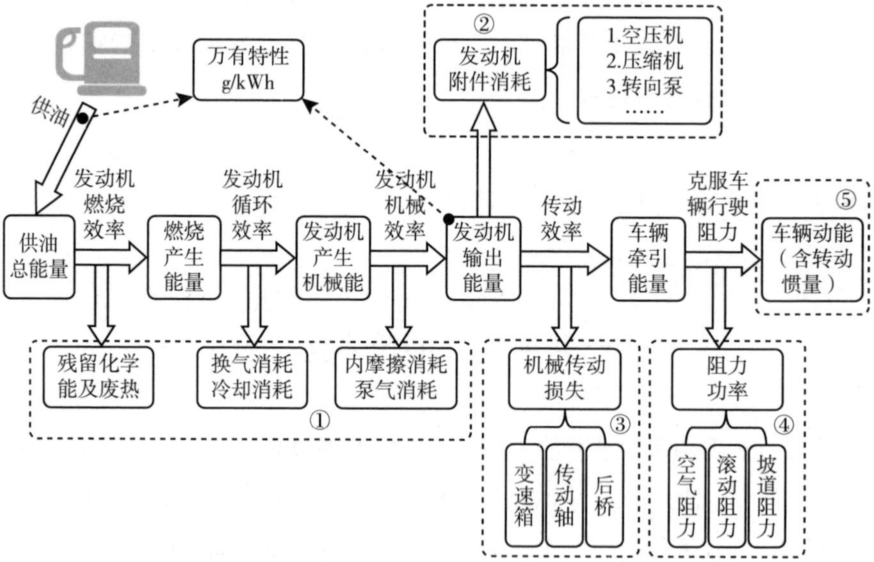

图 1　车辆能量流

1. 基于能量流的节能技术分类

根据能量流分析，传统车辆的节能技术可分为以下五类。

（1）整车动力学优化：一方面，通过降低车辆行驶过程中受到的外界阻力，降低整车对发动机输出功率的需求，从而实现节能，例如整车的低风阻设计、低滚阻设计、主动进气格栅、列队行驶等；另一方面，通过调整平衡车辆行驶过程中受到的外界阻力或调整传动链匹配，改变发动机的运行状态，提高车辆行驶过程中的发动机平均燃烧效率，例如预见性巡航、小速比驱动桥。

（2）先进发动机：提高发动机燃烧热效率，整体上降低发动机功率比油耗，在不改变整车能耗需求的情况下，降低能耗。

（3）高效传动链：提高传动效率，降低能量在传递中的损耗。传动效率的提高主要分为变速器效率提高及驱动桥效率提高两部分。

（4）低能耗动力附件：降低发动机附件的能耗，例如转向泵、空压机、发电机等。

（5）热管理：通过对车辆热能精准管理，降低热损失，降低能耗，例如余热回收，发动机精准冷却等。

2. 重卡智能化节能技术总览

除先进发动机与热管理外，通过分析其他各项节能技术的实现途径，目前重卡智能化节能技术总览如表 1 所示。

表 1　重卡智能化节能技术

分类	序号	节能技术
整车动力学优化	1	道路预见性巡航
	2	智能 EBP
	3	智能 AMT
	4	CMS 后视镜
	5	电动可调导流罩
	6	主动进气格栅
	7	列队行驶
低能耗动力附件	8	智能空气管理系统
其他	9	可视化节油驾驶辅助

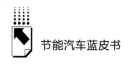

二　重卡智能化节能技术动态及应用

重卡根据用途一般分为四类，分别是牵引车、自卸车、载货车及专用车。不同的应用场景对重卡有不同的性能要求，导致重卡型式复杂多样，运行工况也具有较大差异。不同类型的重卡一般会有较大跨度的车货总重（简称 GVW）或列车总重（简称 GCW）差异，而重卡的能耗水平与其 GVW 或 GCW 成强正相关。因此对重卡智能化节能技术的发展动态与应用效能的分析，应结合应用场景及工况，由点及面地全面客观分析。

（一）道路预见性巡航技术

1. 发展背景

车辆的普通定速巡航功能（Cruise Control，CC）能够在驾驶员不踩油门的情况下使车辆控制并保持车速在极小范围内波动。在乘用车领域，CC 解放了驾驶员的右脚，提高了驾驶员驾驶过程的舒适性。而在商用车领域中，尤其是在长途高速物流运输中，CC 在提高驾驶舒适性的同时，给驾驶员带来了时效性的保证。

在重卡实际运行中，CC 存在一个无法避免的问题。重卡 GVW 或 GCW 较重，以长途高速快运的 6×4 牵引车为例，为保证单次运输利润最大化，其运输过程重卡 GCW 一般控制在 49 吨左右。在如此大的总重下，如果车辆以 85km/h 车速最高挡巡航行驶，仅能有 1.5% 左右的车辆爬坡度。因此，当重卡以巡航模式进入坡度 1.5% 左右的上坡，为保证车速不变，发动机将会以最大扭矩工作，且一旦坡度超过其在该车速下的最高爬坡度，车速就会下降，引起变速箱降挡，最终导致燃油经济性变差。随着智能网联技术的发展，为解决该问题，道路预见性巡航技术应运而生。2012 年，斯堪尼亚（Scania）率先推出了道路预见性巡航，并在其长途运输的牵引车上实现了量产化。

2. 技术原理

道路预见性巡航技术（Predictive Cruise Control，PCC），是在车辆上搭

载并匹配具备道路预见功能的控制器，通过道路预见控制器与发动机电控实现，在山区或丘陵公路或高速巡航过程中，结合地理信息改变车辆巡航车速，改善燃油经济性的技术。简单来说，PCC以熟悉地理特征的老驾驶员身份，代替驾驶员控制油门，在时效性不变前提下实现燃油经济性提升。

PCC技术通过道路预见控制器，根据GPS经纬度信号定位车辆所在位置信息，并与控制器内置ADASIS地图信息进行匹配，将匹配到的车辆位置、车速、坡度、区段信息、路径分析等实际应用数据信息通过CAN总线ADASIS报文输出给发动机。发动机控制单元根据ADASIS地图信息，将道路分为平路、预上坡、上坡、预下坡、下坡五种工况，结合车辆载重等多方面信息，在车辆巡航过程中对转速和扭矩实时控制。通过对转速和扭矩的控制，提高发动机在高效低油耗区的工作时间占比，从而实现燃油经济性的提升。

与CC相比，PCC在巡航过程中的车辆行驶状态会发生以下变化。

在爬坡前，发动机将结合即将上坡的坡度信息和距离信息，提高控制距离内的发动机转速和扭矩，从而提高预上坡的巡航车速，避免上坡过程中发动机扭矩过高甚至转速下降并换挡导致的发动机工作偏离经济区，同时提高了上坡过程中车辆的动能，减小了上坡过程中的发动机扭矩需求，降低了整车油耗；在下坡前，根据下坡坡度信息，降低控制距离内预下坡工况车速，减少发动机扭矩需求，在保证安全的情况下，依据坡度信息适当提高下坡过程中的目标车速，充分利用车辆惯性，在提高车辆运输效率的同时提高燃油经济性（见图2）。

3. 发展动态及应用效能

2012年，PCC于欧洲首次应用于商用车领域。至2019年，欧洲各大主机厂均配置该技术，其中曼恩（MAN）装配率为30%，达夫（DAF）装配率为50%，斯堪尼亚装配率为100%。根据欧洲市场反馈，在高速公路特定情况下，其节油率可达8%以上。

在欧美国家，道路预见性巡航技术趋于普及，典型的有“I-See”和动态巡航技术。“I-See”和动态巡航的作用就是保证发动机做功产生的动能尽

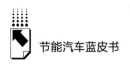

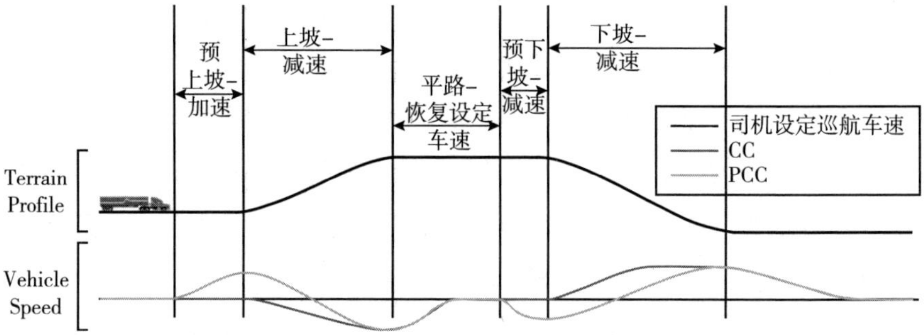

图2　PCC 原理

可能多地用来推动卡车前进，减少能量损耗，通过对挡位、油门和刹车等控制，保证车辆工作在最节油的状态。I-See 可以通过地图的地势信息，预测前方是上坡还是下坡。除了路面的坡度信息，还包括车辆载重等多方面信息，通过在各种实际道路上的模拟测试，平均可以减少 5% 的燃油消耗，而在小的山路条件行驶时的优势最为明显。

相对于欧美重卡，PCC 在国内重卡中的应用比例较低。目前国内仅有一汽、北汽福田已经完成了重卡 PCC 技术的开发及整车匹配，并且能够满足量产需求。

PCC 技术并非适用于所有重卡。由于 PCC 需要 GPS 经纬度信息和 ADASIS 地图信息，车辆仅能够在具有 GPS 信息及地图信息的高速公路、省道及国道等路面上启用 PCC，一旦进入 GPS 信号或地图信号丢失的区域并工作一段时间后，车辆便会恢复至 CC 状态运行。因此 PCC 适用于高速及国道行驶占比较高，对经济性及时效性有一定需求的车型，例如长途高速运输的半挂牵引车及载货车，PCC 能够在提高其驾驶舒适性及保证时效性的同时，提高其燃油经济性，实现节能，给用户带来更佳的 TCO（Total cost of ownership，总所有成本）。而对于以短途运输为主的重卡，PCC 的作用将大打折扣。

对于同一类型的车辆，PCC 带来的节油效果并不是一成不变的，其节油效果受到地理特征的巨大影响。在十分平坦的平原路段，PCC 的效果将会大打折扣；而在崎岖不平的丘陵路段，PCC 将会发挥其最大的作用；但到了山区中，存在较大的长上坡和长下坡时，PCC 的效果也会受到一定影响。根据国内重卡相关试验结果，PCC 在平原高速具有 1% 左右的节能效果，而在丘陵路段的节能效果可达 4% 以上。

4. 发展路径及趋势

PCC 技术中的核心是三部分：GPS、高精度电子地图及发动机巡航控制逻辑。

影响 PCC 效果的关键指标是三维地图的精度、道路上驾驶员自律性及车辆巡航工况稳定性。另外，PCC 除了受限于以上关键指标外，还受 GPS 信号强弱、道路等级属性等多种因素影响。

因此，国内 PCC 未来发展方向主要是：①高精度三维地图的应用能力；②电子电器架构优化能力；③发动机机器层的控制开发能力；④发动机及变速箱集成控制能力。

PCC 应用研究过程，将沉淀系统匹配分析、设计验证的方法论和作业模板，形成初步的自主研发能力。到 2022 年左右，PCC 将提供前方道路的预览，包含坡度、路口等信息，批量应用于重卡的节油功能中。到 2025 年左右，PCC 将拓展道路预见与高精度地图功能结合，拓展节省油耗之外的其他功能，逐步由重卡节能减排过渡到乘用车节能应用上。到 2035 年左右，PCC 将作为辅助驾驶一部分，参与自动驾驶系统，被应用于自动驾驶车辆中。

（二）智能 EBP

1. 发展背景

重卡的应用场景较为复杂，工况变化较大，不同类型用户的核心诉求也各有不同。在长途跨省运输行业中，有两种不同类型的客户，一种是快递快运的客户，另一种是普货运输的客户，两类客户的核心诉求就有明显的差异。

快递快运的客户，一般是大型物流公司，其具有较为稳定的货源，也因此有相对稳定的运输计划。快递快运客户的核心诉求是“快”，由于货源稳定，越多越快地将稳定货物运输至目的地，将会给客户带来更多的收益。因此，快递快运客户选择半挂牵引车进行“甩挂”运输，将半挂牵引车的停歇时间缩短至最短，最大限度地提高运输效率。快递快运的半挂牵引车满载率可达90%以上。

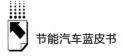

而普货客户，一般是散户或小型物流公司。其货源不够稳定，因此其运输具有很大的随机性。普货客户的核心诉求是“省油”，由于货源不够稳定，普货客户经常出现返程装不满，甚至空载而归的情况。普货客户的半挂牵引车满载率在60%左右。当普货客户空载或半载运输时，客户处于止损状态，因此客户需要更低的燃油消耗来弥补运费。

半挂牵引车满载一般为49吨，而带挂空载的半挂牵引车一般在15～19吨。为保证满载运输的动力性，重卡半挂牵引车的发动机及传动系统需根据满载49吨匹配。客户在空载或半载运输时，该如何解决由于发动机排量、功率及扭矩远大于实际需求而导致燃油经济性降低的问题呢？乘用车使用可变排量技术，即停缸技术，通过相关机构切断部分气缸的燃油供给、点火和进排气，停止其工作，使剩余工作气缸负荷率增大，以提高效率、降低燃油消耗。但在商用车上，由于其成本问题及技术问题，停缸技术无法得到批量应用。因此，发动机的EBP及智能EBP功能应运而生。

2. 技术原理

EBP（亦称多功能节油开关）是在车辆仪表板上增加按钮式开关，通过开关选择E、B、P三种模式，改变发动机的电控喷油特性，从而改变不同油门开度下发动机的扭矩特性的功能。当牵引车处于满载情况下，驾驶员需将开关调整至P模式，即动力模式，此时发动机将能够提供最大的扭矩及最高的转速，以满足驾驶员在满载情况下的爬坡、加速、超车等动力性需求。当牵引车处于半载情况下，驾驶员需将开关调整至B模式，即平衡模式，此时发动机将无法提供最大的扭矩，以避免发动机工作在不经济的高负荷区域，同时满足驾驶员在半载情况下的动力性需求。当牵引车处于空载情况下，驾驶员需将开关调整至E模式，即经济模式，此时发动机将被限制工作在经济区域内，最大限度地提高燃油经济性，以降低油耗。

EBP 开关虽然能够部分解决空载、半载带来的燃油经济性问题，但其给驾驶员带来了另外的问题。一是手动调整的开关并不方便，驾驶员需根据每次车辆的载荷状态调整发动机模式；二是驾驶员容易误操作，导致车辆动力性不足，给驾驶员带来较差的驾驶体验；三是仅能提供三挡模式，无法满足驾驶员多变的需求。而智能 EBP 技术完美解决了这些问题。

智能 EBP 是发动机通过车重、道路坡度及油门等信息，智能地自动切换发动机油门动静态特性，实现节能及降噪的技术。

具备智能 EBP 功能的发动机，首先会判断坡度及油门开度信息。当车辆处于上坡状态及较深油门开度状态，发动机将启动 P 模式，也就是动力模式，给驾驶员在上坡时带来最大的爬坡能力，在驾驶员渴望加速时提供最短的加速时间。当车辆处于其他状态下，发动机将结合坡度、车辆总重、油门开度信息，自适应连续切换发动机油门特性，从而在满足驾驶员动力性需求的同时实现最大限度的节能。

3. 发展动态及应用效能

目前，国内重卡的 EBP 多功能节油开关均已量产化，驾驶员能够根据车货总重手动地调整发动机模式。在部分载荷的情况下，EBP 功能能够有效地降低油耗。当车辆处于空载时，E 模式能够降低整车油耗 3% 以上。

智能 EBP 技术现处于技术开发及验收阶段，目前仍未量产化。智能 EBP 技术在普通 EBP 技术的基础上，发动机的节油模式由固化呆板转变为灵活多样，由手动离散转变为自动连续，由独立单机转变为智能网联。相对于普通的 EBP 多功能节油开关，智能 EBP 技术在能够带来相同甚至更多的节能效能的基础上，给驾驶员带来更舒适的驾驶体验。

4. 发展路径及趋势

智能 EBP 技术中的核心是三部分：道路识别技术、车辆载重识别技术及发动机扭矩控制逻辑。

坡度信息影响了智能 EBP 中发动机模式的判断与选择。道路识别技术中，GPS 和高精度电子地图能够为发动机提供精确的距离及坡度信息，基于车辆动力学的坡度算法也能够带来较为准确的实时坡度信息。

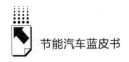

重量信息同样也影响了智能 EBP 中发动机模式的判断与选择。目前，重卡车辆承载系统无法实现高精度的重量估计，其误差范围可达 10% 甚至更高。动力传动系统的坡度算法逐渐发展，有望提高重量估计的精度。

发动机扭矩控制逻辑是智能 EBP 最核心的技术。如何最有效地结合坡度、油门及重量信息，最合理地调整发动机运行模式，这是值得整车及发动机企业不断摸索发展完善的。

因此，国内智能 EBP 和 PCC 一样，未来发展方向主要是以下几个方向：①高精度三维地图的应用能力；②电子电器架构优化能力；③高精度的重量估计；④发动机机器层的控制开发能力。

未来，发动机的智能 EBP 将与自动驾驶、队列行驶、车联网等智能网联技术结合，形成“人—车—环境”下的发动机智能动力控制系统，通过软件控制，给用户带来驾驶性及燃油经济性上的双丰收。

（三）智能 AMT

1. 发展背景

在乘用车领域，随着客户需求的不断提高以及汽车技术的不断发展，如今自动变速箱逐渐地替代了传统的手动变速箱。由于客户需求惯性、变速箱技术发展水平等客观因素的限制，商用车自动挡变速器的发展相对于乘用车有一定的滞后。但近年来，在长途物流运输行业中，随着自动挡车型在客户实际运行过程中低油耗、高舒适的优异表现，重卡市场的自动挡车型占比正在逐渐攀升。

电控机械自动变速箱 AMT（Automatic Manual Transmission），是在传统手动齿轮式变速箱的基础上，通过加装离合器及选换挡电控执行机构，实现自动选换挡的智能化产物。它糅合了 AT 以及 MT 两者的优点，既有 MT 的高效率低油耗，也有 AT 的舒适方便。

目前，各大变速箱厂家正在不断地发展 AMT 技术，从硬件和软件两方面同时着手，结合新型的智能网联技术，从可靠耐久性、动力经济性、驾驶性三个维度提升 AMT 性能，为越来越大的重卡 AMT 市场、愈来愈激烈的竞争做准备。

2. 技术原理

AMT 最基础同时也是最核心的是换挡控制策略。AMT 通过换挡策略判断期望的变速箱挡位，并通过换挡执行机构进行挡位自动切换，通过对挡位的控制改变发动机的运行转速及扭矩，根据驾驶需求实现动力性的提升或者经济性的提升。最基础的换挡策略，是基于车速与发动机油门开度两个自变量的挡位变换线。由于无法满足复杂多变的重卡场景工况，传统的换挡策略无法给驾驶员带来良好的驾驶体验。

随着电控技术及智能网联技术的发展，AMT 的换挡策略加入了更多新的要素，例如道路坡度、强制降挡等。目前 AMT 技术已发展到智能化控制阶段，采用模糊控制策略、神经网络控制策略等智能控制方法以提高传动系统的智能化控制，也能通过自学习模块提高换挡品质从而提高驾驶感受。

3. 发展动态及应用效能

随着 AMT 技术的不断发展，自动挡重卡在欧美国家得到了普及。奔驰 AMT 自动变速器 PowerShift3 具有 5 种不同的模式：动力模式、经济模式、慢车模式、悠车模式和巡航功能扩展。其中慢车模式允许在狭窄空间内以较低速度自如运行；经济模式在保证最佳动力的前提下实现最佳燃油消耗，下坡时会根据当前情况自动进入空挡滑行状态，节省燃油消耗。沃尔沃 I-Shift 自动变速器有五种特性配置，分别是基本、基本并改进、经济、性能、综合。目前沃尔沃 I-Shift 应用于 FM/FH 系列上，在电脑程序的帮助下，能够根据坡度、行驶速度、加速踏板状况、所需扭矩、车辆总重及空气阻力等因素自动调节挡位，随着发动机及变速箱相互配合，挡位的选择精确到位。

近年来，随着欧曼 AMT 牵引车的一炮而红，国内各大主机厂相继推出自己的 AMT 重卡车型。由于长途运输牵引车的工况相对单一，且其客户对燃油经济性的要求相对较高，各大主机厂均优先推出适用于长途运输的 AMT 高端牵引车，然后逐步下探至中端车型。

在 ASTronic 系列的基础上，ZF 公司推出了新一代的商用车 AMT 变速箱——TraXon。2020 年，仅福田戴姆勒配备的 ZF 自动挡变速箱 TraXon 销量就达到了 36216 台，同比爆发式上涨 574%。该产品基于模块化理念，可提供 5 种模块选择。

相比 ASTronic，TraXon 更加智能化，除了优化换挡策略外，附加的电子控制设备还为它带来了一些额外功能，例如 PreVision 预见性换挡功能。通过变速箱控制单元识别高精度地图信息，根据预知的道路坡度等信息，提前调整换挡策略，完成挡位的选择，避免由于车辆无法预知前方道路，无法进行合理挡位判断，导致换挡滞后、频繁换挡和发动机扭矩频繁突变的现象，实现降低油耗的目的（见图 3）。

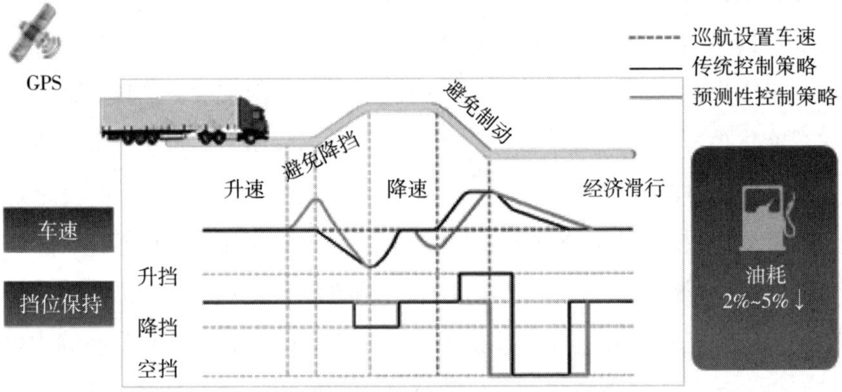

图 3　预见性换挡

另外，TraXon 的自动起停、坡道防溜车、空挡滑行等功能均不同程度对油耗降低提供贡献，综合节油率可达到 2% ~5%（视路况而不同）。在自动驾驶重卡领域，通过 AMT 整车一体化控制、互联进行车队编队、地形探测等技术，进行智能挡位控制，与整车动力系统配合，能够最大限度地达到整车节能的效果，综合车队油耗可以比手动变速箱降低 3% ~5%（见图 4）。

4. 发展路径及趋势

2020 年，随着国Ⅵ排放的逐步接近以及用户群体价值观念的改变，国内的 AMT 重卡得到了爆发式的增长。目前 AMT 重卡基本上满足了长途运输

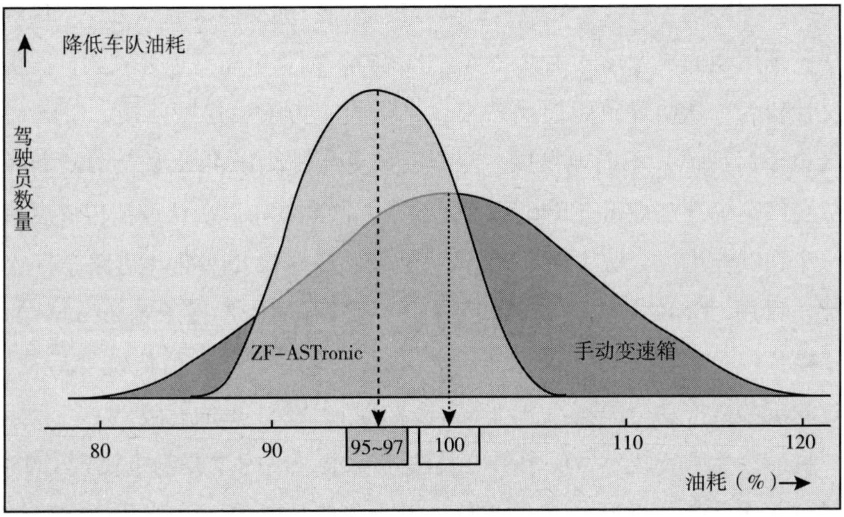

图 4　车队节油效果

牵引车的需求，但这远远不够。在不远的将来，AMT 重卡将会发展至短途运输的牵引车以及工程车、专用车，并不断地扩大市场占有率，这给 AMT 的软件开发及标定带来了极大的挑战。

智能 AMT 技术的核心分为硬件和软件两方面。在硬件方面，AMT 未来发展方向主要是以下几个方向：提高变速箱的机械传动效率及扭矩容量；提高变速箱的可靠性及寿命。在软件方面，AMT 未来发展方向主要是以下几个方向：①与智能网联技术相结合的换挡策略优化；②提高换挡策略的环境适应性；③变速箱机器层的控制开发能力；④发动机及变速箱集成控制能力。

未来，智能 AMT 将几乎完全覆盖重卡各个应用场景，与自动驾驶、车联网、新能源三大发展方向完美契合，联合发动机或电机等，形成支持自动驾驶的动力传动互联智能控制系统。

（四）CMS 后视镜

1. 发展背景

传统重卡的光学后视镜视野范围受到镜面的局限，其因光线明暗程度、雨雪天气等影响，可能会导致视野效果变差而引起交通事故。另外，传统的后视镜采用镜面成像形式为驾驶员提供视野，因重卡车型尺寸较大，需求视野反馈较大，从而导致镜面尺寸大、风阻大。为解决这些问题，CMS 后视镜（电子后视镜）不断地发展，至今已数十年。2016 年，联合国欧洲经济委员会汽车标准法规 ECER46 第六版发布，标准颁布后确认取消传统后视镜的汽车在欧洲可以合法上路。2017 年 6 月，日本保安基准（道路车辆安全标准）采用 ECER46 标准。2019 年 1 月，美国 FMCSA 授予 Stoneridge 为期五年豁免权，可以在美国商用车安装 CMS，但不允许取消传统外后视镜，通过测试数据推动美国联邦机动车安全标准 FMVSS111 的升版。

目前，受限于技术发展水平以及法规要求，国内至今仍未实现 CMS 后视镜商业化量产。2020 年 6 月 3 日，工业和信息化部网站公开征求对强制性国家标准《机动车辆间接视野装置性能和安装要求（征询意见稿）》的意见，CMS 后视镜再一次引起众人的注目。

2. 技术原理

对于长途运输的牵引车，其在高速上一般以 70 ~ 90km/h 的车速行驶，在该工况下，其空气阻力一般大约占总行驶阻力的 1/3。这意味着每降低 3% 的空气阻力，将会给用户节省接近 1% 的油耗。车辆的空气阻力与迎风面积及空气阻力系数均成正比。传统的后视镜采用镜面成像形式为驾驶员提供视野，因重卡车型尺寸较大，需求视野反馈较大，从而导致镜面尺寸大，导致车辆的迎风面积较大。另外，传统的后视镜由于镜面问题，难以基于空气动力学设计流线型造型，导致空气阻力系数较大。

相对于传统的后视镜，CMS 后视镜将其摄像头及其支架安装在驾驶室外侧，因采用外置摄像头代替原有物理镜面，其迎风面积大幅降低，可降低风阻 2% ~7%，从而降低油耗，达到节能目的。其显示屏布置在驾驶室内，对迎风面积无影响。另外，CMS 后视镜给重卡带来了更多造型的变化和选择，有利于整车空气阻力系数的降低（见图 5）。

CMS 后视镜系统原理如下：原则上是左右两侧相对独立运行，并与整车通过 CAN 总线连接。摄像头通过标准视频接口和独立的 CAN 总线与显示

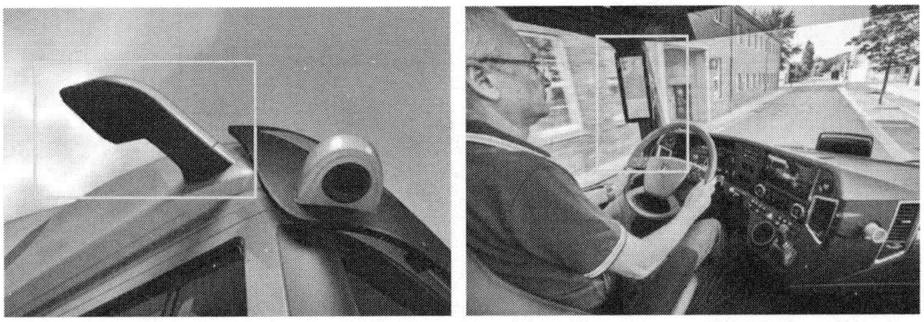

图5　CMS 后视镜

屏相连，并由显示屏供电。显示屏通过系统接口与整车 CAN 总线相连并由此获取整个系统的供电。所有用到的 CAN 信息同时传输到左右两个系统中（见图6）。

3. 发展动态及应用效能

目前，欧洲重卡已经实现了 CMS 后视镜的量产化。在国内，面对用户对燃油经济性及安全性的需求，CMS 后视镜得到了一定的发展，如上汽红岩在其智能驾驶示范车上配置了 CMS 后视镜，但受法规影响，目前各大主机厂均无法支持 CMS 后视镜量产化。基于空气动力学的 CAE 仿真结果表明，通过应用 CMS 后视镜系统可将传统重卡外后视镜风阻降低 2% ~7%，从而实现节能。

4. 发展路径及趋势

电子后视镜的核心发展方向有以下三方面：①通过光学成像、影像色彩、图像处理技术，将传统光学与电子相结合，满足 GB 15084；②提供基于场景的视野调整功能，在起步、行驶、转弯、停车等场景下临时调整视野；③提高 CMS 后视镜的可靠性，这也是 CMS 后视镜的最核心技术。

虽然受限于法规与技术，电子后视镜目前无法得到广泛应用，但其在将来的发展值得期待。

（五）电动可调导流罩

1. 发展背景

随着人们网购需求的不断提高，快递行业迅速发展。为提高物流运输的

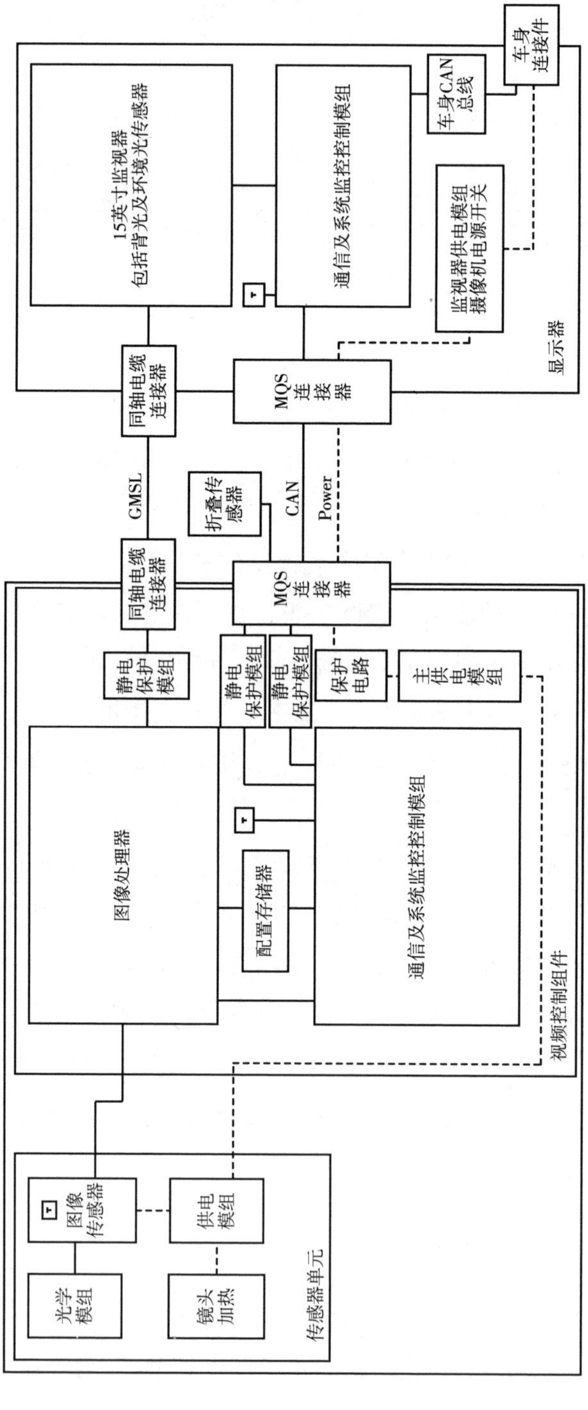
15英寸监视器
包括背光及环境光传感器
通信及系统监控控制模组
车身CAN总线
车身连接件
监视器供电模组
摄像机电源开关
显示器
同轴电缆连接器
MQS连接器
GMSL
折叠传感器
CAN
Power
同轴电缆连接器
MQS连接器
静电保护模组
静电保护模组
静电保护模组
保护电路
主供电模组
图像处理器
配置存储器
通信及系统监控控制模组
视频控制组件
图像传感器
供电模组
光学模组
镜头加热
传感器单元

图6　CMS后视镜原理

效率，物流公司一方面增购物流用车，另一方面对物流运输时效性提出了新的要求。除通过“甩挂”提高运输车辆的出勤率和利用率，车辆行驶速度也日益提高。空气阻力系数与车速的平方成正比，当车辆在高速行驶时，与空气相互作用的气动阻力也更加显著，这在很大程度上影响着汽车的经济性。对于厢式载货车，其厢体一般高于驾驶室，为了降低空气阻力系数，厢式货车安装导流罩十分必要。目前，汽车空气动力学仿真模拟技术发展迅速，通过对导流罩进行空气动力学性能的优化设计，能够有效降低空气阻力系数，提高燃油经济性。

但是，对于半挂牵引车列车，由于牵引车与挂车可拆分为两个独立的部分，牵引车可与不同的挂车形成不同的组合。面对快递市场的“甩挂”运输，传统的导流罩无法解决“甩挂”引起的牵引车驾驶室及挂车货物高度的协调问题。

传统的车辆导流罩为固定式结构，当载货高度高出导流罩时，导流效果差，而且影响汽车高速行驶的平稳性。当载货高度低于导流罩时，汽车行驶阻力大，油耗高，燃油经济性差。由于载货高度会因为实际需要而不同，普通导流罩只能满足一种载货高度，通用性差。目前，导流罩高度的调节都是手动的，需要将导流罩拆卸下，再来调整高度，调节完后还需要重新装上。整个过程过于复杂、耗时，无法实现自动化调节。

而电动可调导流罩完美解决了该问题。

2. 技术原理

电动调节导流罩主要包括导流罩、固定座、底座、推杆、电磁泵、控制器、底架。

导流罩上主体为两端扇形面及中间夹置柱形面构成的立体流线罩，导流罩上主体水平方向宽度与货车驾驶室相匹配，前后方向长度小于货车驾驶室。导流罩上主体的前部内侧铰接在底座上，底座固定在货车驾驶室顶部，导流罩下主体固定在货车驾驶室顶部并与导流罩上主体对应设置。当导流板顶部的延长线低于车辆后部的车厢高度时，启动控制器，控制升降气缸升降，直至导流板顶部的延长线高于车辆后部的车厢高度时，停止升降，使导流罩高度与货物高度相匹配，从而减小空气阻力，实现节能（见图7）。

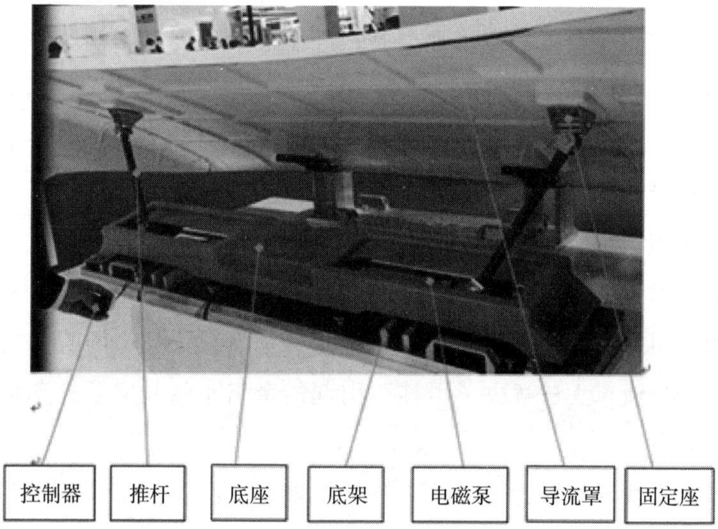

图7　电控可调导流罩

3. 发展动态及应用效能

电动可调导流罩技术目前已成熟，并可实现量产。在具体商品化应用中，应基于CFD仿真分析技术，结合客户的实际需求，从TCO角度分析商品化可行性。从重卡的应用市场角度分析，长途跨省运输的快递行业，由于“甩挂”的存在，电动可调导流罩便是解决燃油经济性的极佳选择。

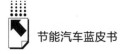

目前，电动可调导流罩可实现10°至35°调节，可以灵活、精准地调节导流罩高度，匹配货箱的高度从而降低重卡在行驶时的风阻。

电动可调导流罩，其应用效能与货物及驾驶室高度密切相关，需经CFD分析确定导流罩的高度，最大化降低驾驶室和货箱的风阻，达到减小空气阻力、提高燃油经济性的目的。

4. 发展路径及趋势

电动可调导流罩的核心发展方向有以下三方面：①提高CFD仿真分析的精度，对匹配不同货物高度的导流罩高度进行CFD全局寻优；②实现智能化自动化，自适应匹配货物高度；③提高可靠性及寿命。

相信在不久的将来，智能化的自动调节导流罩能够在长途高效运输车辆上实现标配。

（六）主动进气格栅

1. 发展背景

我国国土经纬度跨度均较大，这导致东西及南北区域的气候及环境存在明显差异。在冬季最冷的时候，我国北方部分地区最低温可达零下58℃；而在南方部分地区，夏季的最高温度在37℃以上，冬季的最高温也可达20℃。

对于长途跨省运输的快运重卡，哈尔滨—广州是一条典型的运输路线，具有零下30℃至零上40℃的温差，因此环境适应性成为客户的一大关注性能。而主动进气格栅解决了车辆在各种温度下的动力性及经济性问题。

2. 技术原理

主动进气格栅（Active Grille Shutter，AGS）通过传感器侦测发动机、水箱温度，选择性地打开或关闭进气格栅，有效降低风阻系数，达到降低油耗的目的。相对于普通的进气格栅而言，主动进气格栅的进气角度随动可调，并能够根据不同的场景智能化地自动调节。主动进气格栅技术是由汽车的水温、进气、车速、空调压力等传感器或温控开关、控制单元、电动格栅三部分组成的，可以根据发动机水温、发动机进气温度、车速、空调压力等参数的变化及时调整进气格栅的进气角度，能够有效地降低汽车风阻系数、缩短发动机升温时间、减少发动机低温磨损、提高汽车动力性能、降低油耗、减少CO_2排放。

当环境温度较低、发动机刚启动时，进气格栅将智能地自动关闭，使发动机快速升温，在最短时间内使发动机进入最佳工作状态，使发动机稳定工作，另外还能使暖风更快地进入驾驶室。当环境温度较高时，为保证发动机正常工作，进气格栅自动打开，使气流进入并进行热交换，带走发动机热量，满足散热功能。当车辆高速行驶时，进气格栅将自动地闭合，减少空气进入发动机舱，为车辆带来更低的风阻系数，提升稳定性和燃油经济性。

主动进气格栅分为两类，一类是外置式，另一类是内置式。主动进气格栅开合叶片在格栅造型后面，为内置式。开合叶片在外部，与格栅造型一致，为外置式。外置式的格栅与造型紧密相关，需整车厂进行大量的造型设计工作，所以较少应用。目前，内置式的主动进气格栅约占整体的90%（见图8）。

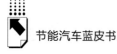

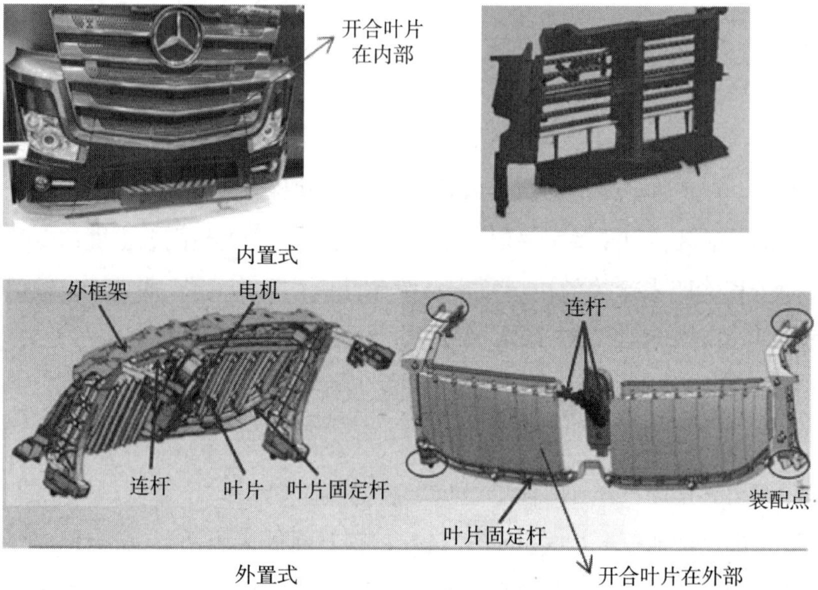

图8　主动进气格栅

主动进气格栅的控制原理如下。

主动进气格栅通过传感器或温控开关获取车辆的信号，控制单元ECU根据所接收到的信号控制电动格栅的开启角度。其控制方式分为三类：单级控制（进气格栅仅有关闭和开启两种状态）；多级控制（进气格栅有关闭到开启几个不同角度的多个状态）；无级控制（进气格栅有关闭到开启无数个角度的无数个状态）。其涉及的控制因素包括发动机水温、发动机进气温度、车速、空调压力等参数。

3. 发展动态及应用效能

目前，在乘用车领域，主动进气格栅的应用已较为广泛。福克斯运用主动进气格栅，实现了CO_2排放量减少2%，同时当系统关闭时的车速保持在

120km/h 时，百公里可以实现平均节油 0.15 ~0.2L，提高了燃油经济性。福特翼虎采用了主动进气格栅以减小风阻，进一步提高燃油经济性，当需要额外的空气用于发动机散热时，如在拥堵路况下低速行驶时，进气格栅将主动开启，而当车辆在高速道路保持稳定速度行驶时，进气格栅会自动关闭以获得更好的空气动力表现，提高燃油经济性。宝马在冷车启动的过程中，智能格栅系统会自动将格栅处于闭合状态，降低了外侧冷空气进入发动机舱，从而使发动机油和催化转化器能够更快达到其正常工作温度，促使燃油空气混合物燃烧更高效，进而使发动机得到保护。

在商用车领域，奔驰重卡是全球第一款装配主动进气格栅的重卡，并已经实现量产（见图9）。其他重卡主机厂紧随其后，均开始了对主动进气格栅的研究开发及应用。在国内，主动进气格栅还未实现量产，目前处于工程开发与验证阶段，一汽解放、重汽黄河、东风天龙均有在研产品。在近两年，装配主动进气格栅的车型将会亮相并实现量产。

图9　奔驰主动进气格栅

在重卡领域，主动进气格栅可进一步细分为三类：完全可见式样，与前脸造型集成；多窗口主动进气格栅，灵活布置于前舱内，对空间有一定要求，可实现多窗口格栅独立控制开闭，并且可集成前后导风罩；与前端冷却模块框架集成，一体式集成机构适用于平台化的不同车型，在成本上有一定优势。

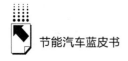

主动进气格栅的安装位置对整车风阻的影响程度不同。格栅越靠近驾驶室前脸，降低风阻系数的效果越好。对于驾驶室前脸上部及下部均有主动进气格栅的车型，经过 CFD 仿真分析，空气阻力系数可降低 20 ~ 25counts。

总体统计，进入车辆机舱气流造成的风阻约占重卡整车行驶阻力的 15% ~20%。当长途干线运输重卡以平均车速 80km/h 在高速上行驶时，其空气阻力约占整车行驶阻力的 1/3 以上，而重卡格栅的空气阻力占整车空气阻力的 15% 以上。

在使用主动进气格栅的同时，如果同步考虑优化整车造型，能够更加有效地降低空气阻力。根据相关的试验结果，在配合整车造型空气阻力优化的情况下，主动进气格栅降低 5% 以上的风阻。另外，主动进气格栅也参与了机舱热管理，可以减小热机周期，减少燃油消耗，降低 CO_2 排放，减少机械磨损，同时对机舱有保温、隔绝机舱噪声的作用。

4. 发展路径及趋势

重卡安装主动进气格栅是未来的发展趋势，市场规模将呈现扩大趋势，行业发展前景较好。

主动进气格栅有以下两个发展方向。①进气格栅控制逻辑的完善及相应标定开发。主动进气格栅控制策略涉及较多的标定和试验工况——油耗、排放、空调性能、热平衡，需综合考虑各性能工况，合理制定运行控制逻辑。②与整车造型协同开发，最大限度地降低空气阻力。

（七）列队行驶

1. 发展背景

近年来，重卡驾驶员对驾驶舒适性的要求正在逐渐地提高。对于国内长途快运的牵引车，平均一年行驶里程可达 30 万公里。如果以 300 天出勤，平均车速 70km/h，一辆车两位驾驶员来计算，那么驾驶员一天的驾驶时间长达 7 个小时以上。由于重卡驾驶员的匮乏，日本五十铃将驾驶舒适性作为其重卡开发的核心性能指标。随着自动驾驶技术及智能网联技术的不断发展，列队行驶成为可能，并成为解决驾驶舒适性的极佳解决方案。

2. 技术原理

列队行驶（Platoon）是指多辆汽车通过车辆智能技术和网联技术，以较小的车距列队跟驰的行驶状态。

列队行驶需要众多的车辆硬件配置，如自动变速器、ACC 自适应巡航系统、EBS 电子制动系统、EBL 自动紧急制动、LDW 车辆偏离预警，以及探测车辆周边的毫米波雷达、通信模块等，均是列队行驶最基础硬件配置。若没有这些硬件做基础，将无法实现列队行驶。

另外，实现列队行驶，最大的难点就在于各种信息如何在车辆之间快速稳定地传输。如果前车出现制动，后车的电子辅助系统必须很快地收到信号并采取相应举措，避免出现碰撞。根据分析，该反应时间大约是 5 毫秒。为了实现列队行驶，车辆必须增加一些部件（见图 10）。

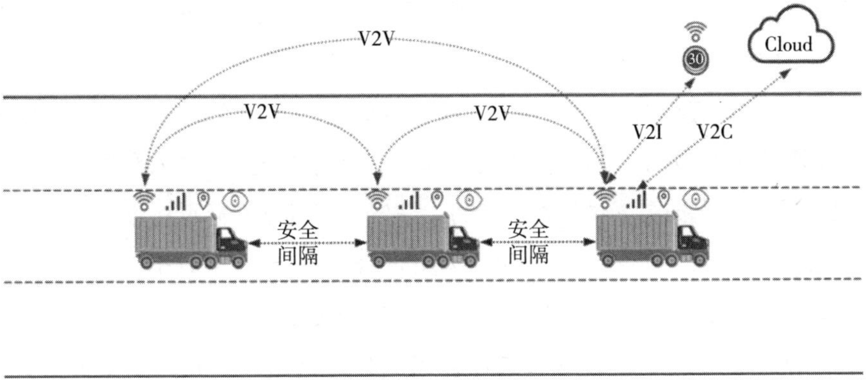

图 10　列队行驶原理

3. 发展动态及应用效能

列队行驶具有以下四个优点。

（1）列队行驶可以降低车辆的燃油消耗。空气阻力是影响油耗的重要因素，重卡列队行驶能够有效控制车辆以小间距行驶（以欧洲的数据为例，高速公路上人驾驶车辆会保持 180m 以上的跟车距离），前车会帮后车“破风”，以 80km/h 速度行驶，后车可以减少 40% 空气阻力，有效降低车辆燃油消耗。

（2）提高车辆的安全性。当重卡列队行驶时，车辆之间能够在极短时间内实现互相通信，如出现紧急情况需要制动，系统可以在 0.1s 内完成操作，相比之下驾驶员反而需要 1.4s 的反应时间。列队行驶车辆处于半自动驾驶状态，收到指令后，车辆直接进行操作，减少了驾驶员操作的环节，节省了驾驶员反应时间和操作时间，因此列队行驶反而会更安全。据统计，约 90% 的交通事故是由驾驶员操作失误导致，如把操作交给车辆自动执行，可以大大地减少驾驶员失误操作的概率。

（3）提高驾驶舒适性。由于受到自动驾驶技术水平以及法规的限制，重卡列队行驶自动跟车的时候，驾驶室中仍然需要有驾驶员。虽然驾驶员不能完全释放双手双脚，但是列队行驶车辆能够代替驾驶员进行很多操作，从而减轻人的驾驶疲劳，提高驾驶舒适性。在驾驶员紧缺的情况下，有了列队行驶技术，长途行驶的车队在未来或许只需要一个驾驶员就能完成，大大减轻了人的工作强度和压力。

（4）减轻道路拥堵。列队行驶能够有效地降低跟车距离，因此路面容纳车辆的数量会增加。如果投入更多具有一定自动驾驶能力的车辆进行列队行驶，能大幅度提高道路的通行能力，减轻道路拥堵，降低污染。

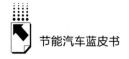

整体上来说，列队行驶能够使车辆的经济性更好，事故率也会降低，驾驶舒适性提升，运输效率更高，同时也能减轻交通拥堵。

2009 年，美国、欧洲和日本便开始研究卡车列队行驶，主要关注重型卡车在高速公路长线路的测试。奔驰、斯堪尼亚、沃尔沃、依维柯、达夫、MAN 等卡车制造厂商与采埃孚等零部件供应商都针对列队行驶功能进行验证（见图 11）。当前，欧洲已经可以实现在 90km/h 车速，车间距稳定在 10m 左右的列队行驶，领航车（HV）可减少油耗 4.5%，第一辆跟随车（FV－1）减少 10%，第二辆跟随车（FV－2）减少 12%。

目前，国内多家商用车制造企业都在积极进行列队行驶测试验证；由于国内道路状况复杂，多选择在港口、物流园区等封闭、半封闭场景进行测试。

图 11　奔驰列队行驶

2019 年 5 月，北汽福田、东风商用车和中国重汽在天津进行列队行驶公开道路试验。列队行驶过程中，头车发起编队命令，后车进行组队队形排列，车速 60km/h 时，车间距稳定在 17 ± 1m。头车进行加减速、变道行驶时，后车能够及时跟随前车完成相应操作，横向偏差距离小于 0.5m（见图 12）。

图 12　福田列队行驶

相关研究表明，缩短列队行驶车辆之间的间距能够有效地降低后车的空气阻力。车间距为 50m 时，后车的风阻大于 1200N，车间距为 10m 时，后车风阻下降到 1040N，减少约 13%（见图 13）。

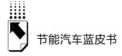

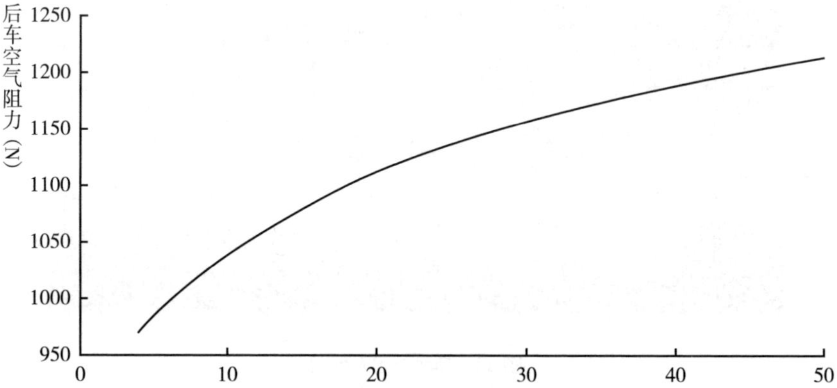

图 13　间距与后车空气阻力的关系

4. 发展路径及趋势

目前列队行驶的应用面临以下四个问题。①为了保证行车安全，需要通过配装额外的传感器才能够实现列队行驶，因此车辆造价相对较高。需要通过网联化、传感器低成本化等措施，在保证车辆可靠性的基础上，降低单车成本。②列队行驶对车辆的一致性要求较高。目前，列队行驶的车辆需要满足马力配置、货物重量一致的条件。如要突破该限制，需要通过关键技术突破，提高兼容性，允许不同车厂、不同载重车辆自由组队。③高速行驶状态下，列队行驶车辆间距仍有一定的缩短空间。④目前的列队行驶多选择在港口、物流园区等封闭、半封闭场景进行测试，实现全场景下的列队行驶仍有相当大的挑战。

在未来，列队行驶有望实现全场景、高车速、小车距、低成本、不同车厂不同载重车辆自由组队行驶。

根据《节能与新能源汽车技术路线图 2.0》，列队行驶未来发展分为以下三个阶段。①发展期：掌握列队行驶关键技术，产品质量可靠、满足封闭场景应用需求。②应用期：建立完善的产品自研和配套体系，通过网联化降低单车成本，列队行驶开始进入市场应用。③成熟期：形成完善的产品自研和配套体系，自主技术有较强国际竞争力，列队行驶大批量应用。

列队行驶未来发展里程碑如下。

2025 年：3 辆车组队，在封闭、半封闭场景应用；80km/h 车速，车间距稳定在 15m 左右，领航车（HV）节能 4.5%，第一辆跟随车（FV-1）节能 10%，第二辆跟随车（FV-2）节能 12%。

2030 年：5 辆车组队，在高速公路批量应用；80km/h 车速，车间距稳定在 10m 左右，领航车（HV）节能 5.5%，后续车辆（FV）节能 12%~14%。

2035 年：多车组队，全场景、低成本、不同车厂不同载重车辆自由组队行驶；80km/h 车速，车间距稳定在 5m 左右，领航车（HV）节能 6%，后续车辆（FV）节能 13%~15%。

（八）智能空气管理系统

1. 发展背景

制动系统是车辆行驶安全的最基本保障。根据国内法规，相对于乘用车 1 吨多的 GVW，重卡半挂牵引车的 GCW 可达 49 吨。在如此大的总重下，要满足车辆主动安全性所需要的制动减速度，制动系统需消耗大量的能量。

如今车辆的电控化、智能化水平越来越高，汽车将进入软件定义的时代，制动系统也提出智能化的节能解决方案——智能空气系统。智能空气系统通过跨系统信息整合实现电控系统的智能化控制，拓展系统功能，提升系统性能，可以降低制动系统的能量消耗，达到节能降耗的目的。

2. 技术原理

传统的空气管理系统是采用机械式空气处理单元和非节能空压机（部分开始采用节能空压机），通过机械卸荷阀和再生阀实现空压机的供气、卸荷与干燥剂的无热再生反吹。其机械结构复杂，加工难度大，且性能容易受到运行工况的影响而发生改变。

智能空气管理系统（EAC）是由节能空气压缩机、电控空气处理单元及其控制单元组成。电控空气处理单元中集成了两组电磁阀，用于实现工作压力的智能调节和再生反吹时间的智能调节。其性能稳定，可拓展智能化功能见图 14。

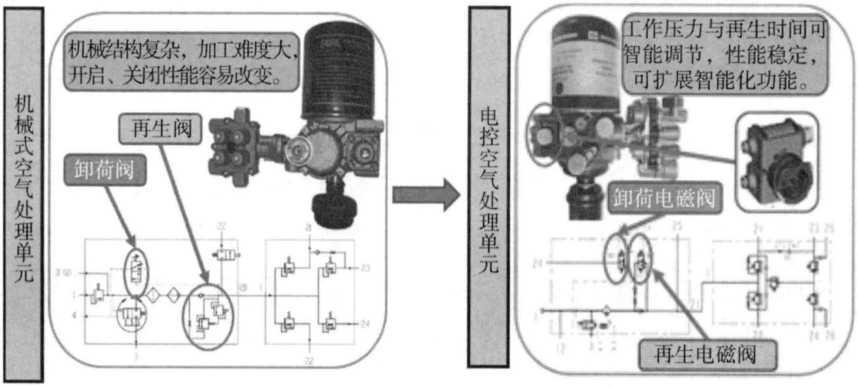

图 14　机械式与电控空气处理单元

传统的空气管理系统供气压力与卸荷压力是固定不变的。再生方式可分为时间再生和压差再生两种，一旦设定再生压耗就固定。然而车辆工作场景不同，用气量的波动范围也很大，这就会出现高用气工况，空气处理单元处理空气后所需再生气量超过再生阀设定的再生气量，干燥剂再生不彻底，进而导致系统进水，危及车辆部件工作可靠性与制动安全性，也会出现低用气工况，空气处理单元处理空气后所需再生气量低于再生阀设定的再生气量，导致再生压缩空气的浪费。

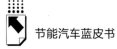

智能空气管理系统通过卸荷电磁阀自由控制空气压缩机，从而实现对系统工作压力的调节，通过再生电磁阀实现对再生气量的控制。控制器通过 CAN 总线获取车速、发动机转速、发动机输出扭矩、环境温度等信息从而识别车辆的工作场景。只有在干燥气量达到需要进行再生时才进行再生反吹，减少再生次数，避免能源浪费，在每次空气压缩机停止使用时保持从空压机到系统这段管路的压缩空气，避免频繁卸荷导致的能源浪费，可利用下坡工况强制泵气，并提高系统卸荷压力实现能量回收。

另外，智能空气管理系统还有可预见性服务功能。传统空气管理系统由于不知道空气处理单元的处理气量，无法准确预测干燥罐的更换时间。智能空气管理系统通过 CAN 网络获取发动机转速等信息计算干燥罐的干燥气量。当记录的总干燥气量达到设计干燥气量阈值时通过仪表进行报警，并通过车载终端通知企业大数据管理平台，再由售后服务管理平台经用户手机 App 进行更换提醒，用户在选定的推荐服务网点和服务时间后，及时安排服务网点制定服务方案，实现车辆维保零等待。

3. 发展动态及应用效能

智能空气管理系统是由节能空气压缩机、电控空气处理单元及其控制单元组成。其中空压机的型式由带反馈口的内卸荷空压机逐步向离合器卸荷的空压机发展。电控空气处理单元集成双回路或多回路气压传感器，通过内部集成的两组电磁阀实现压力的智能调节和干燥罐干燥剂的智能再生。国外戴姆勒奔驰、斯堪尼亚、沃尔沃、依维柯等 OEM 已经大批量应用，国内应用则起步较晚，目前一汽解放 J7 牵引车已经标配智能空气管理系统，控制策略自主开发，集成在整车控制器中，其他 OEM 也开始在进行技术储备，但大多处于匹配应用阶段。

单独采用 ESS 节能空气压缩机最大平均节油量约为 500L/年；单独采用离合式空气压缩机最大平均节油量为 1000L/年；单独采用电控空气处理单元最大平均节油量为 300L/年。

克诺尔测试数据结合模拟仿真进行了节油效果的对比，其中年节油量按照城市工况 7 万公里、高速公路 23 万公里、乡村道路 11.75 万公里进行，相较于不带节能功能的空气管理系统，匹配离合式空压机和电控空气处理单元的智能空气管理系统实现城市工况节油 440L/年，高速公路 1250L/年，乡村道路 600L/年。

4. 发展路径及趋势

汽车电控化智能化发展，需要主机厂由传统的机械匹配开发向电控化智能化开发转型。智能空气管理系统便是主机厂由传统开发转向电控化智能化开发的一个重要方向。如要真正实现智能空气管理系统的效果，需要掌握电控系统的功能定义和控制策略制定与验证的能力，通过多系统整合拓展整车功能、提升整车性能，达到节能降耗的目的。

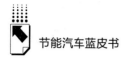

（九）可视化节油驾驶辅助系统

1. 发展背景

驾驶员的驾驶水平是影响油耗的一个非常重要的主观因素。即使是相同的一辆车，熟练的驾驶员与生疏的驾驶员，无论是在驾驶的动力性还是在动态驾驶性的表现上，均有非常大的差异。另外，不规范驾驶是诱发交通事故的主要原因，给人们带来了严重灾难，是全社会共同关注的问题。不规范驾驶对车辆能耗经济性也有非常大的影响，在相同运行环境、相同车况下，不规范的驾驶行为会多消耗 20% 以上的能源，增加了排放、污染了环境。不规范驾驶会加速车辆损耗，大幅降低车辆的使用寿命。

因此，根据驾驶人的驾驶能力、交通状况、车辆动力特性，有针对性地推送改进建议，对提高车辆行驶安全性、经济性，减少车辆维保成本有非常重要的意义。

2. 技术原理

目前，对于可视化节油辅助系统，业界还没形成统一的、详尽的规范驾驶方式，因此不同车型有不同的操作规范。一般而言，可视化节油辅助系统通过应用车联网技术、大数据分析技术，结合汽车工程学原理、动力学原理，分车型构建数据模型，识别驾驶员的驾驶行为，并从安全性、经济性和车损三个方面评估驾驶人的驾驶行为，得出驾驶评分和星级评定，并针对性地给予改进建议，达到安全、经济驾驶的目的。

3. 发展动态及应用效能

美国、欧洲、日本对车辆特性的研究非常深入、驾驶证发放考评严格、交通管理规范、道路基础设置良好，其驾驶员的行为规范性没有我国这么严峻。即使如此，2015 年日本五十铃巨咖重卡的中期改款中，可视化节油驾驶辅助系统已经实现了量产。

可视化节油驾驶辅助系统的关键指标是指导项数量、改进内容针对性及其详尽程度。目前，国内重卡并没有实现可视化节油驾驶辅助系统的量产化，当前仍在概念及工程开发阶段。究其原因，从技术水平来说，一方面，国内主机厂的车辆动力特性基础研究不够深入，设计工程师构建数据模型和大数据分析能力弱。另一方面，在车辆动力特性分析、驾驶人驾驶行为采集、大数据分析方面，我国比欧美日起步晚、研究的样品量和深度有差距。

目前，国内已经能够定性识别超速行驶、急加速、急刹车、急转弯、疲劳驾驶等严重影响驾驶安全的行为，能够有效地避免不规范的驾驶行为，在提高驾驶安全性的同时降低油耗，但这仍与国际水平有一定差距。

4. 发展路径及趋势

可视化节油驾驶辅助系统将经历：结合车辆动力特性给予改进建议、结合道路基础设施给予改进建议、结合驾驶人心情给予改进建议三个阶段；不断增补指导项数量、改进内容针对性及其详尽程度。

到 2025 年左右，能够结合车辆动力特性，分车型给予改进建议。

到 2030 年左右，能够结合车辆动力特性、道路基础设置、交通拥堵状况、车辆磨合程度、驾驶人对车辆操控的熟练程度，按车辆给予改进建议。

到 2035 年左右，能够进一步根据驾驶人的心情，实时给予改进建议。

三 重卡智能化节能技术机遇与挑战

从市场行业的角度出发，目前国内的重卡行业刚迈过发展期，正逐步地往成熟期过渡。在该过渡期中，重卡的性能指标如果得到质的飞跃，那将给该重卡车型带来弯道超车的良好机遇。例如在渴求高速行驶的同时保证燃油经济性的普货行业中，油耗便是其最核心的指标。

从技术发展趋势的角度出发，传统的节能技术开发已经相对成熟，目前基本上达到了瓶颈。另外，未来是软件定义汽车的时代，智能化、网联化将是汽车技术最主要的发展方向。因此，智能化节能技术将是实现节能汽车燃油经济性飞跃的最关键技术。

从国家法规的角度出发，随着重型商用车第四阶段油耗限值的逼近，降低整车燃油消耗已经成为主机厂的燃眉之急。相对于传统的节油措施，智能化节能措施将给主机厂应对四阶段油耗带来更多选择。这里值得提醒的是，由于试验方法问题，部分的智能化节能措施无法在油耗认证时有效节油，例如 PCC。

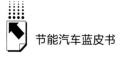

从竞争的角度出发，未来国内市场的进口重卡车型种类将越来越多，奔驰、斯堪尼亚、曼恩、沃尔沃等国外厂家均将成为国内重卡的市场竞争对象。油耗作为客户的一大关注点，为保证国内重卡的竞争力，智能化节能措施的量产化势在必行。

重卡的智能化节能技术正面临机遇和挑战，需要重卡技术人员、企业管理者、法规制定者携手并进，发展智能节能重卡，共建绿水青山。

参考文献

魏子清：《基于断油回流策略的发动机停缸系统的开发及试验研究》，天津大学硕士学位论文，2018。

殷杰：《长安 C201 轿车主动进气格栅关键技术研究》，重庆大学硕士学位论文，2015。

益明：《欧曼超级重卡参加国内首次自动驾驶列队跟驰公开验证》，《商用汽车》2019 年第 5 期。

林楠等：《新能源汽车的湖北脚步》，《支点》2021 年第 5 期。

B.6 面向节能，变速器产品迭代和技术升级之路

曾科　陈君*

摘　要：变速器按照应用车型不同，可划分为传统变速器、混动变速器、纯电动变速器三类。CVT、DCT、AT 三大类自动变速器逐渐占据传统变速器主导地位。为顺应国内节能与新能源汽车的发展，传统变速器通过不同程度的机电耦合和持续的电动化升级，逐步向混动变速器进行演变，纯电动变速器由单挡向多挡进化。混动变速器、纯电动变速器需要基于传统变速器节能技术来让整车能耗经济性做到极致。

关键词：变速器　节能　电动化　DHT

一　背景

中国汽车从2005年起呈现高速发展态势，从年产销不足500万辆到2020年的2500万辆，从载人载货的微面到多功能城市SUV，从手动变速器4MT到自动变速器10AT，中国市场只用不到15年。汽车行业的蓬勃与国家GDP高速增长有很强的关联。随着国人的消费升级，对汽车的定义不仅是满足行驶功能需求，驾驶娱乐性、行驶动力性、最优经济性成为汽车消费的窗口。作

* 曾科，重庆青山工业有限责任公司产品策划工程师，主要研究领域为动力总成技术；陈君，重庆青山工业有限责任公司产品策划工程师，主要研究领域为混合动力系统、传统系统技术。

为汽车三大件之一，变速器已经成为各大车企必不可少的研究课题。

变速器按照应用车型，可划分为传统变速器、混动变速器、纯电动变速器三类。

传统变速器领域，CVT、DCT、AT 三大类的自动变速器逐步占据绝对主导地位。合资品牌、自主品牌在自动变速器搭载率上不断提高，行业预测到 2023 年自动变速器搭载率将超过 90%。

面对严苛的油耗排放法规，传统变速器已较难满足六阶段能耗要求，伴随国家对节能和新能源汽车的政策引导，适应节能与新能源汽车搭载的电动化变速器应运而生。传统变速器通过不同程度的机电耦合和持续的电动化升级，逐步向混动变速器演变，纯电动变速器由单挡向多挡进化。混动变速器和纯电动变速器（单挡或者多挡）同样需要基于传统变速器节能技术来让整车能耗经济性做到极致。传统 MT、CVT、DCT、AT 叠加不同程度电机系统，演变形成多种电动化变速器技术路线。

二　传统变速器

面向节能大环境，传统变速器须以自身技术升级和产品迭代，支撑整车能耗的降低。

一是从整车的角度。轻量化，降低变速器自重为整车轻量化做贡献，从而提高燃油经济性。电气化，通过增加电机进行整车惯性能量回收，在未来需要时再释放出来从而提高燃油经济性。

二是从发动机角度。使发动机在大多数工况可以运行在较为经济的区间，增加挡位扩大速比范围以及优化控制策略，如增程式路线的发动机完全解耦；将发动机运行时多余的能量通过装置吸收储存并利用。

三是从变速器传递路径的角度。降低自身内耗损失来提升效率，如降低搅油损失、液压损失。有些节能技术在实际实施过程中通常兼顾多个方面。

（一）轻量化

轻量化是汽车节能减排的最有效直接的手段，也是汽车工业发展水平的体现。变速器作为动力总成重要组成部分，轻量化是变速器优化设计的重要目标，也常常会带来降本这个附加属性。

1. 新结构设计

可以是通过结构优化设计减少材料用量，在现有设计基础上保证零部件原有功能、性能，在可靠性的基础上进行挖孔开槽；也可以是将各部件进行集成减少连接零件；还可以是采用颠覆式的新结构来替代原有结构的设计（如在同样实现七挡的目标下，采用齿轮复用的设计相对于传统一个挡位一对齿轮的设计要节省更多齿轮，同样也减少了齿轮的拖曳损失），使其在现有基础上减少原材料的使用。

奔驰 8DCT 通过复用齿轮组的方式，在 7DCT 轴系中不增加齿轮组的情况下完成了挡位增加。蜂巢易创 9DCT 双离合变速器同样采用复用齿轮组的方式，并优化同步器设计使其拥有更紧凑的空间布置，轴向空间节约 5. 8mm 且平均重量降低 2. 6%。液压模块采用高度集成设计，做到了比自家 7DCT 液压模块厚度减薄 40mm（见图 1）。

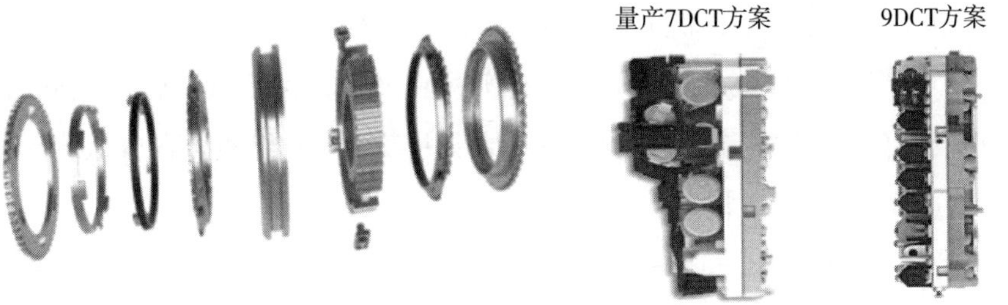

图 1　蜂巢易创 9DCT 同步器（左）液压模块对比（右）

资料来源：蜂巢传动。

博世 CVT 新钢带单钢环组设计相对于原有双钢环组采用了新的钢片设计，减少了钢片的重量，减少了本体高度及摆动边缘位置，提升效率 1. 7%，同时提升了功率密度。钢片高度的减小提升了钢带的最大工作半径，减小了钢带最小工作半径，从而提高了 CVT 速比范围提高燃油经济性，或在速比范围相同的前提下缩小中心距，减轻总成重量从而节能减排（见图 2）。

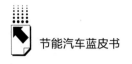

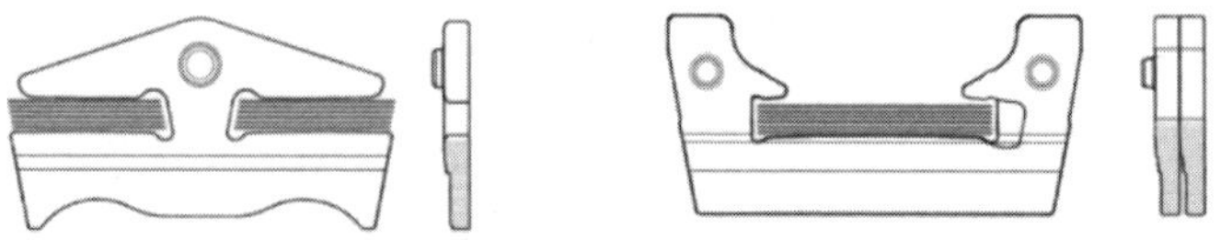

图 2　博世新钢带设计

资料来源：2017CTI 国际论坛。

讴歌 10AT 变速器研发中，开发了比传统液力变矩器更加轻薄的超薄液力变矩器，采用双向离合换挡执行机构（单向离合器，一个多片离合器），减少轴向 25mm，紧凑四行星轮模块；采用内外齿集成设计，减少轴向 45mm，达到轻量化、小型化的目的。

2. 新材料替换

在保证现有设计目标的前提下，采用较低密度材料替代现有高密度材料，如塑料油底壳代替金属油底壳等，轴承金属保持架改为塑料保持架，不但减重而且有自润滑的作用。

东安动力 8AT 变速器将部分钢制零件替换成铝合金结构、粉末冶金结构、尼龙纤维结构，通过 CAE 分析及实验验证，在保证设计强度的同时可减轻重量 10% ~30%。结构上在 6AT 基础上多增加一组离合器升级为 8AT，实际重量 8AT 与 6AT 相当。

3. 新工艺的使用

如采用喷丸强化轴齿，提升其承载最大扭矩，达到满足最大承载扭矩而不增加重量的目的。

（二）多挡化及宽速比范围

我们知道传统发动机高效率区间是有限的，决定发动机在实际工况下效率区间的基础是速比范围和挡位数，发动机运行高效了，汽车行驶就省油了。从变速器发展的历史来看，不论是传统的手动箱还是自动箱都往多挡和宽速比范围方向发展，但是在有限的空间范围内速比范围和挡位是不可以无限制地增长下去的，且不一定会带来节能效果。ZF 在 2017 年做过研究，若保持 8 个挡位不变即使把速比范围提升到 10，也不会在经济性上获得什么收益，除非把挡位数一同增加到 10 挡。市场上 9 挡、10 挡的变速器涌现，其不仅从节能角度出发，还应有换挡舒适性及市场营销的考量。未来的电气化发展将会遏制传统发动机上变速器高挡位宽速比的蓬勃发展，但是可能在专用混动变速器及纯电动车型的变速器上继续开花（见表 1）。

表 1　部分变速器速比及挡位提升案例

企业	变速器款型	速比	备注
加特可	CVT72009 款	7.3	提升 19.18%
	CVT72015 款	8.7	
爱信	6AT	6.05	提升 17.02%
	8AT	7.08	
长城	7DCT	6.9	提升 20.29%
	9DCT	8.3	
采埃孚	6AT	6.04	提升 16.72%
	8AT1 代	7.05	
	8AT2 代	7.8	提升 10.26%
	8AT3 代	8.6	
现代	6AT	5.5	提升 34.55%
	8AT	7.4	

当前国际国内车企均推动多挡化策略。欧洲及中国 8/9DCT 形成布局，CVT（模拟 10 挡）在日系 OEM 形成大规模应用，8AT ~ 10AT 已在中大型车大面积应用，且不断推向紧凑型车型。多挡化带来效率和换挡平顺性是最大的促进因素，但同时带来的布置问题、集成难度、成本压力也是一种挑战。

（三）降内耗

发动机动力经过变速器流向车轮，变速器在各个工况下的效率显得尤为重要，降低变速器的内耗就是提升变速器综合效率。变速器损失主要包含两大类：传动损失和执行损失。传动损失主要是指发动机能量通过变速器所产生的损耗，如搅油损失、轴承损失、齿轮啮合损失、油封摩擦损失、离合器拖曳损失等；执行损失则是指变速器执行动力及挡位切换、保持等所产生的能量损耗，如液压执行系统中的泄漏、油泵驱动损失、机电执行损失等。

1. 降低传动损失

降低变速器传动损失优先考虑的是系统设计优化，这和多个方面都是息息相关的，如润滑系统设计、油品黏度、结构设计及零部件精度等。在优化设计时通常需要相互匹配，比如油品黏度降低是可以降低搅油损失的，但是油品黏度不足可能造成润滑油膜不易形成或保持，将流体润滑变成边界润滑或将边界润滑变成混合润滑、干摩擦等，加剧齿轮啮合损失及轴承、油封摩擦损失使系统损失不降反升，而未达到系统效率提升的目的（见图3）。

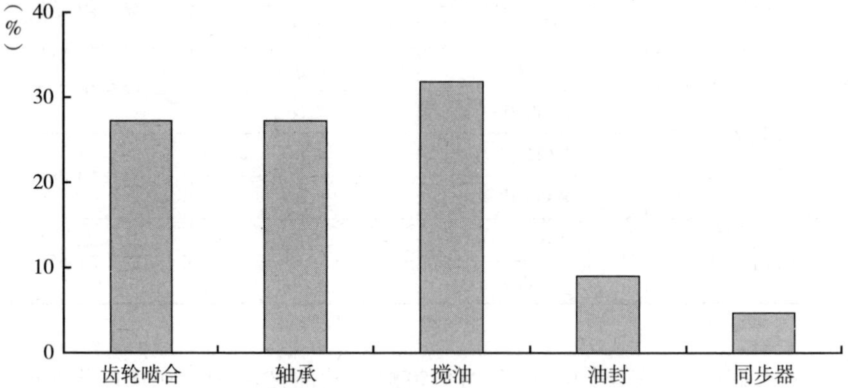

图3　变速器传动损失分布

奔驰和广汽均采用“干油箱”的方式来减少搅油损失，技术方案不同但可达到同样的效果。奔驰 8DCT 设计中，齿轮油被分到了两个区域储存，一半是装有轴系的齿轮箱体腔 A，另一半则是齿轮箱和油盘模块形成的腔 B。变速器运转后，油泵将腔 A 的油泵送到腔 B 中，降低腔 A 油位减少搅油损失（见图4）。

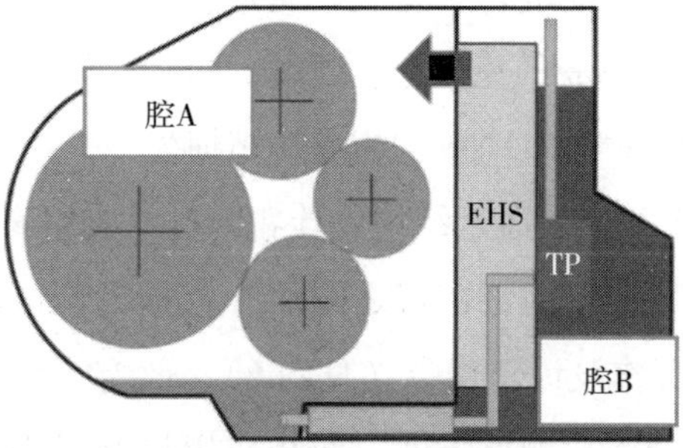

图 4　奔驰润滑设计

资料来源：2018 年 CTI 柏林论坛。

广汽 DCT（见图 5）是在箱体上部设置集油槽，将主减速齿轮甩上来的油暂时储存起来，以缓慢回到油箱底部参与润滑；在下部设置挡油板，让流下来的油缓慢进入主减速齿轮的腔体处，从而减少了主减速齿轮位置油液，减少了参与搅动的油量，降低了搅油损失。东安动力 8AT 在设计时也采用了类似的设计。

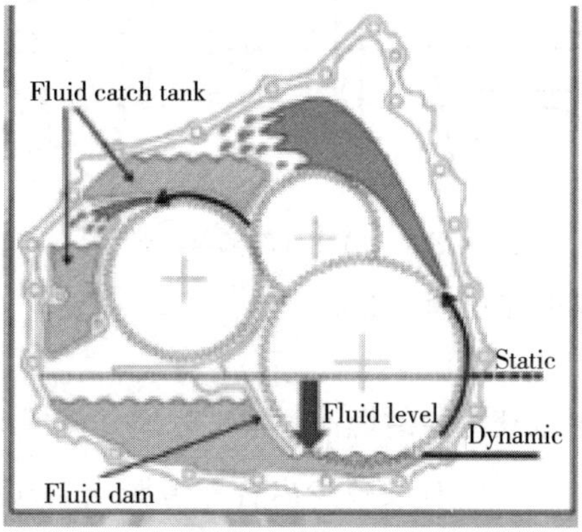

图 5　广汽润滑方案设计

资料来源：2019 年汽车工程学会年会。

现代 8AT 从轴承方面进行了优化，将原主轴双列锥轴承改为双列角接触球轴承，减少约 0.5Nm 的拖曳扭矩损失，同时其他锥轴承滚子减少 3 个，并优化滚子形状，减少约 0.1Nm 的拖曳扭矩损失。

加特可新 CVT7 开发是通过结构设计和新材料应用来达到提效率降油耗的典型案例。CVT 运行中钢轮钢带之间的摩擦损失和滑动损失占了较大比重，加特可和博世合作设计新钢带（见图 6），改变了钢片几何形状和表面微观形貌，同时提升钢轮侧翼强度，两相作用提升了钢带与钢轮之间的摩擦系数 10%，达到提升扭矩容量的目的。摩擦系数的提升亦可减小带轮推动压力，减少液压损失。钢带是由两部分组成的：钢片和钢环。由于运行期间的转动半径不同，钢片与钢片之间，钢片和钢环之间都发生着相对滑动。后者的相对滑动是由在环绕着钢片的带轮处钢环的不同转动半径带来的扭矩传递造成的。加特可通过减小摆动边界的高度有效减少滑动损失，提升了传动效率。

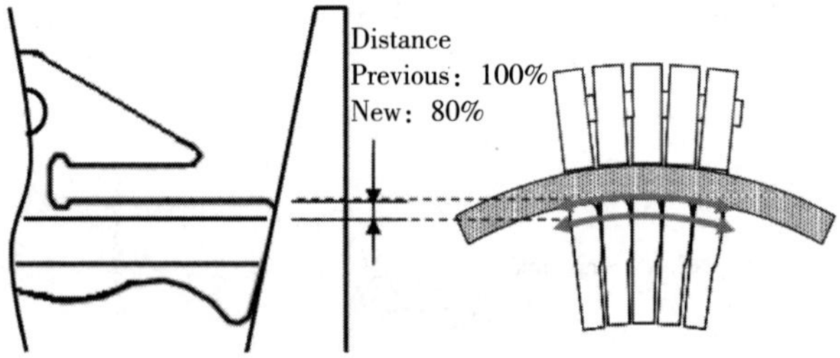

图 6　加特可新钢带设计

资料来源：2016 年 CTI 中国论坛。

好的控制策略可以获得好的燃油经济性，但是机械结构决定上限，如双离合换挡时提前换挡点可以有效减少离合器滑摩损失和拖曳损失。AT 液力变矩器扩大转速锁止范围，优化滑摩控制，减少滑摩时间，提升燃油经济性（见图 7）。

2. 降低执行损失

执行损失根据选择执行系统的不同，优化方式也不同。自动变速器常用

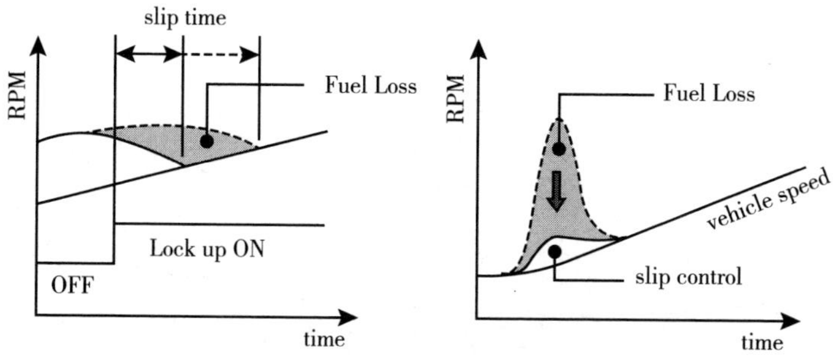

图 7　现代 8AT 液力变矩器锁止及滑摩控制

资料来源：2018 年 CTI 美国论坛。

执行系统有机电式、静液式、电液式，通常效率高低为：机电式 > 静液式 > 电液式。电液式液压系统损失主要包含了油泵驱动损失、泄漏损失及过滤损失等。

丰田 Direct-Shift-8AT 相对于其前代 6AT 变速器效率有了长足的进步，整体实现在车速 60km/h 下变速器效率提升 12%。其在液压系统方面做了较多的优化设计，全新离合器控制油路，采用油压直接通往离合器的方式，在提高离合器响应的同时减少了泄漏和油压损失，智能节油启停系统在降低油泵容量需求的同时为油泵的小型化设计奠定了基础。通过对油泵的优化设计，将前代同轴（与输入轴同轴）油泵改为平行轴油泵，油泵直径缩小 38%，扭矩损失也大幅下降（见图 8）。

现代 8AT 在 6AT 液压阀板基础上优化液压油路将阀体从 20 个减至 13 个，减少系统 40% 泄漏损失。新油泵减少了 43% 的泵油能力，扭矩损失减少 35%，同时优化了油泵形貌，其体积效率提高 7%。

除了降低对泵油流量的需求直接减少驱动损失外，另一种减少油泵损失的方法则是将主泵设计为可变流量泵，根据需求调节泵油量，通用 10AT、东安 8AT、丰田 S-CVT 及邦奇 VT5 中都采用了这种方法，它们通过可变流量泵提升了系统效率。结合博格华纳的模拟分析可以得出几种液压系统降低损失的路径：①减少泵排量需求从而减少驱动损失；②采用高压系统，其流

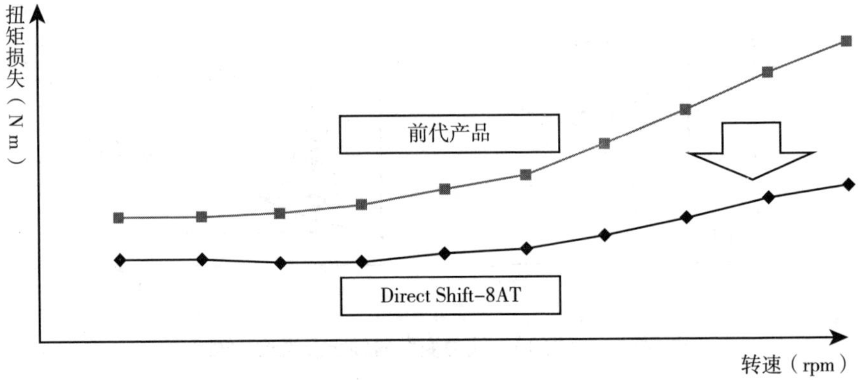

图8　扭矩损失降低

资料来源：丰田汽车。

量需求降低且高压泵效率高，从而提升效率；③采用低泄漏零部件获得更少的泄漏损失（见图9）。

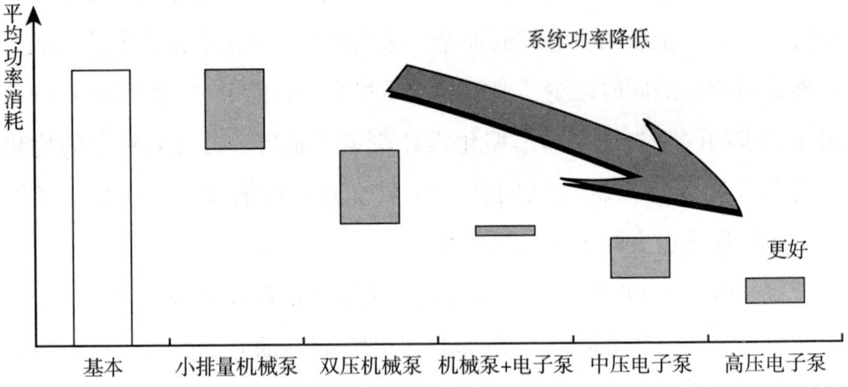

图9　博格华纳降低液压系统损失路径

资料来源：博格华纳公司。

采用高效的执行机构也是最直接有效的选择，如用机电或静液执行机构代替液压执行系统提高系统效率，如吉利7DCT330、格特拉克7DCT300。

三　混动变速器

中国汽车市场发展20余年，已成为全球第一大汽车市场。动力传动技术方面，伴随日系、美系、德系等国的技术涌入，中国市场中充斥着各种变速器技术路线。随着国家节能减排日趋严苛，电动化俨然成为各大车企未来5~10年的战略转型之必需。混合动力汽车通过不同工况下行驶模式切换，既实现油耗降低又满足终端用户的成本需求，混合动力成为各大车企兵家必争之战略要地。

随着混合动力的应用发展，各车企基于不同的战略选择，开发并投产不同程度的混合动力汽车，从12V起停微混系统到深度油电混动系统，不同派系企业在战略规划、市场布局、资源链等层面上存在着较大差异，混合动力系统架构技术路线可谓纷繁多样。

混合动力汽车商业化发展20多年以来，按照传统动力总成对传动系统的分类，其已不能满足混合动力汽车对变速器的精准定义需求。为延续传统动力传动系统的分类，在MT、AT、CVT、DCT的基础上增加了混动类，混动变速器应运而生。

基于各大车企不同产品策略，混合动力变速器总体上按照大类可划分为附加式（Add-on Hybrid Transmissions，AHT）、专用式（Dedicated Hybrid Transmission，DHT）。AHT在传统变速器（AT、DCT、CVT、AMT）基础上通过加入电机系统形成Px构型，电机与变速器耦合的位置定义为P2、P2.5、P3三大类。DHT则是使用一个或多个电机与机械传动结构耦合，从而实现变速器功能的混动变速器，可划分为功率分流式、开关式（串并联式）、增程式（串联式）三大类。

AHT是在原有传统变速器上通过增加一个电机模块实现电动化功能，而不改变变速器原有的功能，得到欧洲车企的广泛青睐；DHT打破传统系统架构常规，深度集成双电机系统形成专用混动机构，在日本、美国得到大力发展。随着国内油耗排放法规的日趋严苛，DHT充分发挥其“削峰填谷”

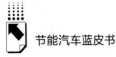

高效节油效果，成为国内头部车企争相发展的重点。尤其是在《节能与新能源汽车技术路线图 2.0》发布之后，以自主品牌为首的车企积极推动全谱系化的混动系统平台，并逐一实施商品化开发，中国市场混动变速器即将全面爆发（见图 10）。

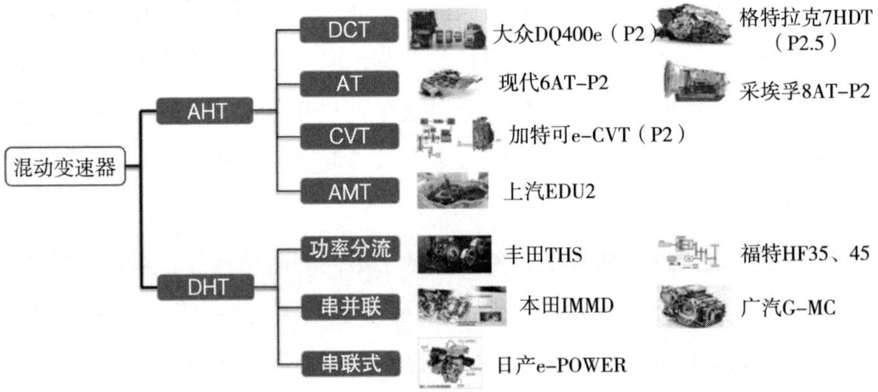

图 10　混动变速器代表产品

中国混动市场发展 10 余年，基于 AHT 的混动架构基本发展成熟并大量投入商品化生产，基于 DHT 的混动架构得益于更好的节能效果和更好的成本平衡获得更多车企的布局（见表 2）。

表 2　中国市场各大车企混动策略

技术路线		AHT	DHT
欧系	大众	P2	—
	奔驰	P2	—
	宝马	P2	—
	PSA	P2 + P4	—
日系	丰田	—	THS
	本田	SH-AWD	iMMD
	日产	P2	e-Power
美系	福特	P2	HF35/45
	通用	—	Voltec Ⅱ
	FCA	—	Si-CVT

续表

技术路线		AHT	DHT
韩系	现代	P2	—
自主	吉利	P2.5	P13、PS
	长安	P2	DHT + P4
	长城	P2	DHT
	上汽	EDU2	—
	广汽	—	GMS2.0/THS
	比亚迪	DMp	DMi
	奇瑞	—	DHT510
	一汽	P2	DHT
	东风	—	HD120
	江淮	—	DHT
	理想	—	增程

（一）AHT技术升级路径

面对五阶段4.0L/100km的企业平均油耗法规，必将推进自动变速器电气化，一方面弥补发动机偏向燃油经济性后动力性不足的问题，另一方面实现电动化功能，减少燃油消耗。传统自动变速器电气化（ADD-ON）将是所有车企必不可少的选择，无论是基于48V的轻混还是高度混合的重度混动和插电式混合动力，都将促使传统变速器与驱动电机（电控系统）集成，形成“新型”的变速器。

AHT是在传统变速器加上电机来实现整车能量回收或使用电能进行助力、驱动的混合动力变速器。由于其开发周期短，多数企业都进行了适配开发，其节能效果显著。技术路线根据电机耦合位置不同分为P2、P2.5、P3，它们都属于并联混动构型（见图11）。

P2电机介于发动机变速器之前，并通过K0离合器与发动机耦合，通过K1、K2离合器实现与变速器内外输入轴的结合断开。P2.5电机则通过齿轮或链条连接到某一输入轴实现与变速器耦合，电机驱动可以运用该输入轴上

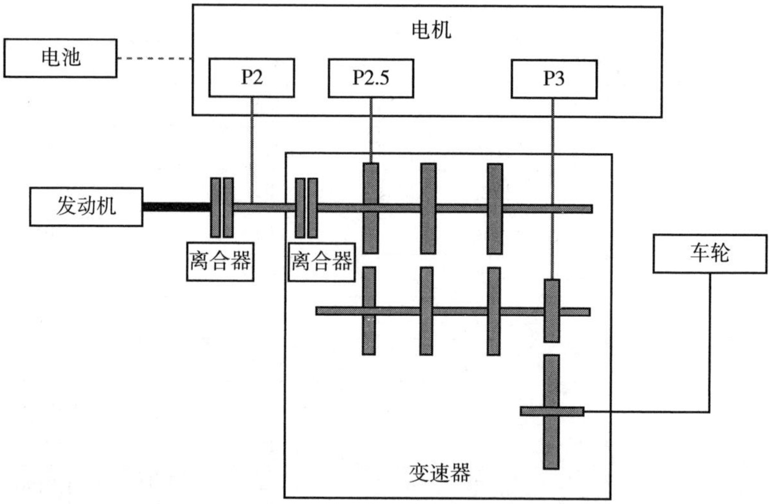

图 11 AHT 电机位置

任一挡位。P3 电机则通过齿轮或链条连接到中间轴且仅能使用该挡位进行驱动。从整车运行来看，这 3 种构型都可以实现纯电直驱、发动机直驱、并联驱动、行车发电、再生制动、联合制动等工况，P3 系统无法在停车怠速状态下发电，由于仅能使用一个速比，通常需要高性能电机。

1. P2结构

P2 结构有同轴和异轴之分，市场上应用的多为同轴 P2，同轴 P2 又分为独立 P2 模块和集成式 P2 模块，这里的集成和独立是指与变速器的关系。由于集成式结构更加紧凑，安装更加友好，现在 P2 以集成式为主。集成式横置 P2 混动变速器的典型代表是大众 DQ400E，在大众品牌和奥迪品牌中都有广泛应用。DQ400E 简言之即 P2 模块加湿式 6 速双离合，但它几乎将电机与发动机相连的 K0 离合器及 6DCT 的 K1/K2 离合器集成在了电机内部，做到了高度的集成化（见图 12）。

长安蓝鲸 iDD 混动系统中电驱变速器摒弃之前在现有 DCT 与发动机之间加入 P2 模块的路线，采用电机集成三离合的集成式 P2 架构。从结构上更加集成紧凑，且主要针对系统内耗（液压系统、电机电控系统）进行了深

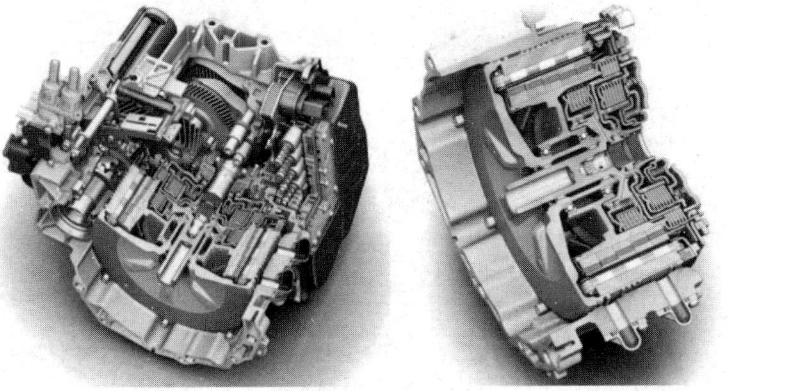

图 12　DQ400E 总成剖面图（左）P2 电机及三离合（右）

资料来源：奥迪集团。

度优化，较上一代产品系统效率有较大提升。

长城 9HDCT 亦是基于常规 9DCT 集成三离合 P2 结构，开发过程考虑了部件平台化通用化。变速器机械本体与现有 9DCT 充分通用化，通过挡位过桥及零部件优化充分做到了整个系统的小型化、轻量化；P2 电机与坦克平台 9HAT 完全地平台化，在降低开发成本同时也体现了节能减排理念。

采埃孚公司 8P80PH 是在原有 8HP 基础上，融合 P2 电机模块打造的 4 代后驱混动变速器。P2 电机代替了原来液力变矩器的位置，并加入了减震系统及集成启动系统 ILE。此混动变速器不但集成了电机和自动变速器，同时还集成了电力电子系统，集成度更高。此系统可相对原传统 8AT 减排 CO_2 约 15g/km。

2. P2.5结构

吉利 P2.5 混动变速器 7DCT390H 是在双离合变速器 7DCT330 基础上研发而来，P2.5 电机通过齿轮耦合其偶数挡输入轴，利用相对简单的结构实现了变速器电气化，其成本低且零件通用化程度高。虽此方案相对大众及采埃孚 P2 技术方案集成度较低，但不影响其节能效果（见图 13）。

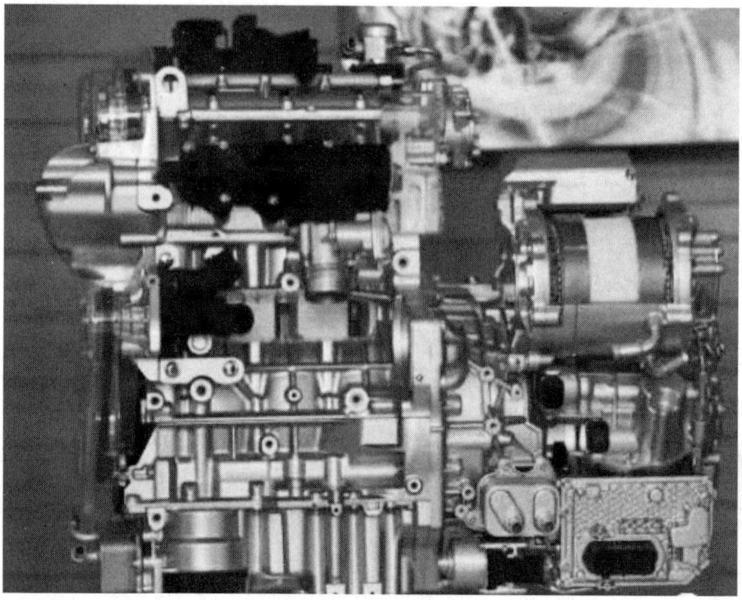

图 13　吉利混合动力总成

3. P3结构

比亚迪 DM-p 采用 P0 + P3（ + P4）的结构，其 P3 混动变速器基于 6DCT 研发，P3 电机耦合于变速器输出端，其工作方式更加接近于纯电动，虽结构和控制相对于 P2/P2.5 简单，但是其对电机性能要求高。由于没有启动发动机的功能，此系统需要配备发动机启动电机或 P0 电机（见图 14）。

图 14　比亚迪 DM-p

AHT 不论何种构型都有较好的应用，且各有优劣势，AHT 虽然可以直接在现有变速器上开发，但容易受空间限制，如 P2 用在后驱车上布置优势明显，P2.5/P3 则难以实现。从机械结构和功率流的角度看，P2 和 P2.5 助力、驱动车辆，即惯性能量回收时，相对于 P3 有更多挡位选择，因此电机容易处在高效率区间，对于电能使用和能量回收利用更加充分，节能效果会更好。但 P2 方案通常需要更大的离合器，对于想要通用离合器的方案不友好。P3 运行模式接近纯电，功率流传递较短且控制简单，在某些工况下比 P2 和 P2.5 节能效果好。单一的构型方式不是最优的选择，FEV、舍弗勒、博世在 CVT 基础上开发了模式切换模块，综合 P2/P3 两种模式的混动变速器方案，从 FEV 仿真来看其节油效果比 P2、P3 结构节油约 1.3%。此技术路线或成为 AHT 更加节能的可行之路，但原理与 DHT 更为接近（见图 15）。

（二）DHT 技术升级路径

日系在 DHT 开发和应用上优势明显。以丰田、本田、日产主导的功率分流、串并联、串联（增程式）涵盖所有主流构型的 DHT 在全球市场遍地开花，自此日系车企在全球混动舞台交替至今。丰田、本田等用 20 余年的时间证明了 DHT 的领先地位，在技术、成本、核心产业链等方面带动了整个行业进步。

1. 丰田 THS 技术进阶之路

距离丰田发布第一代混动系统产品 P110 至今 20 余年，丰田混动架构能够匹配 1.5L、2.0L、2.5L、3.5L 等多品种发动机，满足小型、中型、中大型、大型车的搭载要求。同时匹配 P4 电桥，在兼顾经济性的同时满足动力性搭载需求（见图 16）。

产品结构方面，THS 从采用电机同轴布置优化为平行轴式布置，整体上优化了变速器轴向安装尺寸，进一步满足更多车型发动机舱布置要求。并联的电机减速齿轮替代了行星齿轮，机械损失减少约 20%。此外第二代 THS 进一步对差速系统进行效率优化，深沟球轴承替换圆锥滚子轴承，采用

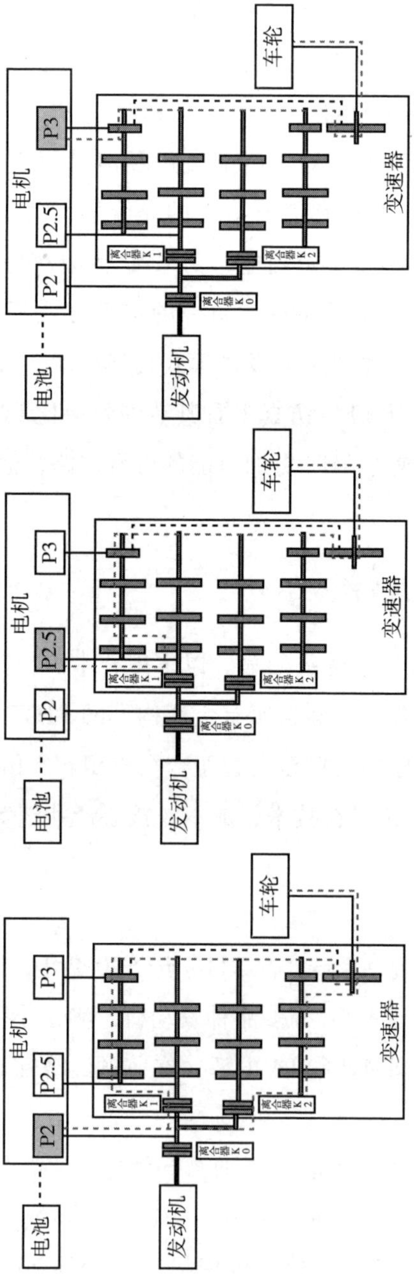

图15　P2/P2.5/P3 简化功率流（左/中/右）

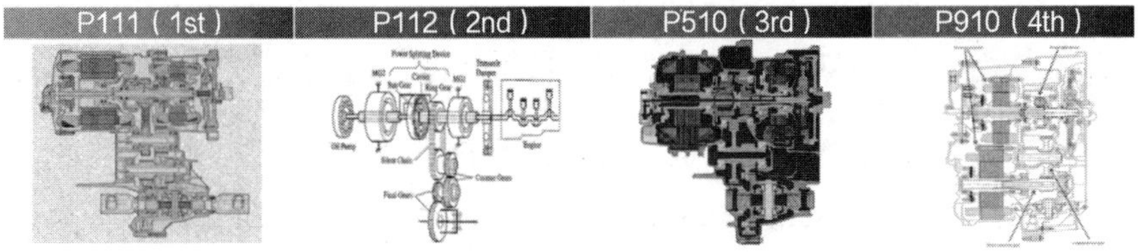

图 16　THS 变速器迭代结构

压装主减速齿轮，提升系统轻量化。

驱动电机方面，定子由圆线集成式绕组进化为扁线 H-pin，功率密度提升，降低端部高度；转速提升至 17000rpm，转速提升直接助力功率提升 30%。同时通过转子磁铁结构布置优化，提升磁阻转矩至 70%，磁铁减少 50%，电机功率密度进一步提升。此外，电机系统冷却采用油泵和导油的主动方式，转子采用芯部主动油冷技术，降低变速器工作油面，减小油量。

电控方面，额定电压从第二代普锐斯 500V，到第三代普锐斯 650V，第四代普锐斯 600V，PCU 采用新型半导体装置双面冷却 RC-IGBT，元件面积减少了 25%，电源驱动模块创新型封装。同时将 DCDC 模块集成至 PCU，整体上 PCU 进一步小型化，体积减小 33%。

总体上，THS 通过结构不断优化，电控系统功率密度持续提升，产品不断升级迭代。但其核心混动理念并没有改变，即通过驱动电机、发电机辅助动力输出，始终保持发动机在高效区域工作，实现系统低油耗。

2. 本田 iMMD 技术升级之路

1997 年，本田发布第一代混动系统——IMA，一种集成于发动机飞轮端的盘式电机系统（P1 构型），并迅速推广 INSIGHT、思域、雅阁等多种车型应用。IMA 由于其布置于飞轮端，受空间限制，选用小功率的盘式电机，其产生的驱动模式均以电机辅助和发动机驱动为主，同时由于无断开装置，发动机直驱模式下电机无法断开，导致发动机动力无法全输出，节油效果受到很大影响。2011 年，本田发布地球梦混动谱系，包含适用于小中大型车的 iDCD、iMMD、SH-AWD 系统。

2017 年，本田基于平台化理念，开发了适用于小型、紧凑型车型的

iMMD（1.5L）作为iDCD的替代混动系统，率先搭载飞度等车型，并引入国内搭载亨域、凌派等车型。同时对中大型车型的系统进一步优化。自此，本田第三代iMMD基本进化完成并投入商品化生产。

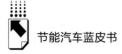

2020年，据报道本田第四代iMMD，新型iMMD采用机械两挡，采用两个离合器实现发动机两挡功能。

产品结构上，iMMD混动系统发展至今在整体结构构型上并没有太大变化改变，第2代/和第3代在第1代的基础上取消发电机断开离合器，实现降本；速比微变化，齿数更密提升NVH表现。最新一代在现有量产基础上增加一组多片离合器，实现发动机驱动2AT，较3代系统的尺寸及成本有所增加（见图17）。

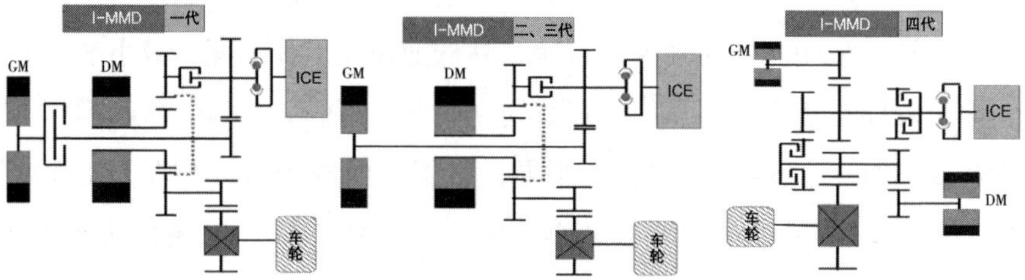

图17　iMMD（1－4代）结构

电机方面，将圆线进化为扁线发卡绕组，单层绕线进化为双层绕线，减小端部高度8%，扁线端部粉末喷涂技术加新型绝缘树脂，提升铜线截面积。采用12极72槽转子，提升电机转速，并通过结构优化，消除高速带来的应力，提升可靠性。整体上，围绕硅钢结构、铜线等提升电机功率1.4倍，磁阻转矩提升至82%，电机小型轻量化23%。

电控方面，采用新型功率器件RC-IGBT，集成IGBT和续流二极管；优化PN层的面积比，同时通过系统冷却调节实现温度控制，取消散热片小型化。采用新型T型磁耦合电感器，集成两个电感减少漏磁通，实现铁芯小型化；锡焊接变成银烧接，降低热阻，提升升压控制VCU稳定性。电压提升至700V，功率输出效率得到提升。PCU集成DCDC，重量减轻27%、体积缩小约23%，功率密度则提升了25%。整体上，围绕IGBT、VCU（升压装置）两个核心模块进行优化，实现PCU小型化。

整体上，iMMD产品迭代但核心工作模式并没有改变，即HEV主要是增程混动（中低速）、发动机直驱（高速）、能量回收（制动）和纯电模式。第四代在前三代基础上增加了发动机驱动挡位，扩大发动机直驱至中速（40~70km/h），收窄中高速时增程模式区间，进一步扩大发动机高效率运行区间，从而实现整体经济性提升。

（三）自主品牌混动发展之路

作为国内新能源领军企业，比亚迪于2008年发布F3DM——一种基于离合器的串并联混动系统（追溯比亚迪最早于2007年申请相关专利，代号CN101314325）。近年，比亚迪DMi、广汽GMC、上汽EDU1以及长城柠檬DHT均采用串并联混动构型。

过去十年，受国内节能减排和新能源政策的影响，各自主车企在混合动力系统架构上的技术路线可谓纷繁多样。2019年后，随着政府补贴退坡，双积分政策发布，终端用户市场需求渐渐地被挖掘出来。国内比亚迪、长城、广汽等车企于2020年相继发布DHT产品。

比亚迪于2008年推出双电机架构的首款混合动力车型F3DM。2016年，基于整车动力性、新能源产业链布局等因素考虑，比亚迪陆续推出基于AHT混动架构的DM第2代、DM第3代，其均是在依托6DCT而电动化的混动构型。2020年，有别于DM第3代的AHT架构，比亚迪推出双电机混动系统DMi，将全车系谱系搭载应用。

长城最早于2017年推出P04构型的魏派P8，由于节油效果有限，其P04混动系统并没有得到规模化应用。2019年以来，长城以DCT变速器为基础，开展深度集成的P2路线研究及应用，从48V轻混系统到P2+P4架构的深度电动化，其平台化的架构覆盖长城所有电动化车型搭载应用。面对更加严苛的五阶段油耗，长城顺势而为，2020年发布第三代柠檬混动系统。

奇瑞混动开发最早可追溯至2016年，双离合、行星排等多路线的混动

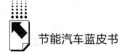

系统均有所涉及，2020 年，奇瑞发布双电机 DHT。DHT510 采用 P23 技术构型，三离合器和嵌套式双输入轴的 3DCT 技术，匹配油冷扁线双电机。奇瑞 P23 构型更像是 AHT 与 DHT 的有机结合体，具备更多的细分模式。P23 构型从原理上接近通用 Voltec，具备多模功率分流的工作特征，同时通过挡位调节及双电机动力输出，确保高动力性输出。

广汽 GMC1.0 搭载 GS3S PHEV 等车型于 2017 年上市。GMC 采用 P13 架构的串并联混动构型，发电机与驱动电机平行轴布置，发动机通过离合器介入轮端动力输出。整体具备纯电、增程、混动、直驱以及驻车发电、再生制动模式。广汽传祺采用丰田 THS 混动技术的 GS8 也于上海车展发布，同时基于更好节油效果的 GMC2.0 将于 2022 年投产。

吉利第一代混动系统 GHS1.0 以 7DCT 为基础，逐步形成 48V、HEV、PHEV 的混动架构。面向更加严苛的油耗排放要求，吉利顺势发布 GHS2.0 混动系统。GHS 核心包含更高热效率的专用发动机 DHE、专用变速器 DHT、高功率动力电池。其中 DHT 更是革新的一代产品，采用 P12 串并联构型，整体以双电机 +3 挡变速器为核心，其核心原理是通过发动机和两个电动机协同，实现两种纯电、多速比混联、发动机直驱等工作模式。此外基于平台化理念，其 P12 构型可演变形成 P13 串并联、P13 增程等多种构型，满足不同车型节能定位的匹配需求。

自主品牌在混动变速器领域持续加码，推动了国内混动技术乃至整个产业链发展，如表 3 所示。

表 3　自主品牌混动应用演进

车企	混动应用演进			当前策略
长安	P2 +7DCT P13(GKN) + P4	P2-DCT400h (深度集成)	P13-DHT	P2 P13
长城	P0 + P4	P13-DHT P2 +9DCT(+P4) P2 +9AT(RWD)		P2 P13
吉利	CHS(科力远)	P2.5 +7DCT	DHT(P12/P13)	P12/P13

续表

车企	混动应用演进			当前策略
上汽	P13-EDU1	EDU2(P2.5+AMT)		P2.5
广汽	GMC1.0(P13)	THS(丰田) GMC2.0		PS P13
比亚迪	DM Ⅱ:P3+P4	DM Ⅲ:P0+P3+P4	DMi-P13 DMp-P03+P4	→P13 →P03+P4
一汽	P2+DCT	P13-DHT P2+7DCT		P13 P2
奇瑞	P2+CVT	DHT510		P23
东风	P2.5+6DCT	HD120		P13

（四）混动技术发展趋势

DHT通过双电机调节发动机工况点，确保发动机工作于最佳效率曲线，最大限度提升发动机节能效果；AHT通过电机介入增强降低发动机功率需求，通过变速器调节确保动力性输出。DHT凭借其更好的节能效果更适合未来主流乘用车搭载需求。AHT高动力性更适合高端、中大型车型搭载。功率分流、串并联P13/P23、P2、P2.5等多种路线各自具备不同优劣势。

DHT通过构型进化深度挖掘节能潜力。单模功率分流向多模进化，但带来系统更加复杂性；串并联通过增加机械挡位，扩大发动机高效运行区间，但带来机械机构的复杂和可布置性差等。有效将串并联开断功能与功率分流核心行星排相结合，综合两者优势，必然将是DHT未来技术升级方向。

DHT、AHT分别对于不同车型不同场景占据各自优势，充分利用AHT即传统变速器技术，深度融入DHT的双电机系统，两者不断融合形成兼顾动力性、经济性的创新型DHT，通过平台化开发适应更多车型搭载，最大限度地实现规模化。

四 电驱动变速器

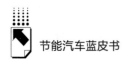

伴随国家新能源政策的支持以及各大新势力的涌入，中国新能源市场发展迅速，且纯电动汽车逐步成为中国新能源汽车市场的主流。由电机、电控、变速器组成的电驱动总成逐步成为各大车企、零部件企业战略布局重点。其中纯电动变速器由于电机低速恒扭、高速恒功率、转速范围宽等特性，逐步简化为减速机构，即减速器。

纯电动变速器按布置方式分类，可以分为平行轴式和同轴式两大类。按照挡位可划分为单挡、多挡，由于技术成熟度和成本，目前主流纯电动车主要应用单挡减速器，多挡主要应用在豪华车型。

随着电气化进程推进，电动化与智能互联不断融合，作为动力系统的电驱总成逐步走向集成化。作为电驱总成核心系统的变速机构更加注重紧凑型，同时为迎合电机电控技术发展趋势，纯电动变速器逐步走上多挡化。

（一）集成化

当前市场电驱动总成逐步走向机电融合集成化，三合一电驱动总成已成为行业主流，且逐步由简单的物理集成向深度集成融合发展，随着纯电动车的能耗竞争力要求提高，电驱动总成小型化、轻量化已成为必然趋势。

电驱动集成化带来传统减速器总成的消失，即减速机构成为零部件，与电机定转子、电控模块共用包络箱体，同时随着电机油冷、高速化等技术发展，机电融合技术、集成化技术成为评判电驱动总成市场竞争力的重要砝码。

电机油冷带来系统冷却技术应用。面向电驱总成小型化及电机性能要求，油冷电机应用已成为主流车企所需。油冷带来减速系统增加电子泵、主动冷却装置等冷却功能，同时由于齿轮润滑和电机冷却对油品要求兼容性、电磁干扰等因素，类似 DCT“干油箱”理念或许将应用于电驱动总成系统，减速机构齿轮润滑采用更低黏度的润滑油，电机冷却油品则独立封闭于一个系统。

电机高速化带来减速器机构密封、承载、NVH 技术提升。当前电机转速普遍已应用至 16000r/min，随着电机功率密度的性能要求，最高转速将突破 20000r/min。电机高速化带来系统密封性和扭矩承载的挑战，高速油封、高速轴承等零部件将作为核心技术突破。同时，高速化带来减速机构齿轮啮合的 NVH 问题，如何通过齿轮微观参数设计以提升高速化带来 NVH 将是电驱企业的重要课题。

减速机构断开功能的需求。电驱总成作为辅驱或对多挡位需求将迫使减速器增加断开、换挡功能，断开或换挡将通过同步器、离合器、狗齿设计或其他装置以实现功能需求，同时带来 TCU 控制模块的增加，TCU 控制算法由于电机电控特性带来更多的有别于传统变速器的技术挑战。

总体上，电驱总成将进一步推动电机、电控、减速器集成式设计，以实现深度机械集成。电机油冷、高速化将带来减速器的功能扩展，系统冷却、NVH 将是重要挑战。此外，驻车控制、换挡控制、冷却控制集成于电机控制器，形成深度控制集成的动力总成 PCU。

电驱总成深度集成化将带来纯电动变速器机械、电气、控制算法等技术提升。

（二）多挡化

随着纯电动汽车发展，其搭载车型可覆盖低端入门级微型车（如宏光 mini EV）到豪华中大型车，如保时捷 Tycan。单挡减速器无法兼顾电机在低速起步和高速行驶两大工况的高效运行，电机使用效率偏低，同时对电机转速区间要求较高，增加电机技术开发难度；动力性能方面，高速行驶加速乏力。这些劣势使单挡减速器无法满足中大型或豪华型车型搭载需求，纯电动变速器多挡化发展成为方向。

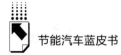

两挡变速器的优势：①提高电机功率，扩大扭矩范围，降低转速要求；②提升车辆爬坡能力和加速性能；③确保电机高效运行范围，降低整车电耗，从而降低电池容量需求，实现降本。性能对比如表 4 所示。

表 4　单挡、两挡整体性能比较

主要参数		EM1:65kW (i=9.5/N)	EM2:60kW (i=12.3/4.2/N)	EM3:65kW (i=12.3/4.2/N)
系统参数	电机有效叠厚(mm)	120	100	120
	电机最高转速(rpm)	12000	≤10000	≤10000
	电池容量(kWh)	13.2	12.2	13.2
性能参数	EV 最大爬坡度(%)	25	29	34
	50km/h 加速(s)	7.3	6.6	6
	续航里程(km)	50.1	50.1	53.3
	100km/h 加速(s)	7.8	7.7	7.7
	最高车速(km/h)	187	223	229
	综合油耗(L/100km)	2.33	2.33	2.23

注：内燃机动力总成：245Nm/110kW+6DCT。
资料来源：舍弗勒集团。

两挡变速器方案能够降低对电机的需求，降低电机开发难度，改善整车经济性，变速器多挡化应该是电动汽车传动系统未来的发展趋势。

纯电动变速器技术发展方向依然延续着传统常规自动变速器发展思路，按照类型可划分为同步器换挡 AMT 式、CVT 式、双离合 DCT 式、行星排 AT 式。

AMT 式：在原单挡基础上增加一组齿轮组及同步器，采用同步器+机电或电液机构实现换挡，其优势是结构简单，成本易控制，劣势在于换挡过程中需驱动电机调速，换挡时间较长，整车驾驶舒适性体验感不好（见图 18）。

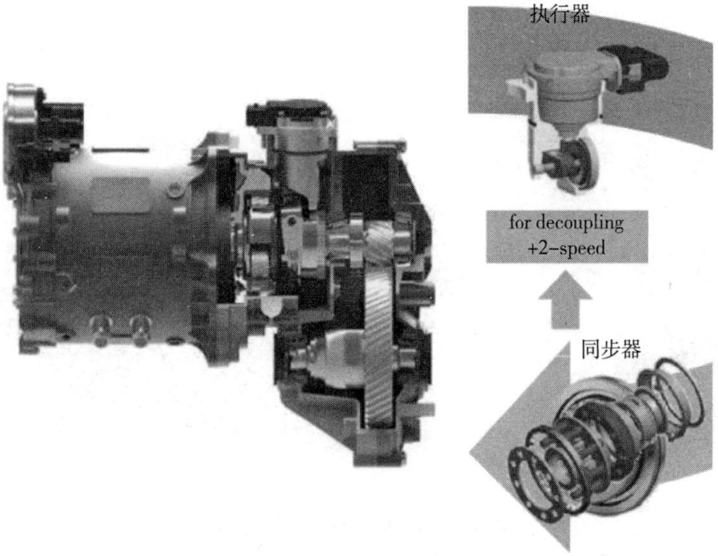

图 18　舍弗勒 AMT 式两挡电桥

CVT 式：通过 CVT 无级变速原理实现无动力中断动力传递（见图 19）。

图 19　博世 e-CVT 概念

DCT 式：通过离合器滑膜实现换挡，按照离合器集成度可划分为分离式和集成式。分离式是离合器布置在不同变速器轴上，通过离合器的分离与接合，实现动力传递；集成式则是通过双离合分别嵌套输入轴，控制 K1、

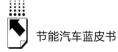

K2 结合与分离实现换挡。整体上，双离合始终保持有一个离合器处于接合，换挡平稳无动力中断，驾驶体验感较好（见图 20）。

图 20　ZF 离合器式两挡电桥

资料来源：AVL（李斯特公司）。

AT 式：通过行星齿轮组的自由维度配合离合器实现换挡。AT 式具备结构紧凑、换挡平顺等技术特征，整体集成度高，更利于整车布置，常见应用于电四驱后桥应用（见图 21）。

图 21　舍弗勒行星排式两挡电桥

总体上，基于电驱总成小型化、轻量化、高性能等技术要求，电驱变速器向集成化、多挡化技术方向演进发展，但其核心技术均来源于传统自动变速器。

参考文献

陈勇：《汽车自动变速器行业发展及展望》，《汽车工艺师》2016 年第 12 期。

谭国栋、草本大辅：《丰田 drect-shift8AT 液压控制系统》，SAE。

让・雅克 费尔德乐：《中国未来十年适用的一款可扩展模块化自动变速箱》，上海 CTI，2015。

Iwasawa 岩泽 卓弥，百井 淳，早川 和宏，楠田 正博：《Jatco CVT7 W/R 新变速系统的开发》，上海 CTI，2016。

杨宇：《VT5，带有液力变矩器的高效率 CVT 产品家族》，上海 CTI，2016。

盐琦和也：《面向 2.5L 级别车型的新型混合动力变速箱的开发》，北京 TMC，2018。

穆青：《国内外功率分流混动构型之原理解析》，2021 年 1 月 14 日。

MARKUS KUNZE/博世：《CVT 推进动力总成系统电气化》，上海 TMC，2019。

Jiro KUROKI，Hiroshi OTSUKA，“Development of Motor and PCU for a SPORT HYBIRD i-MMD System”，2013.

Martin Murray，“High-efficiency Electrification Technology”，2018.

政 策 篇

Policy Report

B.7
节能减排政策跟踪研究

付铁军　李　青*

摘　要：　本文首先分别从乘用车和商用车两个领域对汽车节能减排政策进行解读，主要解读《乘用车燃料消耗量限值》新规、《关于2020年度乘用车企业平均燃料消耗量和新能源汽车积分管理有关事项的通知》、《重型柴油车污染物排放限值及测量方法（中国第六阶段）》等标准和通知；其次以中国、欧盟、日本、美国为切入点，分析国内外碳中和政策发展现状；最后详细分析了日益严苛的政策法规对传统能源汽车与节能技术的挑战与机遇，并对节能汽车与节能技术在符合政策法规前提下的发展进行了预测和展望。

关键词：　节能减排　碳中和　政策法规

* 付铁军，吉林大学汽车学院副教授，硕士研究生导师，主要研究领域为节能与新能源汽车关键技术；李青，中国汽车工程研究院咨询师，主要研究领域为汽车产业规划。

一 节能减排政策解读

（一）乘用车领域

1.《乘用车燃料消耗量限值》新规解读

《乘用车燃料消耗量限值》强制性国家标准（GB 19578－2021）由工业和信息化部组织，全国汽车标准化技术委员会牵头，2015 年 10 月启动修订，联合国内外主要乘用车整车企业、零部件企业等 70 余家单位共同开展研究。2018 年 11 月起草完成，组织召开多次工作组会议和技术交流会，根据各阶段意见征集情况修改完善。2019 年 3 月，全国汽车标准化技术委员会汽车节能分技术委员会审查通过标准的修订，直至 2021 年 2 月由国家市场监督管理总局、国家标准化管理委员会批准发布，于 2021 年 7 月 1 日起正式实施。

《乘用车燃料消耗量限值》强制性国家标准（GB 19578－2021）与《乘用车燃料消耗量评价方法及指标》（GB 27999－2019）构成了第五阶段乘用车油耗标准，为双积分管理办法实施提供支撑。该标准的实施对提高节能汽车技术、车辆节能水平有促进作用，有利于淘汰高油耗车型，进而为汽车产业健康可持续发展提供保障，对完成我国双碳目标意义重大。

（1）该标准适用范围是为汽油或者柴油燃料、总质量≤3500kg 的 M1 类车辆，燃用气体燃料或醇醚类燃料的车辆不适用。

（2）该标准的修订面临工况转换和试验方法变化两大背景。一是试验工况的转变，2025 年前，传统能源乘用车、插电式混合动力电动乘用车的试验工况将由 NEDC 切换为 WLTC，工况的改变将影响车辆综合燃料消耗量（见图 1 和图 2）。二是 GB/T 19233－2020《轻型汽车燃料消耗量试验方法》加载方式的变化，由以往的惯性质量加载方式转变为连续加载方式。

我国试验工况从 NEDC 变化为 WLTC，标准各项指标基于 WLTC 工况制定，未来逐步向中国工况（CATC）过渡。目前国际上对汽车产品油耗表现或续航里程使用的测试标准主要包括三个，分别为美国的 EPA、欧洲的 NEDC、联合国的 WLTP。

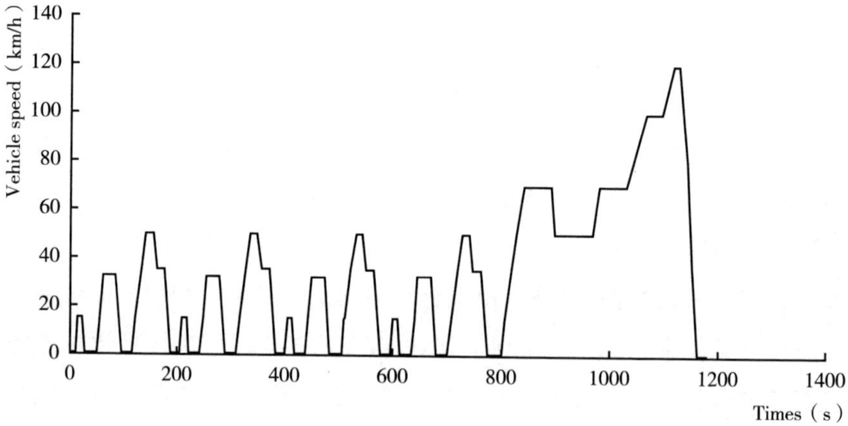

图 1　NEDC 工况曲线构成

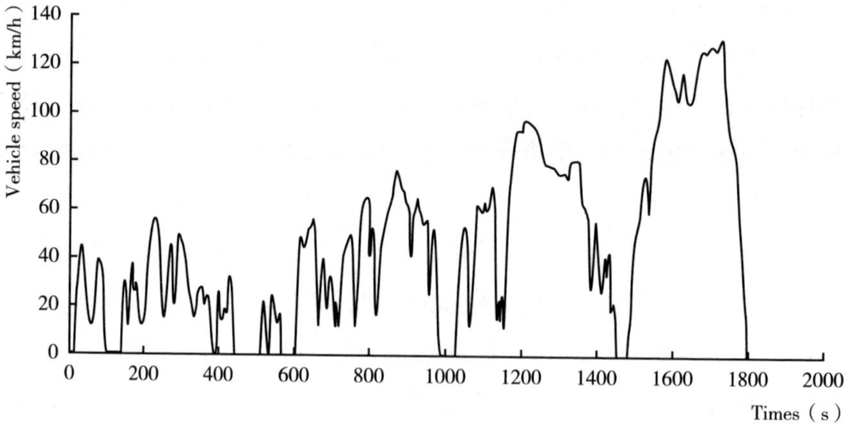

图 2　WLTC 工况曲线构成

NEDC 测试方法被广泛运用在欧洲、中国、澳大利亚等国家和地区。具体来看，NEDC 主要包含 4 个市区循环和 1 个郊区循环。相比于其他测试，NEDC 测试最大的优势就是测试时间短、里程少、方法简单，但由 NEDC 工况测试的油耗与实际道路油耗存在较大差距。

WLTP（World Light Vehicle Test Procedure），中文全称为“世界轻型车辆测试程序”，也可以简称为联合国标准，是一套全球统一的汽车油耗或电动汽车续航里程测试规程，由日本、美国、欧盟等共同制定。与NEDC不同，WTLP的测试方法分别为低速、中速、高速与超高速四个部分，对应持续时间依次为589s、433s、455s、323s，对应最高车速依次为56.5km/h、76.6km/h、97.4km/h、131.3km/h。值得一提的是，WTLP还将车辆的滚动阻力、挡位、车重等因素融入测试中。相比于NEDC，WLTP的测试结果更加接近于实际道路水平。

EPA（Environmental Protection Agency）是现阶段美国使用的续航里程测试方法。相比于上述的两种测试方法，EPA最贴近于用户实际的使用情况。具体到测试内容来看，EPA主要包括城市循环和两个补充循环（高温空调全负荷运转循环和高速、高加速度工作循环）。EPA最终结果将会由以上三个循环工况的实测结果通过不同比例计算得出，数据最接近于用户的使用水平。

结合NEDC、WLTP、EAP三种测试方法来看，《乘用车燃料消耗限值》强制性国家标准（GB 19578－2021）规程的实施将会更加合理。从消费者的角度出发，WLTC的应用将会帮助消费者更好地了解自己车辆实际续航里程。

NEDC标准与WLTC标准要求有所不同，WLTC的标准考核更严格，可以更真实地反映不同路况下车辆行驶状态。基于WLTC标准，燃油车的油耗和电动车的续航里程与实际情况更相近。

2019年我国发布了轻型汽车和重型商用车国标——《中国汽车行驶工况第1部分：轻型汽车》（GB/T 36146.1－2019）和《中国汽车行驶工况第2部分：重型商用车辆》（GB/T 36146.2－2019），从此我国的汽车行驶工况体系初步形成，全国标准行驶循环工况建立，我国汽车测试标准也开始走向独立自主。我国计划从重型商用车、纯电动汽车、燃料电池汽车领域开始使用中国工况CATC，在2025年之前，轻型汽车中的汽柴油车、混合动力汽车、替代燃料汽车使用 WLTC 工况，2025 年之后，CATC 工况标准将用于所有车型（见表 1）。

表 1　中国工况标准导入计划

类型	2025 年之前		2025 年之后
	轻型汽车（GVW≤3.5t）	重型汽车（GVW＞3.5t）	所有车型
汽柴油车	WLTC	CATC	CATC
混合动力车	WLTC	CATC	CATC
替代燃料汽车	WLTC	CATC	CATC
纯电动汽车	CATC	CATC	CATC
燃料电池汽车	CATC	CATC	CATC

CATC 工况标准暂未导入前，汽车检测基准标准继续采用 WLTC 工况标准。CATC 工况标准作为参考同时推进，再依据各项评价方法及指标的制定、发布与实施，由 WLTC 工况标准向 CATC 工况转变。

（3）该标准的修订目标为：一是基于政府主管部门对汽车节能的管理要求，减少汽车污染物排放，促进汽车产业健康可持续发展；二是国家油耗标准的变化不仅需要考虑汽车技术水平的提升情况，也要考虑相关标准的更新，确保汽车产业在工况切换等情况下可以平稳地过渡。

（4）标准规定要求：一是车辆燃料消耗量限值要求：变速器为手动挡且座椅少于三排的车辆、其他车辆；与限值对应 CO_2 排放量的参考值。二是生产一致性要求：汽油、柴油、两用燃料及双燃料车辆的燃料消耗量应满足 GB/T 19233 有关生产一致性的要求。除此以外的车辆生产一致性检查应按照 GB/T 19233 规定的统计方法和合格数判定规则进行。三是更改和认证扩展的要求：所做的更改不会影响更改车型的燃料消耗量，该车型的认证依然适用于更改车型。

（5）评价体系调整：由基于整备质量分组的阶梯式评价体系转变为基于整备质量的直线式评价体系（见表 2）。

表 2　车型燃料消耗量限值

车型	整车整备质量(CM/kg)		
	CM≤750	750 < CM < 2510	CM > 2510
具有三排以下座椅且装有手动挡变速器的车辆	$FC_L=5.82$	$FC_L=0.0041\times(CM-1415)+8.55$	$FC_L=13.04$
其他车辆	$FC_L=6.27$	$FC_L=0.0042\times(CM-1415)+9.06$	$FC_L=13.66$

注：FC_L，车型燃料消耗量限值，单位为 L/100km。

2.《关于2020年度乘用车企业平均燃料消耗量和新能源汽车积分管理有关事项的通知》中有关节能车的相关政策

工信部等部门在立足于国内汽车产业发展实际情况的同时参考国外相关经验，于 2017 年 9 月发布《乘用车企业平均燃料消耗量与新能源汽车积分并行管理办法》（简称《积分办法》）。《积分办法》是通过建立积分交易机制，形成对节能与新能源汽车产业协调发展有利的市场化机制。《积分办法》实施后，建立了相应的管理平台，并组织积分交易 2 次，加大技术研发投入、加快车型投放成为车企的发展大趋势，车辆性能质量逐渐提升，汽车产业市场主体活力充分激发，线上与线下沟通交易同步进行，加深了车企之间的交流与合作，提高了资源分配效率，推动了节能与新能源汽车技术创新和生产推广，基本达到了预期目标。当前，国内外正处于新一轮科技革命和产业变革繁荣发展的时候，汽车、能源、交通、智能、互联等融合发展，我国汽车产业发展面临的内外部环境正在发生深刻变化。《积分办法》实施过程中，主要出现了以下几个方面的问题，一是技术标准亟须更新，二是节能技术投入不够，三是积分交易市场供给和需求不均衡。为更好地促进汽车产业高质量、健康持续发展，2019 年对《积分办法》开始了修订工作。

各部门基于《积分办法》实施经验，委托研究机构进行了《积分办法》修改需求专题研究，并对企业进行调研，形成修改草稿。先后两次公开广泛征求意见，并研究新冠肺炎疫情对《积分办法》实施的影响，增加相应条款，为可能的政策调整留下接口。工业和信息化部与相关部门一同汇总反馈意见，完善《积分办法》修改稿。

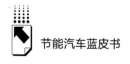

通知中针对2020年的乘用车企业在新能源汽车积分和平均燃油消耗量方面进行核算以及抵偿的调整措施如下。

（1）针对引导传统乘用车节能的措施进行了完善。目的是引导企业在节能技术的研究与发展上加大投入，而根据油耗积分核算标准——GB 27999《乘用车燃料消耗量评价方法及指标》中“对采用一种或多种循环外技术/装置（怠速起停、制动能量回收等）的车辆，其车型燃料消耗量可相应减去一定额度”的规定，在将包括技术的成熟程度以及节油水平等要素考虑在内，针对配有怠速起停、换挡操作提示、再生制动等循环外技术的车型给予百公里油耗减免优惠，其减免幅度值分别为0.15L、0.1L和0.15L（12V为0.05L）。

（2）针对新能源汽车积分时的灵活性措施进行了完善。为了控制积分供需失衡所带来的风险，同时保障积分价格，《关于修改〈乘用车平均燃料消耗量与新能源汽车积分并行管理办法〉的决定》（简称《决定》）设定了车企在新能源汽车的正积分进行转结以及使用传统能源的乘用车所具备的节能水平之间的机制协同，《决定》中针对乘用车企业通过2021年新产出的新能源汽车所形成的正向积分来对前一年度即2020年所形成的新能源的负积分进行相应的扣抵发布规定。

（3）提升了相关联企业在认定时所应具备条件的丰富性。具体而言，针对同属于某一外方母公司之下的合资企业之间，以及国内车企及其设址于境外的进口供应企业之间可针对平均燃料消耗量的积分进行转让，并将使用醇醚作为燃料的乘用车纳入核算的范围，针对某些具备特定节能优势车型在核算时给予优惠。

（4）将新冠肺炎疫情对于汽车产业的影响纳入考虑之中。根据中央针对湖北省经济发展的政策，综合考量湖北省企业在进行恢复工厂生产时的困难与实际情况，针对注册地址位于湖北省之内的乘用车生产企业在2020年形成新能源汽车的负积分与平均燃料消耗量的负积分进行20%的减免。

《积分办法》在具体的实施过程之中，之所以出现积分供大于求、积分的市场价格走低以及对于新能源汽车产业发展的引导力度不足的情况，其原因较为复杂：首先是由于在2018年之前市场上未出现有关于新能源汽车在积分比例方面的考核要求，因此企业在生产过程中制造的所有新能源汽车都形成了正积分，这也就导致正向积分的累计供给超出预估；其次是汽车行业内部的技术更新迭代速度快，因此相应车型的续航里程持续上升，对应的车型在积分政策中的分值也就上升，这也在更深的程度上提升了新能源汽车的正积分供给；最后是市场中部分企业着眼于包括技术与商业层面的合作有着以较低的价格进行交易的情况。而本次的《积分办法》则针对这一现象进行了全面谋划，在办法公开颁布与实行之后，由于新能源汽车的积分比例将强制性地纳入考核之中，针对油耗的具体要求也进一步严格化，此举必将优化积分市场上存在的供大于求的问题，而市场上的交易价格亦会展露出其市场价值，从而对节能以及新能源汽车的发展起到激发作用。针对于此，市场中的多部分企业已预料到《积分办法》在促进节能以及新能源汽车产业发展中的市场调节功能将得以明显提升。实施以上政策措施，有利于保障积分市场平稳有序运行，推动《新能源汽车产业发展规划（2021～2035年）》深入实施。工业和信息化部将加强《积分办法》实施情况评估，持续完善政策措施，做好碳达峰、碳中和相关工作，为实现我国汽车产业健康、可持续发展提供有力支撑。

3. “双积分”政策实施效果评价

“双积分”政策的实施，有两大核心目标：一是促进节能技术的发展，降低油耗，实现节能目标；二是推动新能源汽车产业健康快速发展，实现国家在新能源汽车层面所提出的发展目标。受益于“双积分”政策的提出和实施，新能源汽车产业实现高速发展。但传统能源乘用车的平均油耗的降幅较小，且随着新能源汽车产量的增大和优惠核算制度，“双积分”政策在一定程度上减低了对传统能源车的节能要求。

根据“2020年度中国乘用车企业平均燃料消耗量与新能源汽车积分情况”的公告，传统能源汽车的油耗达标压力较大。从发布的企业平均油耗水平来看，2020年传统燃油车油耗压力较大，油耗积分继续下降。从

2017 年的 1069 万分下降到 2018 年的 698 万分，下降近 400 万分，油耗积分 2019 年下降到 129 万分，下降约 570 万分，2020 年出现全行业 735 万分的负积分。

受新能源汽车核算优惠影响，2015 年后乘用车平均油耗存在一定失真，传统能源乘用车降幅有限。如表 3 所示，2019 年乘用车平均油耗较 2015 年降低 17.3%，而传统能源乘用车平均油耗较 2015 年的降幅仅为 8.2%。

表 3　乘用车与传统能源乘用车平均油耗对比

年份	乘用车平均油耗	传统能源乘用车平均油耗
2014	7.13	7.22
2015	6.72	7.04
2016	6.43	6.87
2017	6.05	6.77
2018	5.52	6.64
2019	5.56	6.46

“双积分”政策实施过程中要把握汽车产业新发展阶段特征，贯彻新发展理念，不断推进政策完善，加快推动构建汽车产业发展的新格局。《积分办法》的后续实施要重点做好三方面工作：一是营造良好环境，确保政策平稳运行；二是做好政策跟踪评估，并充分考量传统能源乘用车油耗现状，重视并引导传统能源汽车的节能升级，不断完善积分管理对节能汽车的推动作用；三是贯彻落实碳达峰、碳中和要求，开展与碳交易市场衔接机制研究。

4. 部分城市节能车指标优待

广州市在 2021 年额外增加 3 万个增量指标，全部用于个人节能车指标摇号。广州市交通运输局发布关于增加 2021 年度中小客车增量指标配置额度的通告：2021 年额外增加 3 万个中小客车节能车增量指标配置额度。额外增加的指标自 2021 年 4 月起按月平均分配，全部用于个人节能车指标摇号，具体由市指标管理机构纳入每月增量指标配置计划，按月组织实施。

天津市发布《天津市小客车总量调控管理办法》，其中规定每年的增量指标基数为 10 万个，通过摇号来进行分配的节能车所具有的增量指标的数目为 1 万个、普通车所具备的增量指标数目为 5 万个，通过竞价来进行分配的普通车所具备的增量指标数目为 4 万个。其中，单位所具备的增量指标在总体配置额度中的占比为 12%，而个人所具备的增量指标在总体配置额度中的占比为 88%。该办法自 2020 年 1 月 1 日起施行，有效期 10 年。

5. 路线图2. 0提出节能汽车与新能源汽车并行发展

2020 年 10 月 27 日，由工业和信息化部指导，中国汽车工程学会组织全行业千余名专家历时一年半修订编制的《节能与新能源汽车技术路线图 2. 0》在上海发布。政策中有关传统能源汽车有以下几个亮点。

（1）国内新能源汽车市场发展路径新变化。在 2. 0 版路线图中，不仅不建议制定“禁燃”时间表，同时对新能源汽车销量占比目标进行了调整，即 2025 年、2030 年和 2035 年依次达到 20%、40% 和 50%。并提出未来 15 年新能源汽车与节能汽车并举发展，2035 年实现节能汽车与新能源汽车各占一半的目标。

事实上，在近年来以纯电动为导向的新能源发展总路线已经全面固定的背景下，2. 0 版路线图反映出汽车产业发展的调整，虽然以纯电动为主导的战略导向没有动摇，但 2. 0 版路线图中对节能车权重的增加，以及技术多元化发展概念的提出，是对现有技术路径的一次及时修正。

（2）突出混合动力技术路线。具体到节能汽车发展方面，对比传统汽车提高内燃机效率的方式，节能效果更加突出的混合动力技术路线被进一步重视。

（3）重视传统汽车的转型，传统能源车与新能源车并行发展。在原油对外依存度保持高位的背景下，我国的交通能源只有多元化才更加安全，节能汽车与新能源汽车在一定时期内是要共存的，内燃机技术依然有极强的生命力。

（二）商用车领域

为了贯彻并落实中央发布的关于环境保护和大气污染防治的《中华人民共和国环境保护法》以及《中华人民共和国大气污染防治法》，防护并治理搭配使用压燃式与点燃式的以气体燃料为能量来源的发动机在排放尾气过程中对于环境的危害与污染，并针对空气质量进行改善，生态环境部在官网上发布了《重型柴油车污染物排放限值及测量方法（中国第六阶段）》（GB 17691 -2018）。公告中针对不同车型，将国六标准的实施年限分为 3 个阶段进行。

第一阶段：2019 年 7 月 1 日起，所有生产、进口、销售和登记注册的燃气汽车将全部实施国六排放标准。

第二阶段：2020 年 7 月 1 日起，所有生产、进口、销售和登记注册的城市车辆应符合国六排放标准。

第三阶段：2021 年 7 月 1 日起，所有生产、进口、销售和登记注册的重型柴油车应符合国六排放标准。

为了重型柴油货车实施国六排放标准，国五货车被禁，国三车淘汰，国四货车全天限行。目前已有多个省份、城市提出将提前对重型柴油车辆实施国六排放标准的政策。

（1）国三车淘汰加速。2019 年以来，全国多地开展国三柴油货车淘汰治理行动。随着 2021 年 7 月 1 日全国范围内重型柴油车将实施国六排放标准，国三柴油货车的淘汰迫在眉睫。目前，山东、河南洛阳等地计划 2021 年底前淘汰全部国三柴油货车。随着排放升级的进程加快，国三柴油车的淘汰也在全国范围内全面铺开。老旧车辆的淘汰更新对国六标准下商用车需求的释放，带来绝对的增量拉动。

重点地区提出了国三车型淘汰的具体目标。在 2018 年的 6 月，国务院针对国三车型淘汰提出并印发了《打赢蓝天保卫战三年行动计划》，计划指出，最迟到 2020 年底，京津冀和周边地区以及汾渭平原需要将在国三排放标准之下的营运性质的中型以及重型柴油货车进行淘汰，所涉及车辆达 100 万辆以上，首次提出了国三商用车淘汰的具体目标，此后河南、河北等地也相继出台了国三商用车淘汰数量的指引性政策。根据第一商用车网数据，截至 2019 年底，重点区域国三及以下排放标准中重型柴油货车实际完成淘汰量 56 万辆，距离 2020 年底前 100 万辆的目标仍有较大差距，2020 年国三车型淘汰对中重卡销量仍是重要支撑。

（2）国四商用车限行区域扩大。2021 年是国三货车淘汰的最后一年，但在国三货车淘汰的过程中，国四货车开始逐渐“行为受限”，如河北、河南郑州、山东日照等地禁行区域扩大。河北省的《河北省深入实施大气污染综合治理十条措施》中明确提出河北将全面实施机动车国六排放标准，鼓励淘汰国四排放标准营运柴油货车，推进老旧非道路移动机械淘汰更新。

（3）国六标准实施。国家发改委发布《关于稳定和扩大汽车消费若干措施的通知》，调整了轻型汽车（总质量在 3.5 吨以下）在最新的国六排放标准之下的排放颗粒物数量最高允许值在生产过渡期的最后截止时间，即由 2020 年的 7 月 1 日推后至 2021 年的 1 月 1 日。如今进入 2021 年，意味着轻型汽车全面进入国六时代，不再允许国五排放标准轻型汽车进行销售和注册登记。另外，根据生态环境部与国家市场监督管理总局早前联合下发的《重型柴油车污染物排放限值及测量方法（中国第六阶段）》，2021 年 7 月 1 日起将在全国范围内实施重型柴油车国六排放标准。紧跟国家要求，河北、天津等地已经发布重型汽车国六标准实施文件，未来国内其他地区也将陆续跟进，货车将全面进入国六时代。

二　国内外碳中和政策

全球气候变化和自然环境的恶化，是人类面临的共同问题，涉及全球所有国家，并且气候问题正在变得日益严峻。2016 年签署的《巴黎协定》提出“将 21 世纪全球平均气温上升幅度控制在 2℃以内，并争取将全球气温上升控制在前工业化时期水平之上 1.5℃以内”的目标，为 2020 年后全球气候治理给出了较为明晰的制度安排，标志着全球气候治理进入了新阶段。

随着温室效应、极端天气不断加剧，人们的生活环境变得越来越糟糕，现在社会愈发要求低碳化、低消耗发展了，汽车界也是碳排放的一大主力军，尽管政策不断调整为实现节能减排上一道枷锁，但严格控制碳排放的任务仍迫在眉睫。

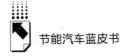

碳达峰指的是碳排放进入平台期后，进入平稳下降阶段。简单地说，也就是让 CO_2 排放量“收支相抵”。“碳中和”，是指自身温室气体的零排放。以目前人类科技水平，生产生活中无论如何都会产生例如 CO_2 等温室气体的碳排放。现在说的“零排放”，并不是指不排放，而是通过使用可再生能源、可回收材料、提高能源效率，以及植树造林、碳捕捉等方式，将自身碳排放“吸收”，实现正负抵消，达到相对“零排放”。

目前已有大量国家做出碳中和承诺。截至 2020 年 10 月，碳中和承诺国达到 127 个，这些国家的温室气体排放总量已占到全球排放的 50%，经济总量在全球的占比超过 40%。

（一）美国

目前美国温室气体排放量占全球的 11.84%。1962 ~ 1969 年，美国 CO_2 排放量迅速增长，超过 40 亿吨；1970 ~ 1988 年，CO_2 排放量增速放缓；1989 ~ 2006 年排放量快速增加，1993 年达到 50 亿吨；2007 年达到 57.9 亿吨的峰值，此后美国 CO_2 排放量逐渐减少，平均每年下降 1.3%。根据当前进展，相较 2005 年，美国 2019 年碳气体减排率达 14%，2020 年可能难以达到《总统气候行动计划》中 17% 的减排规划（数据尚未披露）。预计拜登上任后，迈向碳中和的步伐将明显加速。

美国历任政府对待碳排放政策态度几经变化反复。1963 年联邦政府签署的《清洁空气法案》是美国温室气体排放控制法案的蓝本，2001 年布什政府宣布退出《京都议定书》，2015 年 3 月奥巴马政府要求在 2025 年之前削减 40% 的温室气体排放，特朗普在任期间宣布退出《巴黎协定》，2021 年 4 月新任美国总统拜登宣布到 2030 年将美国的温室气体排放量较 2005 年减少 50%，到 2050 年实现碳中和目标。拜登上任后以行政命令形式明确 2050 年的碳中和目标，并计划未来 4 年增加 2 万亿美元绿色投资（尚未立法）。美国州政府层面有着比联邦层面更为完善的碳中和约束，典型案例如加州政府。加州早在 2006 年便通过州层面的《全球变暖解决方案法》明确2050年的减排目标，2018年以行政命令明确2045年实现碳中和。

（二）欧盟

欧洲是全球碳中和行动起步最早、法律体系最完善的大型经济体。早在2007年起便逐步更新战略计划，持续落实低碳计划。欧盟最早在2007年就提出《气候和能源一揽子计划》，明确在2020年实现“20－20－20”目标，2014年欧盟再次提出《2030气候与能源政策框架》，明确在2030年实现以下目标：一是将温室气体排放在1990年的基础上削减40%；二是可再生能源在整体能源结构中的占比达到32%；三是能源效率至少提高32.5%。2018年欧盟进一步提出《2050长期战略》，明确在2050年将欧洲建设成为零碳排放的经济体，这也是欧洲首次以战略形式明确碳中和愿景。2019年欧盟发布《欧洲绿色协议》，提出三大重要愿景：一是尽快拟定发布《欧洲气候法》，旨在将欧盟到2050年实现碳中和这一目标正式写入欧盟法律；二是拟定《欧洲气候公约》，旨在吸引公民和社会各界都关注并参与气候行动；三是更新2030年气候目标规划，将此前2030年在1990年基础上减排40%的目标提升至55%。为了实现这一目标，欧盟预计未来每年需增加2600亿欧元的投资。在体系性的法规约束下，欧盟的减排速度也较为突出，截至2018年，欧盟27国（另加英国）的碳排放量已较1990年减少25.2%，提前完成《气候和能源一揽子计划》中对2020年的阶段性减排目标。

（三）日本

2020年10月日本政府宣布将于2050年实现碳中和。日本是世界上第五大碳排放国，日本此前的目标是到2050年将排放量减少80%，向英国和欧盟看齐。2021年4月22日，在领导人气候峰会上，日本首相菅义伟表示日本将在2030年前将温室气体排放量较2013财年的水平降低46%，远高于之前26%的目标，并在2050年之前实现碳中和的目标。

（四）中国

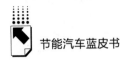

汽车行业已成为我国温室气体排放最重要、增长最快的领域之一，汽车行业碳排放总量的有效控制，对我国全面实现“3060 目标”至关重要。据《中国汽车低碳行动计划 2020》，2010～2019 年，我国乘用车单车平均全生命周期的碳排放量（中国乘用车单车生命周期单位行驶里程碳排放的平均值）逐年递减，由 2010 年的 243.6gCO_2（CO_2当量）/km 减少至 2019 年的 212.2gCO_2/km。但 2019 年量产乘用车生命周期碳排放总量依然很大，为 6.2 亿吨 CO_2。具体到各燃料类型的乘用车，汽油车排放 5.8 亿吨 CO_2，占比 94.7%。不同级别乘用车也存在明显差异，其中 A 级车排放 3.7 亿吨 CO_2，占比为 60.8%。

2020 年 9 月 22 日，我国政府在第七十五届联合国大会上提出“3060”的气候目标，即在 2030 年实现碳达峰，2060 年实现碳中和。2021 年 3 月 5 日，国务院政府工作报告指出，扎实做好碳达峰、碳中和各项工作，制定 2030 年前碳排放达峰行动方案，优化产业结构和能源结构。

三　对汽车产业的影响

（一）传统能源汽车节能转型

能源问题是全球汽车产业面临的挑战，汽车节能已经成为全球汽车行业的发展趋势。我国是油气进口第一大国，根据中国石油和化学工业联合会数据，2020 年我国进口原油 5.4 亿吨，同比增长 7.3%；国内原油产量 1.95 亿吨，同比增长 1.6%；对石油外依存度攀升到 73%，创造历史新高。然而国内新增探明油气地质储量降至近 10 年来最低点，保障能源安全成为当务之急。与发达国家相比，我国汽车千人保有量不高，汽车保有量将继续处于增长态势，考虑到复杂多变的国际环境，传统能源汽车节能低碳转型升级势在必行。

技术变革为传统能源汽车发展带来了新的可能。信息技术的快速发展为传统能源汽车的节能带来了全新概念，智能网联汽车有望通过云端和场景预知来实现降低油耗、降低排放的目的。如今包括精准定位、3D 地图在内的智能网联技术有了较好的发展基础，利用智能网联来探索节能减排已成为新的市场蓝海。混动技术领域，国内主流汽车制造商逐渐转向重度混动技术，纷纷推出自研混动系统，例如长城柠檬 DHT 混动系统、比亚迪 DM-i 超级混动系统、广汽钜浪动力混动系统、奇瑞鲲鹏 DHT 混动系统等。相对而言，48V 轻混系统因技术布局难度较低及效益比可观被吉利等部分品牌引入，但油耗法规的加严使 48V 轻混系统降低油耗的局限性显现，所以国内车企在导入该技术的同时，还需加紧研发重度混动 HEV、插电式混合动力 PHEV、高效发动机等先进技术，以满足长远发展需求。

（二）传统能源汽车低碳转型

“十四五”规划中提出“美丽中国”的目标。《国民经济和社会发展第十四个五年规划和 2035 年远景目标纲要》提出，推动绿色发展，促进人与自然和谐共生。到 2025 年，生态文明建设实现新进步，生态环境持续改善。到 2035 年，生态环境根本好转，美丽中国建设目标基本实现。推动“十四五”期间“美丽中国”建设的战略举措包括：继续推进化石能源消费总量控制，引导各地加快发展清洁可再生能源，从源头降低污染物排放，降低温室气体排放。据公安部数据，截止到 2020 年底，全国汽车保有量为 2. 81 亿辆，居世界第一位，但汽车千人保有量是 173 辆，排第 17 位，汽车市场仍具有增长空间。我国汽车产业向清洁低碳化转型升级。氢能源、太阳能、合成燃料等清洁能源的应用，对于汽车能耗以及相关有害排放物的降低有着显著作用，同时也降低了汽车在使用中对于环境的破坏，这也是汽车产业贯彻可持续发展的策略之一。

当前，我国生态环境质量仍需改善，汽车工业的减排是必然。2020 年全国 337 个地级及以上城市平均优良天数比例为 87. 0%，平均超标天数的比例为 13%，以 $PM_{2.5}$、O_3、PM_{10}、NO_2为首要污染物的超标天数依次占总超标天数的 51. 0%、37. 1%、11. 7%、0. 5%。具体到汽车产业，2019 年全国机动车氮氧化物（NOx）、颗粒物（PM）排放量分别为 635.6 万吨、7.4 万吨。汽车是污染物排放总量的主要贡献者，其排放的 NOx 和 PM 超过 90%。另外，气候变化使减少温室气体排放成为全球关注的焦点，作为碳排放第一大国，我国在《巴黎协定》上做出了庄严承诺。从全行业来看，交通是仅次于电力和工业的碳排放大头，汽车工业绿色低碳发展是大势所趋。

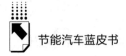

（三）传统能源车与新能源车协同发展

我国汽车的能源转型需要新能源与传统能源协同发展。现阶段新能源汽车的快速发展不可否认，但在不同使用场景下，传统燃油车与新能源车各有优势，短期内并非等效替代。传统汽油发动机的热效率目前在 40% 左右，但在混合动力、低摩擦等技术加持下仍有提升空间。比亚迪混动 DMi 的骁云 1.5L 发动机，官方称热效率达 43.04%，采用了 15.5 的压缩比、米勒/阿特金森循环、取消轮系、高湍流、冷却 EGR、变排量机油泵等技术，保证车辆在馈电下的油耗优越性。另外，目前传统车企的产业链较为完善，制造成本中车身、发动机等核心零部件的技术含量高，是企业的核心利润来源。新能源汽车作为新生事物，三电系统中的电池大部分采用外购的方式，利润被上游电池企业分流，整车企业的利润压力较大。综上所述，现阶段整车企业仍不能放松传统燃油车的产品技术提升，促进传统能源汽车与新能源汽车的协同发展。

四　展望

在节能与新能源汽车技术的发展过程中，多种动力形式并非简单的竞争关系，而是互为补充的竞合关系，唯有优化组合才是最佳的汽车发展战略，以期满足日益严苛的法规标准和日益升级的出行需求。在多种动力形式中，作为各种机电耦合系统中不可或缺的组成部分，内燃机仍具有继续发挥重要作用的空间和进一步完善的潜力。为此，在大力推动新能源汽车快速发展的同时，无论是国家还是产业，都必须高度重视车用内燃机的优化升级：一方面，一定要把内燃机的产业基础、特色优势和技术潜力用足，并且结合不同动力形式的特点，科学制定近中远期的技术路线；另一方面，应针对内燃机技术方向的转变，做好前瞻布局，提供基础支撑，持续加大投入，充分挖掘内燃机的最大潜能。此外，还应采取切实措施防止内燃机人才流失和断层，避免产业出现后继无人、发展乏力的被动局面。唯有如此，才能有效支撑汽车产业的可持续发展。

参考文献

Delucchi, M., Wang, Q., Sperling, D., "Electric vehicles: performance, life-cycle costs, emissions, and recharging requirements", *Transportation Research Part A* 23 (3), 1989: 255 - 278.

Hughes, L., Lipscy, P. Y., "The politics of energy", *Annu. Rev. Political Sci.* 16, 2013: 449 - 469.

荣雪东、宋月伟、冯双生：《国内外汽车油耗法规分析》，《汽车工程师》2015 年第 6 期。

李殷：《美国新能源汽车产业竞争力分析》，吉林大学硕士学位论文，2018。

傅晓华：《易果平走出节能减排指标设计的误区》，《科技管理研究》2012 年第 20 期。

傅晓华：《节能减排指标设计的哲学内涵》，《湖南社会科学》2012 年第 4 期。

胡立彪：《双积分政策调整体现初衷》，《中国质量报》2019 年 9 月 18 日。

测试篇

Experiment Report

B.8
乘用车节能效果测试评估

王凤 唐国强*

摘 要： 《节能与新能源汽车技术路线图2.0》提出的汽车产业发展目标：混动汽车在乘用车新车中的销售占比持续增长，到2035年，传统能源汽车实现全面混动化。鉴于此，针对国内汽车市场中的主流混动系统，我们将持续地开展节能效果跟踪研究。本报告选取一组插电式混合动力车型（不同构型）和一组48V轻混车型（48V轻混车及燃油车）开展实际道路油耗测试。试验结果显示：表显数据与实测数据存在误差；相比同级别的传统燃油车，插电式混合动力试验车型在馈电状况下的节能优势突出；传统能源车油耗较高，48V节油效果有限。

关键词： 混合动力 实际道路试验 节能效果

* 王凤，中国汽车工程研究院高级咨询师，主要研究领域为节能汽车产业；唐国强，中国汽车工程研究院试验员，主要研究领域为节能与新能源汽车相关测试。

一 试验介绍

1. 试验目的

通过实际道路测试试验，得出各车型的油耗，分析得出混合动力系统在实际道路上的节能效果（节油率）。

2. 参考标准规范

GB/T 19752－2005《混合动力电动汽车 动力性能 试验方法》。

3. 试验车辆及测试工况

本次试验分为两组，分别为不同的插电式混合动力车型，以及同一车型48V轻混版和燃油版对比（见表1和表2）。

表1 插电式混合动力试验对比车型

研究项目	插电式混合动力车型节能效果研究
分组	插电式混合动力试验组
混动车	C车型－PHEV版
混动车	D车型－PHEV版
测试工况	实际道路测试

表2 48V轻混试验对比车型

研究项目	48V轻混车型节能效果研究
分组	轻混试验组
混动车	E车型－48V轻混版
燃油车	E车型－汽油版
测试工况	实际道路测试

4. 试验场地和设备

（1）试验在实际道路进行。

（2）本报告所用的道路试验设备主要包括：VBOX数据采集系统、油耗仪、笔记本电脑等。

二　试验过程

1. 路线及时间选取

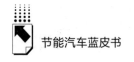

本次试验路段沿用2020年混合动力系统节能效果评估测试中的路段，共约77km。选取的路段包含市区与市郊两种工况，主要路线为：（重庆）中国汽研—石门大桥—巴国城—嘉华大桥—石门大桥—巴国城—嘉华大桥—中国汽研。

2. 试验条件设置

（1）车辆载荷：驾驶员＋试验员＋测试设备，装载不超过90%的最大载荷。

（2）车载空调的模式统一，设置为“温度25℃，中档风，内循环，吹面”。

（3）车辆行驶模式选择为“NOMAL/COMFORT”，自动起停系统（若有）设置为车辆默认状态，即开启（ON）状态。

（4）车辆胎压调整至车辆铭牌中的建议数值。

（5）同一对照组开展2次试验，本文仅取其中一组做对比分析。

（6）同一对照组车辆的油品保持一致，插电式混合动力车型在试验前需达到电量平衡状态。

3. 试验过程

两组试验分别进行。插电式混合动力组的试验在7月8日至7月9日进行，天气情况：小雨，车外温度27～29℃。轻混组的试验在7月14日至7月16日进行，天气情况：阴，车外温度26～33℃。以下以插电式混合动力组的试验为例，讲解试验过程。

（1）试验前准备车辆小计里程和瞬时油耗清零。试验前对油耗仪进行调试，油耗仪数据清零（见图1）。

（2）同一组试验需同步发动车辆，开启空调。在试验路程中点（行驶路程约37公里处）交换驾驶员（见图2）。

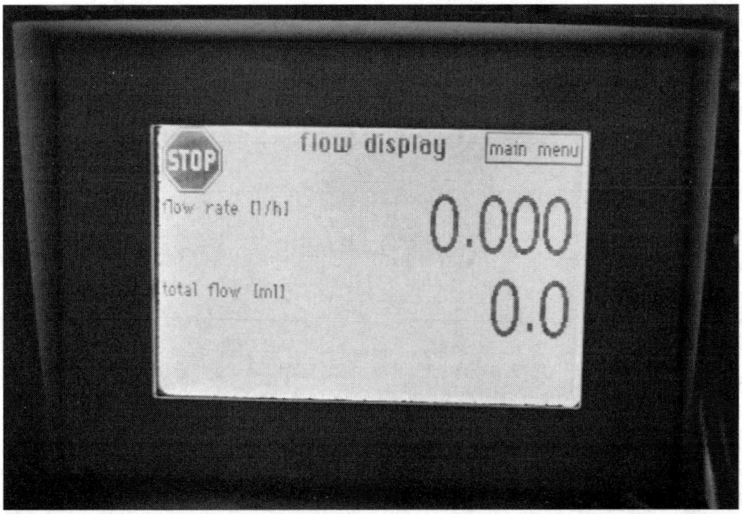

图 1　油耗仪数据清零

图 2　道路试验路段示意

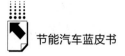

（3）试验结束后，记录油耗仪数据及车辆表显数据（见图3）。

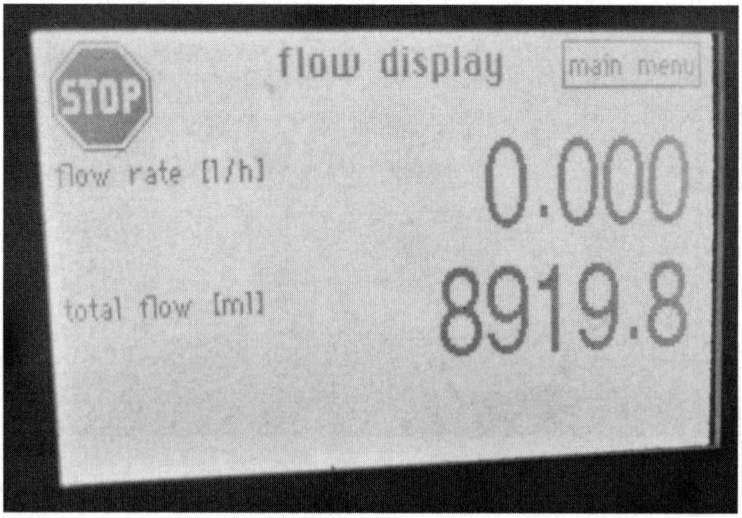

图3　试验结束后油耗仪显示情况

（4）导出并整理数据（见图4）。

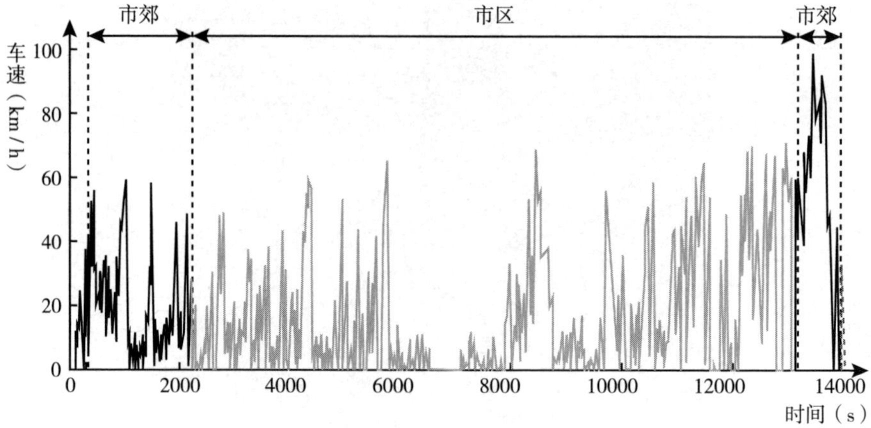

图4　道路试验车速曲线

注：过渡阶段油耗表现不具备代表性，在分析不同路况下特征量时不予考虑，后同。

三　混合动力系统节能效果分析[①]

（一）插电式混合动力系统试验分析

1. 车型数据

本次试验中的 C 车型与 D 车型的基本参数见表 3。

表 3　插电式混合动力试验车型主要参数

车型	车辆级别	主要动力配置	总质量（试验起点，kg）	驾驶模式
C 车型	紧凑型	1. 5L、E-CVT	1710	NORMAL
D 车型	紧凑型	1, 8L、E-CVT	1809	NORMAL

注：车型总质量为整备质量、试验人员和试验器材的质量之和，下同。

2. 数据分析

在道路工况（通勤路线）条件下，分别测量 C 车型与 D 车型的综合油耗（馈电），试验结果见表 4。可以看出：两车型的测量油耗均高于表显油耗。其中 C 车型的测量油耗为 4. 5L/100km，高于表显 25. 0%；D 车型的测量油耗为 4. 6L/100km，高于表显 2. 2%。

表 4　插电式混合动力试验车型在道路工况下的油耗

车型	平均车速（km/h）	表显油耗（L/100km）	测量综合油耗（L/100km）	与表显油耗差异（%）
C 车型	20. 0	3. 6	4. 5	25. 0
D 车型	21. 1	4. 5	4. 6	2. 2

注：C 车型表显油耗 3. 6L/100km 为接近终点 50km 的油耗。

① 分析结果仅基于已做试验，混合动力系统节能效果研究仍需更多的试验数据支持。

分市区和市郊路况来看，C 车型与 D 车型的不同特征量见表 5。可以看出：C 车型在市区路况下油耗更低，D 车型在市郊路况下油耗更低。

表 5 插电式混合动力试验车型在不同路况下的特征量对比

路况	对比项	C 车型	D 车型	油耗差异(%)
市区路况	平均车速(km/h)	17.2	17.0	—
	最高车速(km/h)	66.0	74.1	—
	平均油耗(L/100km)	4.6	4.8	4.3
	里程(km)	51.8	51.8	—
市郊路况	平均车速(km/h)	52.4	56.3	—
	最高车速(km/h)	88.8	99.6	—
	平均油耗(L/100km)	4.0	3.8	-5.0
	里程(L/100km)	21.5	21.5	—

注：油耗差异 = （D 车型 - C 车型）/C 车型。

（二）轻混系统试验分析

1. 车型数据

本次试验中的 C 车型与 D 车型的基本参数见表 6。

表 6 轻混试验车型主要参数

车型	车辆级别	主要动力配置	总质量（试验起点，kg）	驾驶模式
E 车型 - 燃油版	小型 SUV	1.5T，6AT	1561	NORMAL
E 车型 - 48V 轻混版	小型 SUV	1.5T，48V，7DCT	1577	NORMAL

注：E 车型 48V 轻混版中的 STT 功能及智能滑行功能为默认状态，即开启状态。

2. 数据分析

在道路工况（通勤路线）条件下，分别测量 E 车型燃油版与 48V 轻混版的综合油耗，试验结果见表 7。可以看出，两车型的测量油耗均高于表显油耗。其中 E 车型燃油版的测量油耗为 11.5L/100km，高于表显 13.9%；E 车型 48V 轻混版的测量油耗为 9.2L/100km，高于表显 7.0%。在此试验工况下，E

车型的48V轻混版较燃油版的测量节油率为20.3%，表显节油率为14.9%。节油率较高的原因主要有：一是所选路线中的市区路况路段占比70%以上，更易体现出轻混系统的节油效果；二是48V+7DCT动力组合表现出较好的节油效果。

表7　轻混试验车型在道路工况下节能效果分析

车型	平均车速（km/h）	表显油耗（L/100km）	测量综合油耗（L/100km）	与表显油耗差异（%）
E车型-燃油版	21.0	10.1	11.5	13.9
E车型-48V轻混版	21.2	8.6	9.2	7.0

分市区和市郊路况来看，E车型燃油版与轻混版的不同特征量见表8。可以看出，轻混版节油效果较为明显，其中在市区路况下的测量节油率为21.8%，在市郊路况下的测量节油率为19.0%。

表8　轻混试验车型在不同路况下的特征量对比

路况	对比项	E车型-燃油版	E车型-48V轻混版	节油率(%)
市区路况	平均车速(km/h)	16.9	16.9	—
	最高车速(km/h)	82.0	82.3	—
	测量综合油耗(L/100km)	12.4	9.7	21.8
	里程(km)	51.7	51.7	—
市郊路况	平均车速(km/h)	56.2	55.8	—
	最高车速(km/h)	100.3	98.5	—
	测量综合油耗(L/100km)	5.8	4.7	19.0
	里程(km)	21.5	21.5	—

注：节油率=（燃油版油耗-48V轻混版油耗）/48V轻混版油耗。

（三）小结

此次试验与2020年混动试验的共同发现点是表显油耗与实测油耗存在误差，车辆表显油耗的精确度，需要行业和各车企的共同努力。

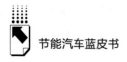

利用48V启动发电一体机的动力弥补内燃机的低转速扭矩，可达到一定的节油效果。但相比2.0版路线图中对混动车型的油耗目标值来看，现阶段48V轻混车型的油耗仍处高位。

插电式混合动力车型馈电下的混动油耗除了与消费者的用车成本息息相关之外，更是反映出各大车企的新能源技术高低。相比同级别的传统燃油车，试验车型在馈电状况下的节能优势突出，具有较强的市场竞争力。

四　工作总结与展望

2020年底发布的《节能与新能源汽车技术路线图2.0》中对混动汽车发展提出规划，即到2025年新能源乘用车（包括纯电动和插电式混合动力）销量占比要达到20%，混动乘用车销量占传统能源汽车的比例要达到50%。由此推算得出，2025年广义范围的混动汽车（插电式混合动力、轻度混动、中度混动和重度混动）占据乘用车销量的比例将超过40%。若按照2025年汽车销量2500万辆计算，其中混动汽车（广义范围）销量将达到1000万辆以上。

现阶段的国内混动汽车领域，深耕技术研发的自主车企数量少于参与纯电动车领域的车企。随着国内更多混动车辆的发布，本研究也将针对混动系统的节能效果开展持续的研究及评估，以便为行业提供更为科学准确的参考。因混动系统的节能效果试验开展时间较短，试验条件、车辆选取及设备的准备仍在摸索阶段，后续试验中将持续地优化完善。

专 题 篇

Special Reports

B.9

碳中性燃料专题研究

赵 杰　吴 玉　高国华*

摘　要： 在近期发布的碳达峰和碳中和目标的背景下，各行业的减碳策略需协同推进。在车用燃料领域，多元化总体路线正逐步形成，全球能源企业对合成燃料（E-fuel）汽柴油、生物质汽柴油等可再生能源展现出浓厚的兴趣。本文重点介绍合成燃料 E-fuel 的技术背景和制备，以及生物质能源的技术路线，以期为汽车行业从业者提供一定技术参考。碳中性燃料有助于减少化石能源消耗和控制 CO_2 排放量，推动各国碳中和承诺的实现。

* 赵杰，工学博士，中国石化石油化工科学研究院副主任，副研究员，主要研究领域为燃料产品及其添加剂、石化标准；吴玉，理学博士，中国石化石油化工科学研究院副主任，高级工程师，主要研究领域为 C1 化学与化工；高国华，博士，中国石化石油化工科学研究院部门支部书记兼副主任，高级工程师，主要研究领域为绿色化工成套技术开发、新工艺、分离技术开发。

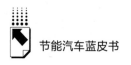

关键词： 制氢技术 合成燃料 生物质能源 车用燃料

气候变化是当今人类社会面临的共同挑战。为缓解由温室气体过量排放导致的全球气候变暖，2009 年 12 月召开的哥本哈根全球气候峰会最终以大会决议的形式发表了《哥本哈根协议》，进一步明确了发达国家和发展中国家根据“共同但有区别的责任”原则承担减排义务。2020 年 9 月，我国在第 75 届联合国大会提出 CO_2 排放力争于 2030 年前达到峰值，2060 年前实现碳中和。碳达峰、碳中和（“双碳”）成为国家战略。

2021 年我国政府工作报告提出，“十四五”期间要推动绿色发展，单位国内生产总值能耗和 CO_2 排放依次降低 13.5% 和 18.0%。交通运输行业一直是碳排放大户，约占全国终端碳排放的 15%，行业的低碳发展势在必行。一方面，汽车、交通、能源行业构成了紧密且完整的“碳链条”，各行业的“双碳”目标和策略制定必须实现全方位协同，才能保证每个领域的目标落地。另一方面，“双碳”战略不是一个简单的降碳路径和方案，还要考量科技攻关、科技先行、政策配套等诸多问题。

所谓“碳中性”，是指能源在生产及使用过程中达到二氧化碳排放平衡。首先，通过提高内燃机（ICE）的热效率，减少燃油消耗，可以减少碳排放。提高内燃机热效率的路径有很多，比如提高燃烧速度和压缩比、降低传热损失等。减排和降耗是近期内燃机技术发展的方向，在热效率和低排放方面，内燃机必须实现创新升级，加速迈向高质量发展新阶段。其次，我国车用燃料多元化总体路线正逐步形成，其目标是有效减少化石能源消费和控制 CO_2 排放，最终兑现碳中和的承诺。有研究机构预测，未来 30 年，全球范围内至少 60% 以上的轻型汽车仍将装有内燃机，内燃机生命力依旧旺盛。因此，为内燃机使用的低碳燃料有可能逐步替代传统化石燃料。天然气、氢气、甲醇来自化石燃料，因此虽然碳排放量有所降低，但离双碳目标仍有较大差距。因此学界和产业界提出通过富集大气中的

CO_2，并与可再生能源发电电解水制备的氢气反应，制备合成燃料（E-fuel）。E-fuel可以理解为将电能转化为易储存的化学能的一种燃料，E-fuel在后续使用或经内燃机燃烧后不额外增加CO_2排放，即燃烧时放出的CO_2与合成燃料时使用的CO_2相当，基本实现CO_2“近零”排放。

生物质燃料属于碳中性燃料是因为生物质在生长过程中吸收的二氧化碳，大致等于以生物质为原料生产生物质燃料过程中以及这些生物质燃料在使用时排放的CO_2之和。由于大部分生物质加工过程需要加氢脱氧，因此属于碳中性燃料的生物质燃料还需要采用绿氢。

本文将重点介绍合成燃料E-fuel和生物质燃料，以期为汽车行业从业者提供一定技术参考。

一　技术背景

E-fuel是利用可再生能源（太阳能和风能等）发电，由氢气和二氧化碳合成的液体燃料。所需的氢气是从电解水中提取的，二氧化碳则从空气中获取。E-fuel可用于所有传统燃油发动机。事实上，整条生产链几乎完全实现碳中和，因为E-fuel的生产过程仅使用可再生能源，而发动机中的E-fuel燃烧时所产生的二氧化碳数量要低于之前从空气中获取的二氧化碳数量。如果E-fuel的生产过程仅采用可再生能源，那么在使用过程中就可显著减少纯内燃机汽车的二氧化碳排放。E-fuel可与传统燃料混合，也可以单纯使用。此外，现有的燃料贮存和配送基础设施仍可继续使用。E-fuel的人工合成，使得针对性地设计燃料成为可能。

E-fuel作为一种通过电能合成的燃料，电的来源至关重要。表面上每度电在消费环节是没有区别的，对电力系统的碳足迹进行全生命周期分析发现电力生产环节不同决定了其对环境的影响不同。不同类型发电的全生命周期碳排放量对比如表1所示，传统燃煤燃气发电的碳排放量是风电、光电、水电、核电的数倍甚至百倍。因此，使用低碳排放的电力资源制备燃料是燃料低碳化的前提。

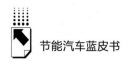

表 1　不同类型发电的全生命周期碳排放量对比

单位：gCO_2/kWh

项目	燃煤发电	燃煤发电（CCS）	燃天然气发电	风力发电	光伏发电	水力发电	核电
全生命周期碳排放量	700～800	180～220	140～160	12	30～50	4	16

技术上，将电能转化为化学能的方式有多种，如通过电解水可以制备氢气（E－氢气），通过制备的氢气与 CO_2 加氢甲烷化反应可得甲烷（E－甲烷），通过制备的氢气与 CO_2 间接或直接制备甲醇（E－甲醇），通过制备的氢气与 CO_2 加氢间接或直接制备汽柴油（E－汽油、E－柴油等）。几种 E-fuel 的性质参数如表 2 所示。

表 2　不同类型 E-fuel 的性质参数

单位：MJ/kg，MJ/L

类型	质量能量密度	体积能量密度	储存难易度	是否需要额外基础设施
E－氢气	120	0.01	难	是
E－甲烷	46.6	0.04	较难	否
E－甲醇	19.9	15.8	容易	否
E－汽油	41.5	31.0	容易	否
E－柴油	44.0	34.3	容易	否

氢气（E－氢气）主要用于氢燃料电池汽车，并且氢气的储存和运输难度大成本高，本文不做具体介绍。甲烷（E－甲烷）其本身的温室效应是 CO_2 的 80 多倍，常温下为气体，储存运输难度较大，所以本文不重点介绍。甲醇和汽柴油常温下为液体，储存运输难度小，无额外基础设施需求，可以直接利用现有储运设施和产业链，是较理想的 E-fuel。

E-fuel 技术需要绿色氢能才能实现这一过程。相比灰氢和蓝氢，在“双碳”要求下，利用太阳能等可再生能源电解水产生绿氢是倡导的发展方向，因为通过绿氢才能达到二氧化碳零排放。同时，绿色氢能不仅可应用于氢燃料电池，在化学工业、冶金、水泥、建材等行业都发挥着减碳作用，因此E-fuel 技术也可算作氢能的一种应用形式。

根据电解质材料不同，电解水制氢技术主要包括碱性水电解技术、质子交换膜（PEM）水电解技术和固体氧化物高温电解技术（见图 1 和表 3）。

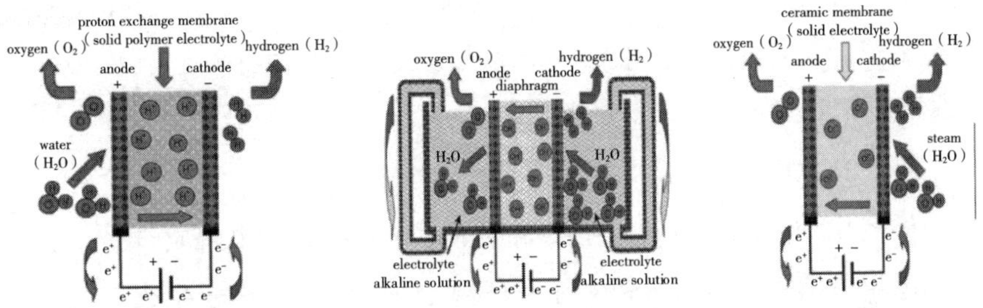

（a）PEM水电解　（b）碱性水电解　（c）固体氧化物高温电解

图 1　三种水电解制氢工作原理

表 3　三种水电解制氢工艺对比

项目	PEM 水电解	碱性水电解	固体氧化物高温电解
电解质	Nafion 膜、Dov 膜等	KOH 溶液为主	YSZ 等
电流密度($A \cdot cm^{-2}$)	1 ~ 6	0. 2 ~ 0. 5	0. 3
工作温度(℃)	70 ~ 100	70 ~ 80	600 ~ 1000
产氢纯度(%)	99. 999	99. 5 ~ 99. 9	99. 9
能量消耗($kWh \cdot cm^{-3}$)	3. 6 ~ 3. 8	4. 5 ~ 5. 5	2. 23 ~ 2. 27
电解效率(%)	76 ~ 85	56 ~ 80	90 ~ 100
优缺点	体积小、负荷波动可调节幅度大、安全性高；价格高、单槽规模小	寿命长达 20 年、不使用贵金属催化剂；碱液腐蚀、难以快速响应、装置庞大	无须使用贵金属催化剂、效率高；启动速度慢、衰减快
发展现状	商业化阶段	历史长、成本低、技术成熟	研究发展中

碱性水电解制氢技术是目前应用最广泛、发展最成熟的技术，电解槽隔膜采用石棉膜，氢气产品纯度能够达到 99. 989% 以上。此外，如果能够结合可再生能源发电工艺，在未来这项技术会变得愈加重要。碱性水电解技术通常采用 20% ~30% KOH 溶液作为电解液，水在阴极得到电子生成 OH^- 和

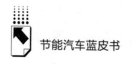

氢气，阳极释放电子生成氧气：

阴极：$H_2O + 2e^- \rightarrow 2OH^- + H_2$

阳极：$OH^- \rightarrow 1/2O_2 + H^+ + 2e^-$

PEM 水电解制氢技术是近期热度最高的一项电解水制氢技术，水在阳极生成氧气和 H^+；采用聚合物质子交换膜作为固体电解质，选择性地将阳极产生的 H^+ 传递到阴极，得到电子生成氢气，安全性更高。

阴极：$4H^+ + 4e^- \rightarrow 2H_2$

阳极：$2H_2O \rightarrow O_2 + 4e^- + 4H^+$

固体氧化物高温电解技术主要采用固体氧化物作为电解质材料，水在阴极得到电子分解生成氢气和氧离子，氧离子在阳极失去电子生成氧气。但其工作温度高（600～1000℃），因此对电解槽材料的选择提出更高的要求，对其发展和推广有一定的限制作用。

阴极：$H_2O + 2e^- \rightarrow H_2 + O^{2-}$

阳极：$O^{2-} \rightarrow 2e^- + 1/2O_2$

另外，生物质能源的开发利用已成为全球关注的问题。作为自然界唯一含有碳源的可再生绿色能源，通过生物炼制技术合成液体燃料或化学品，可满足碳排放要求和缓解石油危机。

开发经济性优良的工艺路线，是保障传统化石能源经济过渡到生物质能源经济的关键。生物质资源中含量丰富的是木质纤维素，木质纤维素一般包括纤维素、半纤维素和木质素。多糖经水解获得葡萄糖、木糖等单糖，单糖经脱水即获得糖醇平台。目前，糖平台催化转化制长链烷烃的工艺路线主要包括：①山梨醇平台；②糠醛或 5-羟甲基糠醛平台；③乙酰丙酸或 γ-戊内酯平台；④甲基呋喃平台，如图 2 所示。

2010 年，Huber 等采用四步工艺高收率制备出 C_{12}烷烃（用于喷气燃料组分）和 C_{13}烷烃（用于柴油组分），如图 3 所示。第一步，在四氢呋喃-氯化钠水溶液两相体系下，木糖低聚物（半纤维素水解产物）在盐酸催化作用下水解产生木糖，木糖脱水制得糠醛，经四氢呋喃萃取与盐酸-氯化钠溶液分离后糠醛收率高达 87%；第二步，以反应物料比 n（糠醛）：n（丙酮）=

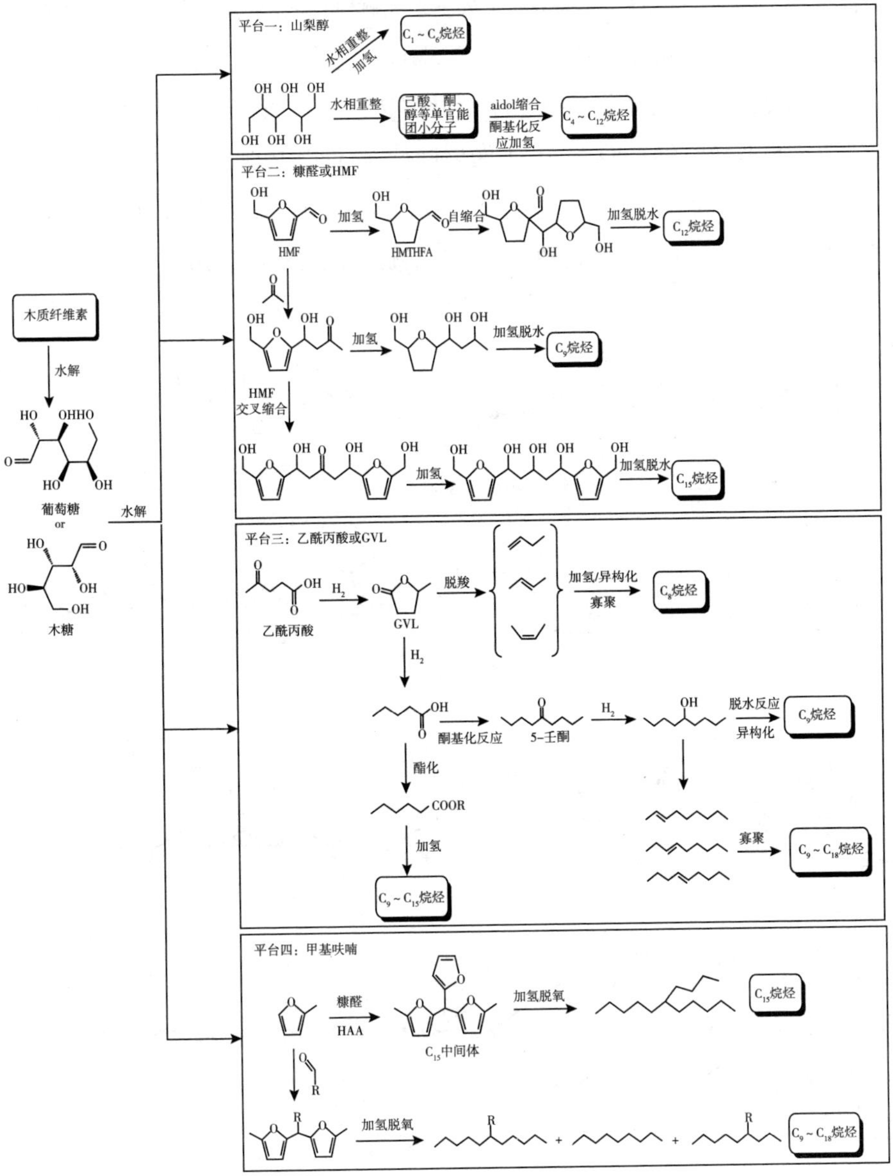

图2　不同糖醇平台化合物转化途径

2∶1向包含糠醛的萃取相中添加丙酮，然后将混合液加入质量分数为6.5%～26%的NaOH溶液（含少量NaCl，利于有机相的萃取），糠醛与丙酮经aldol

缩合生成4-（2-呋喃基）-3-丁烯-2-酮和二丙酮醇，其中前者的收率可达96%；第三步，缩合产物在403K、5.5MPa工艺条件下，经Ru/C催化生成四氢呋喃化合物C_{13}和螺环化合物C_{13}，转化率达100%；第四步，将加氢饱和产物的四氢呋喃溶液经$Pt/SiO_2-Al_2O_3$催化进行固定床加氢脱氧反应，并在533K、6.2MPa、LHSV为$1.1h^{-1}$工艺条件下，十三烷和十二烷收率分别为72.6%和15.6%。以上四步工艺计算得到，$C_8\sim C_{13}$烷烃的总收率约为76%。

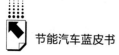

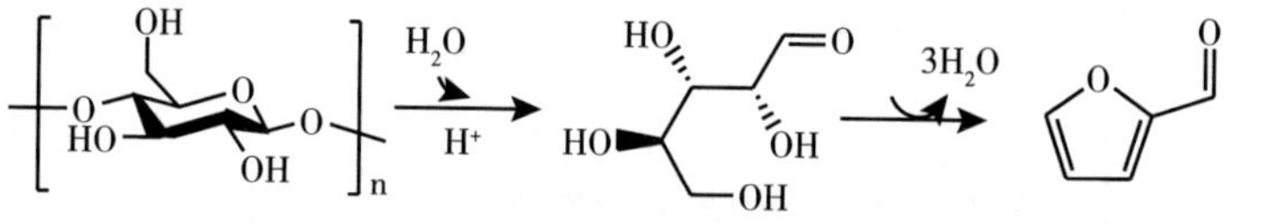

（a）酸催化水解

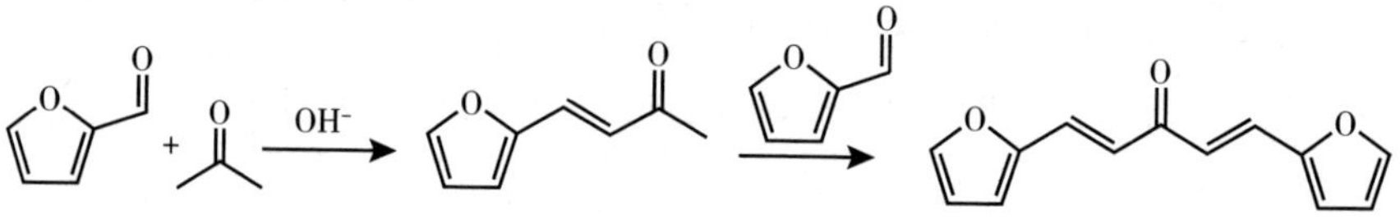

（b）羟醛缩合过程

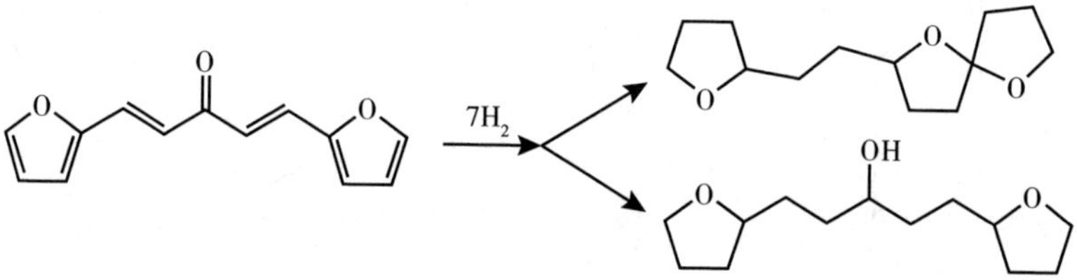

（c）低温预加氢

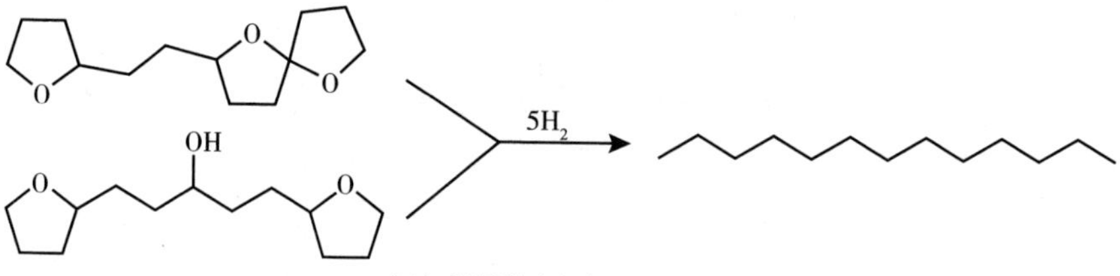

（d）高温脱水加氢

图3　糠醛催化转化制得长链烷烃工艺路线

此外，中科院大连化物所张涛—李宁团队以环戊酮-环戊醇为原料，缩合、加氢生产高密度生物燃料；中科院广州能源所马隆龙团队则采用糠醛和乙酰丙酸缩合、加氢技术路线，取得良好效果。但总体来看，生物航煤技术普遍处于基础研究阶段。

综合对比现有技术，5－羟甲基糠醛技术路线面临原料供应的难题；环戊酮－环戊醇技术路线存在原料合成困难的问题；糠醛和乙酰丙酸缩合过程存在无机酸碱液不可回收利用的问题。相对来看，国内以农林废弃玉米芯为原料，已经实现糠醛产业化，丰富的糠醛供应为糖平台（糠醛）制生物航煤路线奠定了坚实的基础。2015 年，中国石化石油化工科学研究院成立了生物燃料专业技术团队，共同致力于糖平台（糠醛）制生物燃料技术的研究，打通了实验室全路线。该技术包括两个工艺阶段：第一阶段是基于糠醛原料的 C-C 链增长反应，用于增长碳链，得到满足生物燃料碳数分布的含氧中间产物，该步骤可通过羟醛缩合高效实现；第二阶段是在氢气气氛下，含氧中间产物的加氢饱和、加氢脱氧，用以降低油品的含氧量，提升热值，制备出生物燃料。通过多年的研发，已完成生物航煤含氧中间体百公斤级制备、催化剂的百公斤级生产和实验室中型固定床工艺开发，原料转化率超过 99%，饱和液体烷烃碳收率超过 80%，本技术有望引领生物炼制对石油炼制产品的有效补充和可再生低碳化的替代。

二　E-fuel 汽柴油的制备

通过捕集的 CO_2 和氢气反应得到烃类油品技术三大类（见图 4），一是通过费托（FT）合成中间过程，再经过一系列石油化工领域成熟技术制备得到满足要求的汽柴油。二是通过甲醇合成中间过程，再经过甲醇制汽油（MTG）过程得到汽油产品。三是通过复合催化剂一步法直接得到汽油等目标产品。

（一）CO_2 加氢通过费托（FT）合成制备油品

CO_2 加氢通过 FT 合成制备油品也可以分为两条反应路径，一是先通过逆水煤气变换反应（RWGS）将 CO_2 加氢制备合成气（CO/H_2），然后通过成熟的费托合成（FTS、FT 合成）技术将合成气转化为高碳数烃类（C_1 ~ C_{100} 合成油），烃类再经过一系列石油化工领域成熟技术制备得到满足要求

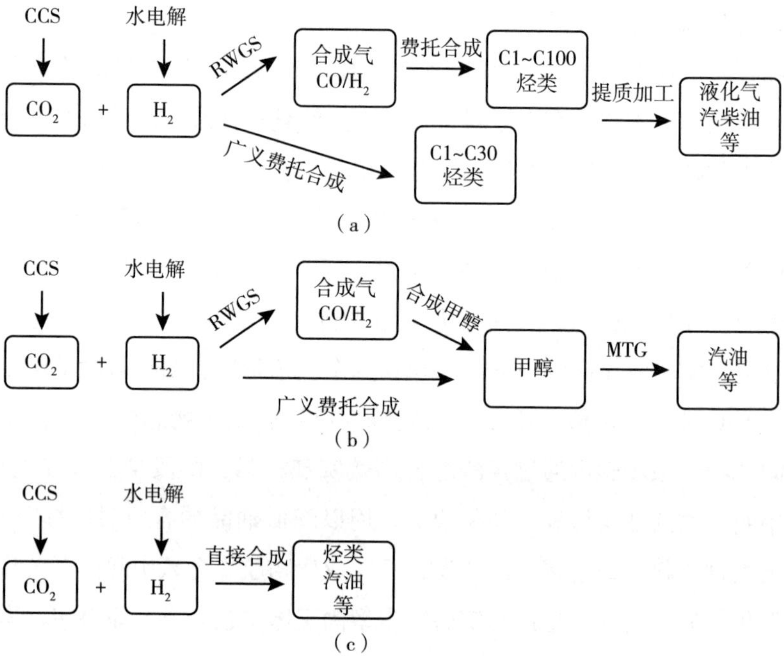

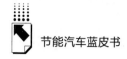

图4　E－汽柴油的制备技术路线

的汽柴油。二是部分催化剂同时具有 RWGS 反应活性和费托合成反应活性，因此可以直接反应得到较高碳数烃类（C_1～C_{30}合成油），再经过一系列油品提质技术得到汽柴油。

1. RWGS 技术进展

RWGS 是水煤气变换反应（WGS）的逆过程，后者已经工业应用近百年。RWGS 的反应焓为 42.1kJ/mol，是经典的吸热反应，高温更加有利于反应进行。从动力学的角度来分析，高温能够加速反应速率。高温虽有利于 RWGS 反应的进行，但较高的温度往往会造成催化剂活性不断降低，导致催化剂失活。目前，常见的逆水煤气变换反应包括贵金属（Pt、Pd 等）催化剂和非贵金属（Cu、Ni、Fe 等）催化剂。其中贵金属催化剂的催化效果较好，但价格昂贵。而非贵金属催化剂低温活性差，高温稳定性差。因此，开发高活性高稳定性的催化剂是推动 RWGS 反应工业化应用的关键。

需要强调，Fe 催化剂既具有 RWGS 催化活性，也有 FT 合成反应性能，因此，可以使用 Fe 催化剂将 CO_2加氢反应直接生成较高碳数烃类（C_1～C_{30}合成油），其合成油性质与本文后面介绍的高温 FT 合成油性质相当。

2. FT 合成技术进展

FT 合成是将合成气催化转化为烃类的技术，由德国科学家 Frans Fischer 和 Hans Tropsch 于 1923 年首先发现并以他们的姓名命名。通过 FT 合成及后续产品提质，不但可以获得汽油、柴油等清洁的油品，还可以获得航空燃油、润滑油等高品质油品以及烯烃、石蜡等多种高附加值的化工原料。自 1934 年德国鲁尔化学公司建成了第一座 FT 合成装置（7 万吨/年）以来，其工业应用已近 90 年。是天然气和煤炭制备合成油的关键过程。截至目前，我国 FT 合成产能规模近 800 万吨/年。

以 FT 合成的反应温度和合成油产品结构来分，可以把 FT 合成技术分为低温 FT 合成和高温 FT 合成两种工艺路线，典型的技术参数及产物碳数分布如表 4 和图 5 所示。低温 FT 合成反应温度一般低于 300℃，可以采用 Fe 基催化剂或 Co 基催化剂，反应器为固定床或浆态床，产物是以蜡为主的直链烷烃，后续的产品加工路线主要是生产溶剂油、高十六烷值柴油、基础油、蜡等产品。高温 FT 合成反应温度一般高于 300℃，采用 Fe 基催化剂，反应器为流化床，包括循环流化床和固定流化床，产物以烯烃为主，产物的种类较多，包括烯烃、烷烃和少量芳烃、含氧化合物，适合进行分离后作为化工原料（见表 4 和图 5）。

表 4　低温/高温 FT 合成技术参数

技术名称		低温 FT 合成	高温 FT 合成
反应温度(℃)		210～280	300～350
反应压力(MPa)		1.0～4.5	1.5～3.0
催化剂		Fe 基、Co 基	Fe 基
反应器形式		固定床、浆态床	流化床
典型产物分布(%)	甲烷	4	7
	C_2-C_4烯烃	4	24
	C_2-C_4烷烃	4	6
	汽油馏分	18	36
	柴油馏分	19	16
	蜡	48	9
	含氧化合物	3	6

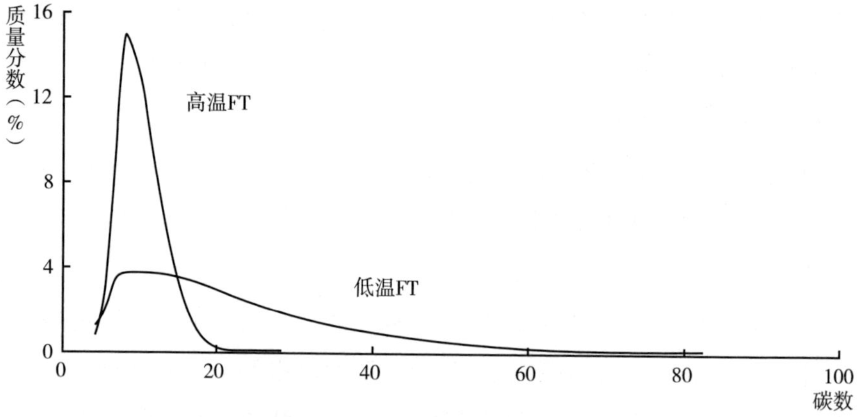

图5　低温/高温 FT 合成典型产物碳数分布

3. FT 合成油提质加工技术

FT 合成油是费托合成的主要产物，可生产燃料油和化工品（见图6）。基于 FT 合成油硫、氮含量很低，主要以正构烷烃和烯烃为主且含有一定含量的含氧化合物，通常采用分离、加氢处理、异构加氢裂化、异构降凝、催化裂化或催化裂解、叠合、芳构化、异构化和醚化等来实现费托合成油的综合利用，以生产清洁石脑油、柴油、航空煤油、润滑油、环保溶剂油以及其他高附加值的产品。采用分离的方法，可得到高附加值的 α－烯烃和正构烷烃，加氢处理可以得到乙烯裂解石脑油、柴油等常规清洁油品以及高滴熔点蜡等高附加值产品；异构加氢裂化主要生产低凝柴油，同时副产石脑油、溶剂油等产品；通过催化裂化可以生产辛烷值为 88～90 的汽油组分；FT 合成生成的液化气等通过芳构化或异构化可以生产辛烷值为 93 的汽油组分，芳烃含量 30v%，烯烃含量 15v%，苯含量 0.6v%，硫含量小于 10ppm，可以满足国五汽油标准；醚化可实现 FT 合成油中 α－烯烃的分离提纯或生产醚类化合物以提高石脑油组分的辛烷值。目前，大多数工业 FT 合成装置以石脑油、柴油为主要产品。由于费托合成油基本由正构烃组成，加氢处理所得石脑油辛烷值很低；柴油馏分具有较高的十六烷值和极低的硫含量，可作为优质的柴油调合组分。国内典型 FT 合成油提质后产品性质如

表5所示，柴油的十六烷值可达76以上。合成油加氢提质生产柴油的收率可达72%以上。

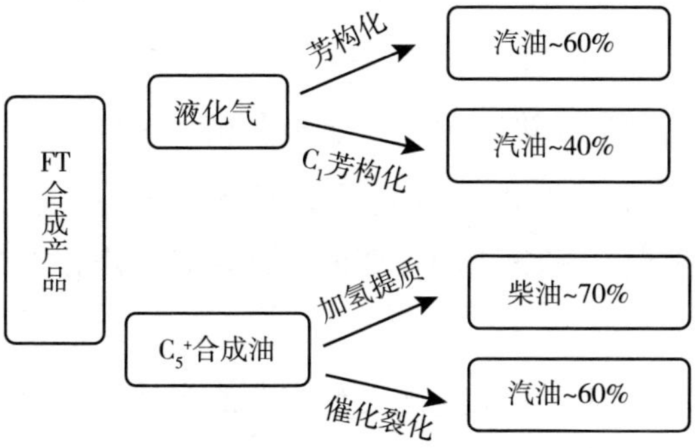

图6　典型FT合成产品燃料油加工技术

表5　典型合成油提质后产品性质

项目	混合石脑油	轻柴油	重柴油
密度(20℃)(g/cm³)	0.675	0.749	0.769
硫含量(μg/g)	<0.5	<1	<1
闭口闪点(℃)	/	66.0	64.6
凝点(℃)	/	-25	-33
十六烷值	/	81	76
馏程(℃)	49~157	186~273	163~330

总之，通过目前成熟的炼油技术，可以较容易地加合成油转化为满足需要的汽油、柴油产品和调合组分。

（二）CO_2通过甲醇制备汽油

CO_2通过甲醇制备汽油也可以分为两条反应路径，一是先通过逆水煤气变换反应（RWGS）将CO_2加氢制备合成气（CO/H_2），然后通过成熟的合成甲醇技术制备甲醇，甲醇再通过MTG直接得到汽油产品。二是CO_2直接加氢得到甲醇，通过MTG直接得到汽油产品。

1. 合成气制甲醇技术

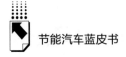

甲醇作为重要的基础化学品和平台化合物、能源载体，其合成具有重要意义，其需求量也与日俱增。一方面，甲醇和汽油特性接近，辛烷值较高，可以与汽油调和使用。研究表明，甲醇作为车用燃料，PM2.5 排放比汽柴油少 80% ~85%，氮氧化物（NO_X）排放少 60% ~80%，一氧化碳排放少 75% ~90%。另一方面，甲醇是甲醇制汽油（MTG）、甲醇制低碳烯烃（MTO）、甲醇制芳烃（MTA）的重要原料，是我国煤化工过程的关键步骤之一。

合成气可以由甲烷、煤及生物质等碳资源为原料蒸汽转化、部分氧化（POX）或气化得到。目前，全球 80% 的合成甲醇以天然气为原料，而我国由于“缺气、少油、煤炭相对丰富”，大多合成甲醇以煤为原料。制备合成气的技术目前非常成熟。

合成气制甲醇反应是典型的体积缩小的放热反应，技术也很成熟。早在 1923 年，德国 BASE 公司就建成了首套合成甲醇装置，使用锌铬催化剂，掀起了合成甲醇的序幕，反应压力较高。1966 年，英国 ICI 公司成功开发了新型铜催化剂的低压和中压合成甲醇工艺，使反应的压力降低至 5 ~10MPa。目前新建的甲醇装置基本使用低压和中压工艺，反应温度为 210 ~250℃。催化剂是合成甲醇的关键，国内目前已掌握工业甲醇合成催化剂技术，完全可以替代进口剂。合成气制甲醇的原料气中往往掺有少量 CO_2，原料气中（H_2-CO_2）与（$CO+CO_2$）的体积比一般控制在 2.05 ~2.15。

2. CO_2加氢制甲醇

CO_2加氢制甲醇反应式为：

$$3H_2 + CO_2 = CH_3OH + H_2O \quad (\Delta H_{298} = -49.5kJ/mol)$$

CO_2加氢制甲醇是一条原子经济性高的绿色化工路线。甲醇是一种重要的平台化工原料，可进行后续转化，也可直接应用于甲醇燃料电池。国外 CO_2加氢制甲醇已经进行了数十年的持续深入研究，有些已经完成中试验证和技术应用。

2009年，日本三井化学株式会社投资建成了100吨/年的CO_2加氢制甲醇工业示范装置。CO_2来自燃烧废气，氢气来自石脑油裂解，甲醇选择性超过99%。超过一年的长周期运行证明了装置的安全性和产品运输的经济性，同时实现了CO_2的资源化利用。

近年，冰岛碳循环国际公司（Carbon Recycling International，CRI）与加拿大联合投资建设的世界上第一座CO_2加氢制甲醇厂已在冰岛实现商业投产，年产甲醇4000吨，使用该公司开发的ETL技术，从工业排放物中提取CO_2，地热发电电解水制氢，CO_2加氢制甲醇。近期吉利集团以4550万美元（约合人民币2.8亿元）收购该公司的部分股权，探索在我国推广清洁甲醇燃料合成生产技术，同时研发并推广100%甲醇燃料汽车在中国、冰岛和世界其他地区的使用。由冰岛碳循环国际公司、吉利控股和上海自新环保科技有限公司共同出资组建的希阿艾吉新（上海）环保科技有限公司（CRIJX）于2017年9月在上海成立。

国内研究大多集中在小试基础研究，近年来研究进展加快。2016年，中国科学院上海高等研究院与上海华谊集团在合作完成近1200小时连续运转单管试验的基础上，完成了CO_2加氢制甲醇技术工艺包的编制。具备了实施规模商业示范应用的条件。近期，首套5000吨/年CO_2加氢制甲醇工业试验装置实现稳定运行，通过专家组的现场考核及技术评估。其采用具有自主知识产权的新型纳米复合氧化物高效铜基催化剂，解决了CO_2转化率低和催化剂易失活等问题。几乎同期，中国科学院大连化物所开发的千吨级液态太阳燃料合成示范项目通过现场标定，项目由太阳能光伏发电、电解水制氢、CO_2加氢合成甲醇三个基本单元构成，在高效、低成本、长寿命规模化电催化分解水制氢技术和廉价、高选择性、高稳定性CO_2加氢制甲醇催化技术上都有突破，表明国内已基本掌握CO_2加氢制甲醇技术。

3. MTG 技术

20世纪70年代初，美国Mobil公司成功地开发了甲醇转化为汽油的MTG工艺过程。其技术关键是将ZSM－5沸石分子筛用于甲醇转化汽油的工艺。沸石分子筛的形选作用与酸性，提高了产品以生成$C_5 \sim C_{11}$汽油馏份为主的选择性，制得富含芳烃和侧链烷烃的高辛烷值发动机燃料。MTG 技术对原料甲醇的纯度要求相对低，可直接使用粗甲醇进行转化，得到的汽油低硫，可以直接销售或者与常规的汽油相调和使用。

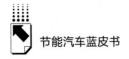

1985 年，Mobil 公司利用 MTG 合成汽油技术已在新西兰建成一座生产能力为 60 万吨/年合成汽油的天然气基工厂，投产证实了该技术的成熟和可靠性。后来由于经济上的原因，该厂改为只生产甲醇而不再生产汽油。

国内 MTG 技术也较成熟。2006 年，中科院山西煤化所开发了一步法 MTG 工艺。该技术不需要再经过甲醇转化制二甲醚的步骤，原料甲醇在 ZSM－5 分子筛催化剂的作用下直接一步转化为汽油和少量 LPG。该技术的优点是工艺流程短，汽油收率高，催化剂稳定性较好。2007 年，利用该工艺建设的 3500 吨/年 MTG 工业化装置一次投料试车成功。

国内外 MTG 工艺大多采用 ZSM－5 分子筛催化剂；吨汽油的甲醇消耗量 2.5～2.9 吨；汽油收率 26%～38%；辛烷值一般在 84～97。

总之，MTG 技术目前属于相对成熟技术，研究开发的目标仍是不断降低生产成本。

（三）CO_2 直接加氢制油品

CO_2 直接加氢制油品是近几年学者提出的技术路线。其基本反应原理借鉴了前两种路线，采用前两种路线的催化剂复合以实现直接制备油品。学界研究较多，尚未引起产业界重视。

近年，中国科学院大连化物所首先提出 CO_2 加氢直接制取高芳烃含量汽油。其本质是在单根反应管内将 Fe 基催化剂和具有异构、芳构化功能的 ZSM－5 分子筛颗粒混合装填或分床层装填，并控制两种催化剂的接触距离，使 Fe 基催化剂上生成的烯烃等烃类中间体进一步在 ZSM－5 分子筛上进行齐聚、异构、芳构化等反应转化为混合芳烃，从而实现了单根反应管内 CO_2 加氢高选择地制取高芳烃含量汽油。是将逆水煤气变换反应、费托合成及费托合成产品提质等反应集合在一起，具有一定的集成创新性。使用该技术的千吨级 CO_2 加氢直接制取高芳烃含量汽油中试项目已建设完成。

同样，中科院上海高研院近年也成功地设计出氧化铟/分子筛（In_2O_3/HZSM－5）双功能催化剂，实现了 CO_2 加氢一步转化高选择性得到液体燃料。

总之，CO_2 加氢制油品技术基本成熟，制约其商业应用的主要原因来自经济性差。原料之一的氢气占最终产品成本的比例较大，只有利用清洁能源（如太阳能、风能、水电、核能）廉价地制取氢气才是合成燃料大规模工业应用的前提条件。

三　生物质汽柴油的制备

为了应对能源危机和气候问题这两大亟待解决的全球性难题，以双碳目标指引能源产业结构调整，开发环境友好的可再生能源成为当务之急。全球能源企业都对开发和使用可再生能源展现出浓厚的兴趣，试图借此占据下一轮产业革命的制高点。生物质资源是唯一的含碳源的可再生资源，在车用燃料替代化、清洁化的道路上扮演着极为关键的角色。

事实上，由化石能源经济向碳水化合物经济的过渡已经开始，国外已经涌现了一大批与生物质相关的企业，如 Shell、UOP、Petrobras、ConocoPhillips、Dupont、Dow、BP 和 Exxon Mobil 公司，正在研发生产生物燃料和化学品的技术以及建设相关的基础设施。政府也同样意识到了这个新兴产业的重要性，通过减税等给予极大的支持。欧洲许多国家，如奥地利、意大利、波兰、西班牙、德国、瑞典和法国，对生物运输燃料给予免税优惠，英国则是给予部分免税优惠。欧盟甚至为种植用来生产生物柴油和生物乙醇能源作物的农场主提供 54 美元每公顷的碳信用额。

为使化石能源车用燃料到生物车用燃料的过渡得以持续，需开发廉价的生产技术，将低价的生物质转化为高附加值的燃料。当前，废弃农林生物质（木质纤维素）解决了油脂燃料与人争粮的问题，同时具有低成本的优势，受到普遍关注。其中，木质纤维素水解至糖平台化合物、糖平台化合物催化转化的技术路线具有生产周期短、处理量大、成本低的优势，有望成为绿色替代车用燃料的支撑。

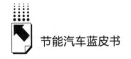

（一）生物质汽油、柴油组分

1. 加氢－氢解技术路线（小试阶段）

以木糖和葡萄糖水溶液为原料，采用加氢－氢解路线实现木糖和葡萄糖到液体烷烃的转化（见图7）。设计用于木糖和葡萄糖选择性加氢制木糖醇和山梨醇的NB催化剂，木糖和葡萄糖溶液在NB催化剂作用下选择性加氢生成木糖醇和山梨醇，多元醇收率约为98%（多元醇广泛应用于食品、美妆行业）。开发出多种高效负载型双功能催化剂，Pt/MN-APH系列催化剂表现出最佳活性，多元醇氢解反应的转化率为100%，C_5、C_6烷烃总碳收率约60%（见图8和图9）。

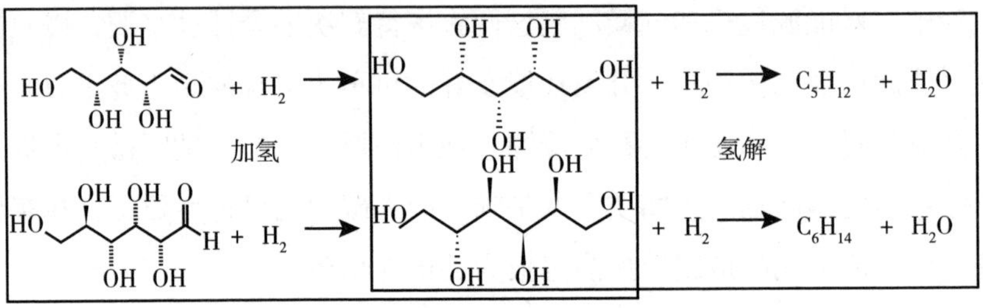

图7　木糖和葡萄糖加氢－氢解制备汽油组分

葡萄糖直接加氢转化为含有多种高辛烷值化合物的含氧燃料，可作为潜在的汽油调和组分，如表6所示。混合燃料研究法辛烷值达120，在国内高辛烷值组分严重紧缺的形势下，其未来有望大规模应用。

表6　葡萄糖直接加氢产物及其收率

单位：%

序号	产物	收率
1	异己烷	4.1
2	正己烷	1.2
3	甲基环戊烷	0.7
4	2,5－二甲基四氢呋喃	4.9
5	2,5－二甲基呋喃	17.3
6	2－甲基四氢吡喃	9.8
7	2－丁基四氢呋喃	0.2
8	2－丁酮	2.9
9	2－甲基环戊酮	18.9

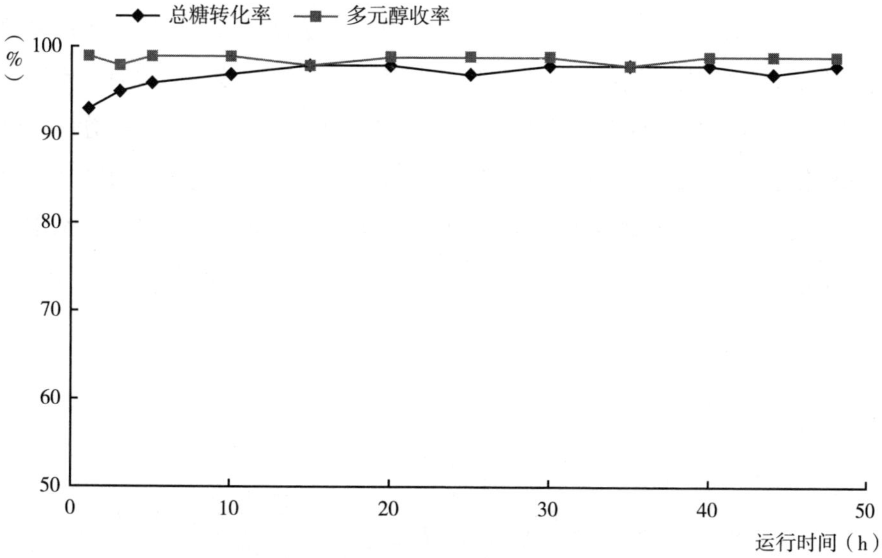

图 8　木糖和葡萄糖混合溶液在 NB 催化剂上加氢性能

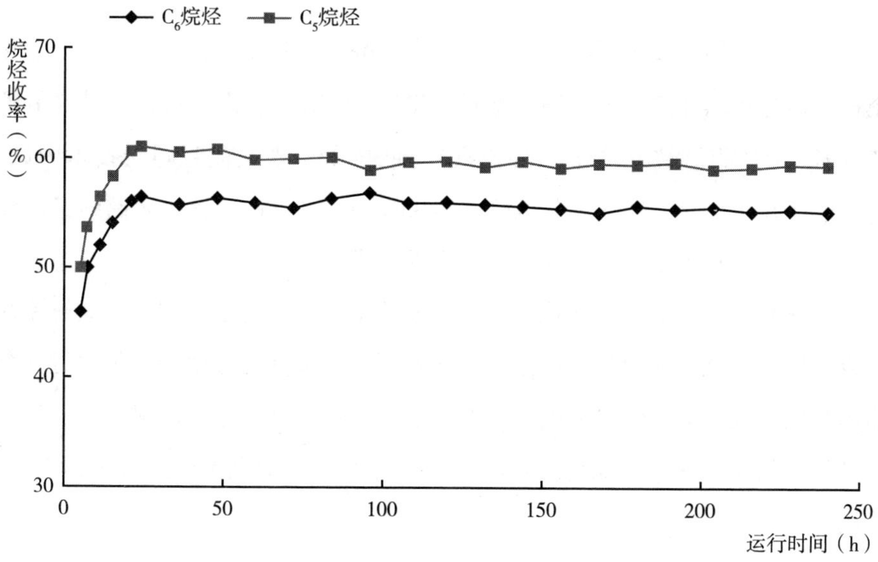

图 9　木糖醇和山梨醇混合溶液氢解制 C_5、C_6 液体烷烃固定床评价

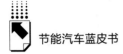

2. 脱水 - 缩合 - 氢解技术路线（中试阶段）

以木糖和葡萄糖水溶液为原料，通过脱水 - 缩合 - 氢解路线可实现单糖到液体烷烃的转化（见图 10）。在脱水 - 缩合 - 氢解路线中，设计 SM 催化剂用于木糖脱水制备糠醛，收率达 60%；控制糠醛与丙酮的缩合增长碳链选择性得到 C_8 含氧化合物（汽油组分）、C_{13} 含氧化合物（柴油组分），收率大于 95%；最终氢解得到 $C_8 \sim C_{13}$ 液体烷烃，收率约 96%，可作为车用汽油、柴油组分使用。

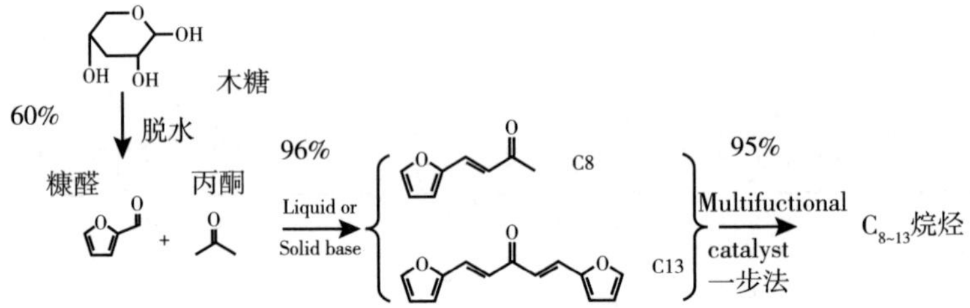

图 10　木糖和葡萄糖脱水 - 缩合 - 氢解制备汽油、柴油组分

以开发生物质基车用柴油为例，国内糠醛已实现玉米芯为原料的产业化制备，通过控制糠醛、丙酮缩合增长碳链得到 C_{13} 含氧化合物，并最终氢解得到 $C_{11} \sim C_{13}$ 直链烷烃（十六烷值高）。该技术实现全流程吨级技术中试，连续催化 600 小时，柴油组分总收率约 95%（见图 11）。该技术路线已经在国内率先实现技术中试，整体达到国内外先进水平。

目前来看，加氢 - 氢解技术路线完成技术小试，脱水 - 缩合 - 氢解路线完成了技术中试。从原料碳减排角度来看，农林废弃物等生物质是通过光合作用利用大气中 CO_2 和水生成的，不产生多余碳排放；但需控制加工过程的碳排放，如提供绿氢和绿电，保证燃料在全生命周期评价中具有碳减排的作用。

（二）生物乙醇汽油

中国石化在燃料乙醇的推广应用方面开中国之先河，中国石化早在

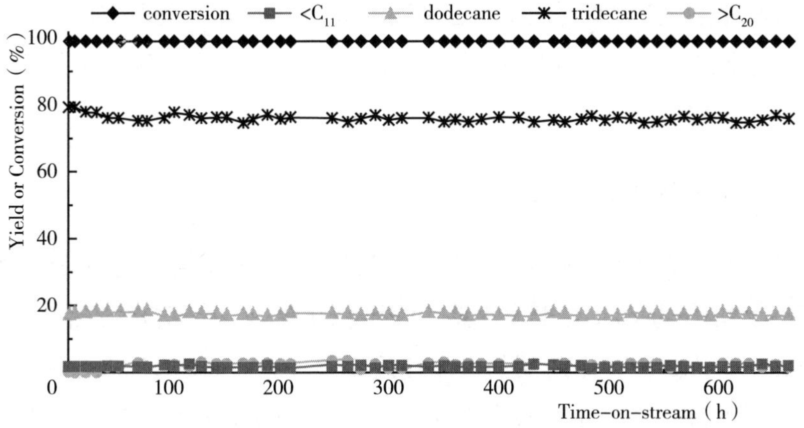

图 11　生物质柴油组分的连续制备

2000 年即牵头完成了我国第一次乙醇汽油的推广使用，不仅完成了全套的应用性研究试验，更建立了第一个车用乙醇汽油标准体系。2017 年 9 月 13 日，国家发改委、国家能源局等 15 个部门联合发布《关于扩大生物燃料乙醇生产和推广使用车用乙醇汽油的实施方案》。该方案提出，2020 年全国范围内推广使用车用乙醇汽油，并将“以生物燃料乙醇为代表的生物能源”提高到了“国家战略性新兴产业”的地位，指出“车用乙醇汽油推广使用是国家战略性举措，也是复杂的系统工程”。截至 2019 年底，以下 14 个省份及近 50 个城市已推广使用 E10 乙醇汽油：黑龙江、吉林、辽宁、河南、安徽、广西、天津全境；河北、山东、山西、江苏、内蒙古、湖北、广东的部分城市。截至目前中国是世界上第三大燃料乙醇使用国家，年消费生物质燃料乙醇超过 400 万吨，实现了目前中国最大宗的低碳燃料组分的使用。

到了国六排放时代，中国石化通过确定燃料乙醇与国六汽油调合组分调合特性及配伍关系，建立了典型国六乙醇汽油调合组分分子信息数据库；明确了现行标准对乙醇汽油中烯烃及芳烃含量准确测定的适应性；解决了乙醇汽油在使用过程中可能产生的问题，确定了满足国六排放标准的乙醇使用方案，必要时为进一步修订乙醇汽油标准、乙醇汽油调合组分油标准和清净剂产品标准提供技术依据；确定了全国实施乙醇汽油以后对中国汽油池的影响，完成了国六阶段中国车用乙醇汽油标准的技术更新与升级。

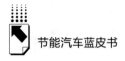

（三）生物异辛烷汽油

奥迪在开发了 E-fuel 技术后，于 2018 年开发了基于生物燃料的 e-benzin 技术。e-benzin 有很多优点，它不依赖原油，与现有的燃料基础设施兼容，并提供了一个封闭的碳循环的前景。奥迪 e-benzin 在本质上是一种液体异辛烷。它的生产过程分为两步：第一步，在生物能源工厂中产生异丁烯（C_4H_8）；第二步，在位于德国下萨克萨州的弗劳恩霍夫化学中心使用额外的氢将异丁烯通过叠合反应并进一步加氢转化为异辛烷（C_8H_{18}，辛烷值 100）。奥迪 e-benzin 作为一种高纯度的合成燃料，燃烧时污染物的含量特别低，作为一种饱和烃有助于减少内燃机的 CO 排放量，且具有良好的抗爆性能，能进一步适应高压缩比发动机，从而进一步提高热效率。

四　发展机遇与挑战

（一）E－fuel 的成本组成及价格

目前，E-fuel 的成本相对较高（高达 7 欧元/升），但随着规模效应扩大、研究不断深入以及可预期的可再生电力价格下调，可以预计，E-fuel 的成本会随着时间的推移有所降低；2050 年，E-fuel 的使用成本预计可下调至 1～3 欧元/升（不含税）。这意味着，到 2050 年，E-fuel 的使用成本可能是化石燃料成本的 1～3 倍。

在将来，E-fuel 的成本主要受到发电成本和发电设备利用率的影响。电制甲醇和电制液体燃料的成本分析，如图 12 所示。

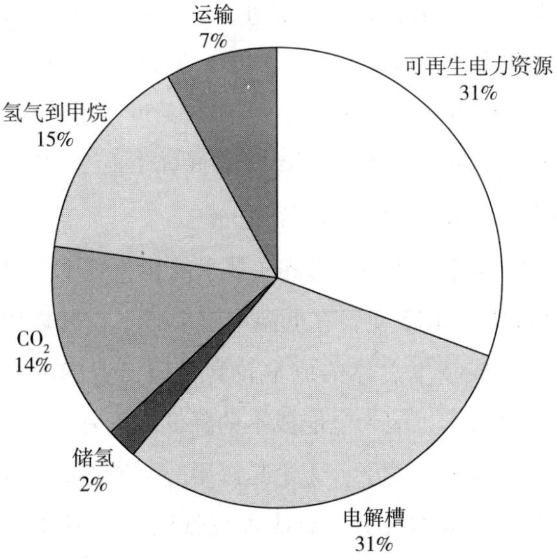

（a）E-甲烷

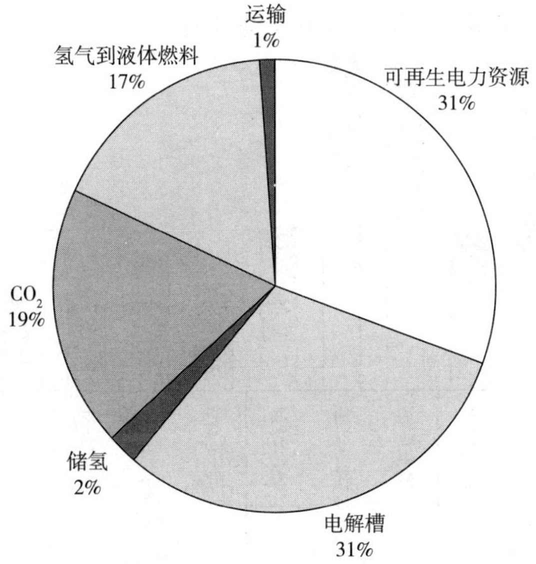

（b）E-液体

图 12　低碳燃料成本明细

资料来源：Marta Yugo ，Alba Soler，“A look into the role of e-fuels in the transport system in Europe（2030 – 2050）（literature review）”，https：//www. concawe. eu/wp – content/uploads/E – fuels – article. pdf。

所有的文献都显示，随着时间的推进，E-fuel 技术的投资也在逐渐降低（考虑到未来的规模效应和研究效果）。2015 年和 2050 年（预计）不同 E-fuel 制备技术的基本建设费用变化如图 13 所示，可以看出到 2050 年不同 E-fuel 产品制备技术在电解方面的费用均可降低到 1 欧元/升左右，并且在总费用中的占比也由高达 60% 降低到不到 30%。

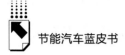

图 13 比较了 2015 年采用不同 E-fuel 技术的相关资本支出（CAPEX）以及 2050 年的预计成本。2015 年，在低温电解模式下，和以甲醇为原料的制备技术相比，费托合成技术总体的成本较高，但二者的电能和合成成本相当。若同时采用两种技术，因为电能成本的降低和没有氢能消耗，总成本降低了近一半。在高温电解模式下，无论是以甲醇为原料的制备技术，还是费托合成技术，因为电能成本较高，总成本较低温电解模式分别高约 26% 和 19%，但是若同时采用两种技术，总成本同样随着电能成本的大幅降低而降

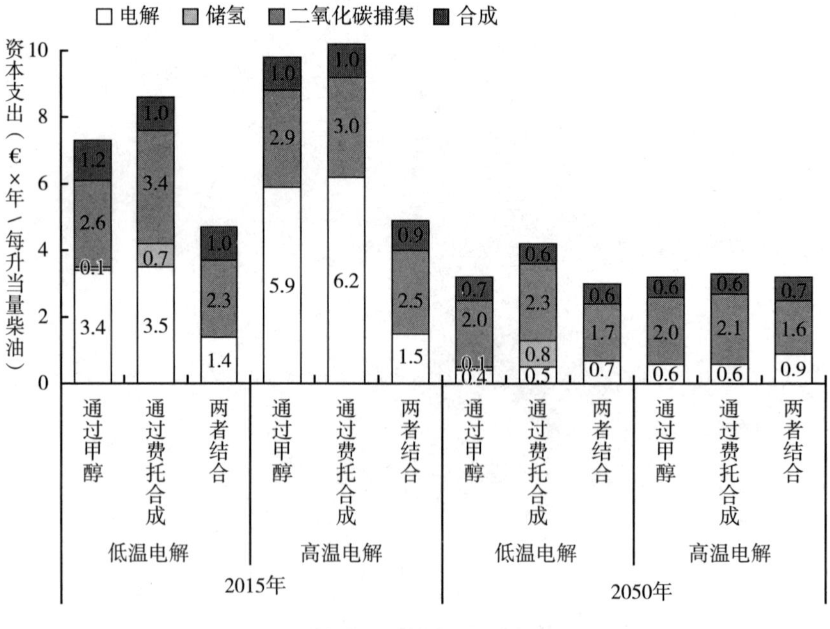

图 13　2015 年和 2050 年低碳燃料的资本支出

低，与低温电解模式下相当。预计到2050年，由于电解费用的降低，无论是低温电解模式，还是高温电解模式，以上两种技术的成本均会大幅降低。

（二）E-fuel 优点及需求

在短期内（2030年以前）E-fuel不会在运输行业产生较大的影响，但到2050年其影响力变化是可以预见的。大部分的文献资料预测，在欧洲，到2050年用于运输行业E-fuel的用量不但实现零的突破，甚至高达50～100Mtoe/年。由E-fuel驱动的运输方式会达到30%，且主要集中在航空、航海和长途运输领域。

E-fuel具有诸多优点。

（1）低CO_2排放量。与等量的化石燃料相比，E-fuel的CO_2排放量明显更低，为低碳出行提供了一种更佳的替代选择。

（2）CO_2减排能力显著。基于油井到油箱（WTT）的测算方法，E-fuel主要CO_2减排潜力在85%～96%，若是在全生命周期内分析，则减排潜力为70%。当把CO_2当作废气时，采用WTT方法测算，直接空气捕集（DAC）或者浓缩化石能源排放的CO_2，这两种方式的减排能力是相似的。

（3）能量密度更高。与电能相比，E-fuel的能量密度更高。

（4）易于存储运输。与电能相比，液体E-fuel更容易（相对廉价）储存或者运输。它们既可以长期、大规模以固定形式存储，也可以灵活储存在汽车上，这样可以缓解季节性供应波动，同时增强能源安全性。

（5）利用现有基础设施。现有基础设施仍然能够应用于E-fuel的运输和存储上，例如输气管网、液体燃料输送设施（管道）、加油站、能量储存设施、列车和燃料汽车。

（6）避免改装现有发动机。一些E-fuel能够直接应用在全部交通运输车辆中，且不用对发动机设计进行大幅改动。为减少保有汽车和新增汽车的温室气体（GHG）排放，液体E-fuel是一个替代选择，而且无须对现有汽车进行改装。

（7）高添加比例。在向天然气中添加甲醇或者向化石燃料中增加液体

E-fuel 时，在满足相应规格标准的前提下可以做到高添加比例。

（8）改善大气环境。由于 E-fuel 产生的分子可以实现良好的燃烧，因此极有可能为环境大气质量带来积极的影响。

（三）E-fuel 缺点及不足

（1）E-fuel 制备技术发展尚不成熟完善。目前 E-fuel 的生产技术仍然处于示范规模。要克服在大规模商业化生产中面临的挑战，就必须将现有示范规模放大 10 万倍。就算是挪威最近宣布的 2021 年 E-fuel 计划，要规模化也得再扩大 100 倍。

北欧蓝原油公司（Nordic Blue Crude）计划 2021 年在挪威启动 E-fuel 技术的放大生产，将采用 sunfire-synlink 的多重共电解模块，建设第一个工业化装置，在 20MW 输入功率基础上，每年可生产 1000 万升或者 8000 吨合成原油替代品 e－原油。据 Sunfire 公司预测，如果工厂投产，考虑利用工业过程的余热和环境友好的水电能源，每年将避免约 2.1 万吨的 CO_2 排放。这将为 13000 辆乘用车提供合成生态燃料。

（2）该技术中应用到的资本密集型设备数量不容忽略。可再生能源发电是合成燃料有助于减少温室气体排放的前提条件，因此，需要大幅度提高可再生电力产量。

（3）生产成本昂贵。与化石原料相比，E-fuel 的生产成本仍然高很多。

（四）E-fuel 的机遇与挑战

E-fuel 在“双碳”进程中将面临的机遇和挑战。

（1）发挥碳中性方面的潜力。E-fuel 是将水电解生成的 H_2 和 CO_2 通过催化反应而合成的液体碳氢链（燃料）。因其利用可再生能源制得，所以可以使 CO_2 的排放和吸收相同，达到“碳中性”。另外，E-fuel 可以与汽油或柴油混合使用，减少 HEV 等内燃发动机汽车在行驶过程中的 CO_2 排放量，以实现碳中性。

（2）越来越严格的环保法规。欧洲将在 2030 年引入的 CO_2 排放量限制法规非常严格，要求比2021年减少37.5%。此外，欧洲还正在讨论2025年以后采用“well-to-wheel”（一次能源从生产到行驶，WtW）的计算方法来限制排放量。欧洲著名的汽车环保性评价组织GreenNCAP提出了CO_2排放量限制法规路线图。要求在2030年以后将使用life cycle assessment（LCA）评价方法。这意味着，目前行驶过程中CO_2排放量为零的EV，在应用新的评价方法后将负有发电时产生的CO_2排放量，即CO_2排放量不再为零。

（3）汽车公司的推动。为了达到2030年的法规要求，引进E-fuel是决定性的一步。欧洲石油工业组织FuelsEurope宣布将致力于开发碳中性液体燃料。在E-fuel的研发方面领先的是德国奥迪。2017年，奥迪宣布在德国建立E-fuel的研究设施。这是为应对到2030年逐渐严格的欧洲环保法规提前做准备。丰田、日产和本田汽车公司正加大对二氧化碳（CO_2）和氢气（H_2）的合成液体燃料“E-fuel”的研究开发投入。

（4）联合碳排放量大的生产商。未来，一些密集型行业的工业过程很可能会继续排放大量CO_2，如炼油厂以及钢铁、水泥或沼气等行业。通过联合二氧化碳的工业生产商来生产E-fuel，可为E-fuel的生产提供丰富的来源。据报道，某炼油厂将需要每年3000万吨的二氧化碳来生产1000万吨的E-fuel。其中只有大约15%的二氧化碳将在炼油厂内生产，其中85%必须从另一家二氧化碳生产商进口。预计来自大排放源的二氧化碳量将超过满足E-fuel需求的二氧化碳量。

（5）商业模式可以基于拥有大型和廉价可再生能源的地区。充分开发具有地理优势的地区在光伏和风电方面的资源，实现低成本、高效、规模化生产绿氢，解决弃风、弃光难题。比如，中国的西部地区可以形成除特高压输电外的绿色甲醇生产基地，形成万亿级新能源产业。另外，可以与本地企业，特别是传统化工、冶金、建材等企业结合，发展E-fuel和其他绿色低碳新兴产业，研发高附加值产品（精细和高端化学品）和“卡脖子”等绿色产品，形成绿色低碳现代化工产业。

E-fuel面临的挑战是成本高。估算下来E-fuel的成本每升30元左右，约为汽油价格的10倍。以目前的成本竞争力，E-fuel的普及根本无望。成本高的原因是合成碳氢链的费托（FT）合成反应需在高温和高压下进行，会消耗大量能量。此外，相比投入的氢气和CO_2，通过FT反应生成的碳氢链的物质转化率仅为60%～70%，低产率也是导致成本高的原因之一。对FT方法的改良研究正在世界范围内非公开地进行。

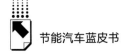

另外，需要政府构建相应的政策框架，以创造一个合适的监管框架，既能激励投资者又能为其提供机会，只有这样，企业才会发现投资E-fuel技术中的商业潜力。另外，现有的交通碳排放计算方法基于TTW原则（行驶原则），并没有激励大量生产商去投资E-fuel，因为交通减排的贡献并没有体现。

五　展望和建议

对以上的技术、经济性、能效、政策法规进行梳理，最终还要看各自技术发展情况和国家政策导向情况。现有内燃机汽车不可能瞬间消失，碳中性燃料还有发展的需求，但最终市场份额存在不确定性。国家“双碳”政策对于碳中性燃料一定程度有利，为传统化石燃料过渡到绿色、低碳、环保车型提供了另外一种可能。碳中性燃料在特定情况下仍有应用前景，如重型机械、军用装备。

参考文献

P. P. Yang, X. L. Zhang, F. Y. Gao, et al., “Protecting Copper Oxidation State via Intermediate Confinement for Selective CO_2 Electroreduction to C2 + Fuels”, *Journal of the American Chemical Society* 142 (2020).

T. Kong, Y. Jiang, Y. Xiong, “Photocatalytic CO_2 Conversion: what can We Learn from Conventional COx Hydrogenation?” *Chem. Soc. Rev.* 49 (2020).

B. Hu, C. Guild, S. L. Suib, “Thermal, Electrochemical, and Photochemical Conversion of CO_2 to Fuels and Value-added Products”, *Journal of CO_2 Utilization* 1 (2013).

C. Acar, I. Dincer, "Review and Evaluation of Hydrogen Production Options for Better Environment", *J. Clean. Prod* 218 (2019).

Y. Wang, S. Zhang, "Conomic Assessment of Selected Hydrogen Production Methods: A Review", *Energy Sources, Part B: Economics, Planning, and Policy* 1022 (2017).

S. Tojo, T. Hirasawa, *Research Approaches to Sustainable Biomass Systems* (Tokyo: Academic Press, 2013).

G. W. Huber, R. D. Cortright, J. A. Dumesic, "Renewable Alkanes by Aqueous-phase Reforming of Biomass-derived Oxygenates", *Angewandte Chemie International Edition* 116 (2004).

E. L. Kunkes, D. A. Simonetti, R. M. West, et al., "Catalytic Conversion of Biomass to Monofunctional Hydrocarbons and Targeted Liquid-fuel Classes", *Science* 322 (2008).

G. W. Huber, J. N. Chheda, C. J. Barrett, et al., "Production of Liquid Alkanes by Aqueous-Phase Processing of Biomass-derived Carbohydrates", *Science* 308 (2005).

R. Xing, A. V. Subrahmanyam, H. Olcay, et al., "Production of Jet and Diesel Fuel Range Alkanes from Waste Hemicellulose-derived Aqueous Solutions", *Green Chemistry* 12 (2010).

I. T. Horvath, H. Mehdi, V. Fabos, et al., "γ-Valerolactone: A Sustainable Liquid for Energy and Carbon-based Chemicals", *Green Chemistry* 10 (2008).

J. Q. Bond, D. M. Alonso, D. Wang, et al., "Integrated Catalytic Conversion of γ-Valerolactone to Liquid Alkenes for Transportation fuels", *Science* 327 (2010).

S. M. Sen, C. A. Henao, D. J. Braden, et al., "Catalytic Conversion of Lingocellulosic Biomass to Fuels: Process Development and Technoeconomic Evaluation", *Chemical Engineering Science* 67 (2012).

J. Y. Xin, D. X. Yan, O. Ayodele, et al., "Conversion of Biomass Derived Valerolactone into High Octane Number Gasoline with an Ionic Liquid", *Green Chemistry* 17 (2015).

J. P. Lange, R. Price, P. M. Ayoub, et al., "Valeric Biofuels: A Platform of Cellulosic Transportation Fuels", *Angewandte Chemie International Edition* 49 (2010).

A. V. Subrahmanyam, S. Thayumanavans, G. W. Huber, "C—C Bond Formation Reactions for Biomass-derived Molecules", *ChemSusChem* 3 (2010).

A. Corma, O. Torre, M. Renz, "Production of High Quality Diesel from Cellulose and Hemicellulose by the Sylvan Process: Catalysts and Process Variables", *Energy & Environmental Science* 5 (2012).

T. J. Wang, K. Li, Q. Y. Liu, et al, "Aviation Fuel Synthesis by Catalytic Conversion of Biomass Hydrolysate in Aqueous Phase", *Applied Energy* 136 (2014).

G. Y. Li, N. Li, X. K. Wang, et al., "Synthesis of Diesel or Jet Fuel range Cycloalkanes with 2-Methylfuran and Cyclopentanone from Lignocellulose", *Energy & Fuels* 28 (2014).

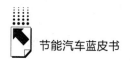

J. F. Yang, N. Li, G. Y. Li, et al., "Synthesis of Renewable High-density Fuels Using Cyclopentanone Derived from Lignocellulose", *Chemical Communications* 50 (2014).

H. Xu, J. Ma, P. Tan, et al., "Enabling Thermal-neutral Electrolysis for CO_2-to-fuel Conversions with a Hybrid Deep Learning Strategy", *Energy Conversion and Management* 230 (2021).

J. Wei, Q. Ge, R. Yao, et al., "Directly Converting CO_2 into a Gasoline Fuel", *Nature Communications* 8 (2017).

C. P. Nicholas, "Applications of Light Olefin Oligomerization to the Production of Fuels and Chemicals", *Applied Catalysis A: General* 543 (2017).

M. E. Dry., "Present and Future Applications of the Fischer-Tropsch Process", *Applied Catalysis A: General* 276 (2004).

M. K. Gnanamani, G. Jacobs, Gary Jacobs, et al., "Hydrogenation of Carbon Dioxide over Co-Fe Bimetallic Catalysts", *ACS Catalysis* 6 (2016).

K. A. Rogers, Y. Zheng, "Selective Deoxygenation of Biomass-Derived Bio-oils within Hydrogen-Modest Environments: A Review and New Insights", *ChemSusChem* 9 (2016).

A. Galadima, O. Muraza, "Catalytic Upgrading of Vegetable Oils into Jet Fuels Range Hydrocarbons Using Heterogeneous Catalysts: A Review", *Journal of Industrial and Engineering Chemistry* 29 (2015).

张琦、李宇萍、陈伦刚等:《百吨/年规模生物质水相合成航油类烃过程的物质与能量转化》,《天津大学学报》2017 年第 1 期。

史建公、刘志坚、刘春生:《二氧化碳加氢制低碳烯烃技术进展》,《中外能源》2019 年第 2 期。

赵丽萍、伏朝林、邢恩会等:《固体酸催化烯烃叠合技术研究进展》,《石油炼制与化工》2020 年第 8 期。

B.10
自主车企混动专题研究

刘 卓 毛 斌 白晨旴 彭丽惠*

摘 要： 2020年国内汽车市场进入平台期，新能源销售未达预期，混动汽车市场迎来发展机遇：双积分修订版将传统车油耗门槛作为新能源积分结转条件；实现双碳目标需全行业节能减排；《节能与新能源汽车技术路线图2.0》提出传统车在2035年实现全面混动化。随着油耗法规的加严，48V轻混技术局限性渐显，国内车企逐渐转向重度混动技术。综观整个汽车产业，混动技术路线纷繁多样：日系品牌使用功率分流、串并联和串联这三条技术路线，并不断迭代；美系品牌贯彻功率分流技术路线；欧洲品牌青睐P2技术路线；国内自主车企以日系混动技术为竞争标杆，吉利、长城、比亚迪、广汽等车企相继发布DHT产品。

关键词： 混动技术 自主品牌 节能

一 自主混动发展方向

混动的中文词语来源于英文的“Hybrid”，而Hybrid这个词最早来源于希腊语，意思是“混合”或“两个源头”。混动汽车通过至少两个能量转换

---

* 刘卓，广汽研究院混动集成部集成技术科副科长，主要研究领域为混动系统集成；毛斌，博士，广汽研究院混动集成部集成技术科责任工程师，主要研究领域为混动系统集成性能开发；白晨旴，广汽研究院混动集成部集成技术科性能室室主任，主要研究领域为混动系统集成；彭丽惠，中国汽车工程研究院股份有限公司研究员，主要研究领域为新能源与智能网联产业。

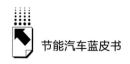

器和能量存储系统来驱动车辆。能量转换器为带有油箱或电池等能量存储系统的汽油发动机、柴油发动机或电动机。广义的混动包括插电式混合动力（PHEV）以及非插电式混合动力的轻度混动、中度混动和重度混动。

2020年受新冠肺炎疫情影响，国内汽车销量低迷。但对我国混动汽车来说，2020年却是发展的关键转折之年，混动汽车或将逐步走向国内汽车市场舞台的中央，主要有三个方面推动。

第一，2020年6月29日，工业和信息化部正式发布《乘用车企业平均燃料消耗量与新能源汽车积分并行管理办法》修订版。在新能源车销量未达到预期、新能源补贴下降的背景下，为改变积分过剩、企业CAFC油耗下降而传统车油耗并未下降的现状，修订版管理办法降低了新能源单车积分，降低对低油耗车新能源积分需求，将传统车油耗门槛作为新能源积分结转条件，通过一系列调控手段提高积分价值，鼓励企业发展节能汽车，降低传统车实际油耗。

第二，2020年9月22日，习近平主席在联合国会议发表讲话，发布“双碳目标”：CO_2排放力争于2030年前达到峰值，努力争取2060年前实现碳中和。2019年，我国交通运输领域碳排放总量11亿吨左右，占全国碳排放总量10%左右，其中公路交通占74%、水运占8%、铁路占8%、航空占10%左右。汽车行业作为我国实现碳达峰、碳中和重要支撑行业之一，需要全行业节能减排。汽车行业有专家提出希望行业碳排放总量提前在2028年达峰。未来国内采用全生命周期CO_2排放核算体系后，制造电池以及发电产生的CO_2将根据电耗折算为每公里CO_2排放，电动车将不再有“零油耗”的绝对优势，电动车全生命周期碳排放相对HEV的优势将减小。

第三，中国汽车工程学会于2020年10月27日发布《节能与新能源汽车技术路线图2.0》，其为混动汽车的发展提出了清晰的目标，即2035年将全面替代传统能源车型，混动销量占传统能源比例的规划在2025年、2030年和2035年依次为50%～60%、75%～85%和100%。随着法规要求趋严和国家对节能路线的规划，大力推进混动汽车并保证燃油车燃效持续提升是国内传统车企必然之路，也是各企业的研发重点。

二　国内混动技术发展情况

（一）广汽传祺

广汽传祺于2017年6月推出传祺GS4 PHEV第一代插电式混合动力技术，2020年初传祺推出新一代传祺GS4 PHEV第二代插电式混合动力技术。两代PHEV的关键指标参数如表1所示。

表1　传祺第一代与第二代GS4 PHEV关键参数指标

项目		第一代GS4 PHEV	第二代GS4 PHEV
参数	轴距（mm）	2650	2680
	长×宽×高（mm）	4510×1852×1708	4545×1856×1700
	底盘悬挂	前麦弗逊/后多连杆	前麦弗逊/后多连杆
动力	动力	1.5L ATK（国五）	1.5TM（国六B）
	变速器	G-MC机电耦合系统	G-MC机电耦合系统
	发动机功率（kW）	71	110
	发动机扭矩（Nm）	120	235
	驱动电机功率（kW）	130	130
	驱动电机扭矩（Nm）	300	300
	纯电续航（km）	58	61
	综合油耗（L/100km）	1.6	1.3
	B状态油耗（L/100km）	5.2	4.6

资料来源：公开数据。

1. 发动机

2020年4月，广汽传祺推出第二代GS4 PHEV。如图1所示，其搭载广汽传祺第三代235T的1.5TM发动机，采用350bar超高压直喷、GCCS燃烧控制、水冷中冷技术、缸体缸盖分流冷却、平衡轴及DMF设计应用。实现同级最优的整机热效率38.5%，功率达110kW，满足国六B排放法规要求；兼顾低油耗设计及动力性响应需求，配合驱动电机动力输出，使整车获得良好的动力及经济性。

图1　广汽 GCCS 燃烧系统

1. 5TM 发动机采用进气水冷技术、低惯量大脉冲增压器，发动机在中低速范围内扭矩响应速度提高 13% ~24%，更快的低速扭矩响应速度，提高了驾驶乐趣。1. 5TM 发动机还可媲美四缸机的发动机 NVH 水平：平衡轴及 DMF 设计应用，并辅以被动降噪措施。发动机 NVH 优于合资同排量三缸机，整机 NVH 优于竞品车 1. 5T 发动机。

2. G-MC 机电耦合系统

广汽传祺 G-MC 机电耦合系统采用混动专用变速器（DHT）开发理念，具备多功能集成、多模式驱动等特点。其采用了电机油冷等新技术应用：依靠液压系统来实现强制喷淋冷却电机，有效提高了电机散热能力，同时实现液压系统功能的集成降低损耗。其采用集成一体化设计，使系统更加紧凑，减小了尺寸，降低了成本和重量，提高了布置可行性。提高了机电耦合系统的通用性，匹配自主开发的 1. 5TM 发动机组成混动总成实现了在跨平台车型上的模块化应用。G-MC 结构简单、紧凑，驱动电机功率 130kW，扭矩 300Nm，最高综合效率超 92. 5%。G-MC 匹配 1. 5TM 发动机后，G-MC 也升级至 G-MC1. 1，动力性提升 65%，油耗下降 10%。2019 年，广汽自主研发的混动专用变速器 G-MC 凭借高性能、高可靠性，获得“世界十佳变速器”称号。

如图 2 所示，G-MC 机电耦合系统是串并联结构，具有双电机，可以实现纯电、增程（串联）、混动（并联）等工作模式；根据行驶工况需求，智能分配机电耦合系统的各种工作模式，达到动力性和经济性平衡。

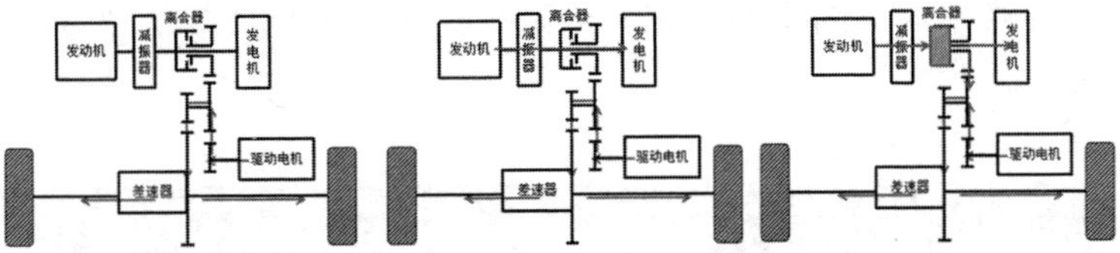

图2 广汽传祺 G-MC 工作模式

(1) 纯电模式下，离合器处于分离状态，发动机和发电机不工作，仅驱动电机工作，能量全部来源于动力电池；用于动力电池剩余电量高于一定值时。

(2) 低速增程模式下，离合器处于闭合状态，发动机启动，驱动发电机发电，驱动电机驱动车辆行驶；用于剩余电量较低时的低速行驶工况。

(3) 高速混动模式下，离合器结合，发动机输出动力部分驱动发电机发电，部分输出与驱动电机动力耦合，最后输出到差减，驱动车辆行驶；用于剩余电量较低时的高速行驶工况。

3. 未来发展趋势

广汽于2020年9月发布钜浪动力品牌，该品牌形成了两大领域、三种支撑、六个板块完整的产品架构；涵盖发动机、变速器两大领域；包含高效发动机、高效变速器、混动产品三大支撑；1.5L、2.0L、混动专用发动机DHE、DHT、AT、湿式双离合变速器WDCT六个板块。其中广汽2.0TM发动机应用了广汽GCCS燃烧控制系统等多项先进技术，集成了低温冷却废气再循环技术、双流道增压器技术等，最高功率140kW，最大扭矩320Nm，在同类型发动机中处于国际先进水平；在燃油经济性方面，2.0TM发动机最高热效率达到40.23%。

广汽于2021年上海车展发布广汽“绿擎技术”，如图3所示。采用自主研发的高效发动机，包含两套双电机混动系统，一套是广汽自主研发的2.0TM发动机匹配丰田油电混合双擎动力系统THS（下称THS系统），另一套是完全由广汽自主研发的2.0ATK发动机匹配GMC机电耦合系统。搭载广汽“绿擎技术”的车型，相较传统燃油车，碳排放降低超过30%，处于行业领先地位。

图3　广汽绿擎技术

广汽传祺下一代G-MC具备完整自主知识产权构型和设计方案，首创集成式双电机多挡位DHT，并持续引领国内双电机串并联结构技术发展，打破国际汽车巨头的专利壁垒和技术壁垒。高度集成双电机及电机控制、传动变速机构、离合器等部件，GMC通过多挡化设计，进一步优化发动机实际工作点，合理高效地分配动力，可实现纯电动、增程、混动、燃油直驱等多种能量分配模式，热效利用系数高达95.5%，让发动机在不同工况下均运行在效率更高的区间。此外，GMC在国内率先采用变压技术，扩大电机系统的高效工作区域，推动电机和电池小型化，大幅降低油耗。

（二）长城

2020年12月，长城汽车发布“柠檬混动DHT”技术，如图4所示，其核心为七合一双电机DHT混动总成，配合三合一两挡电驱动桥，实现两驱和四驱两种动力架构，涵盖 1.5L + DHT100、1.5T + DHT130、1.5T + DHT130 + P4 三套动力总成，其中 DHT100 和 DHT130 计划于 2021 年量产。在此基础上，搭载不同电量锂离子动力电池（HEV1.8kWh，PHEV13 ~ 45kWh），实现 HEV 和 PHEV 两种动力形式。长城混动 DHT 技术平台主要包括三种混动架构：两驱 HEV 混动架构侧重多模切换带来的优异经济性；两驱 PHEV 混动架构超长续驶里程；四驱 PHEV 混动架构侧重动力性、低附通过性和行驶稳定性。其中，高度集成的七合一双电机 DHT 混动总成发动机功率/扭矩范围为：70 ~ 110kW/125 ~ 230Nm，驱动电机功率扭矩范围为：100 ~ 130kW/250 ~ 300Nm，发电机功率扭矩范围为 70 ~ 81kW/80 ~ 125Nm，发动机直驱 2 挡，电机直驱 1 挡，配合集成 DCDC 和双电机控制器，如图4（b）所示。电机控制器采用英飞凌芯片和长城自主研发的控制算法。三合一两挡电驱动桥电机功率 135kW，扭矩 235Nm，2 挡并采用高度集成化设计。

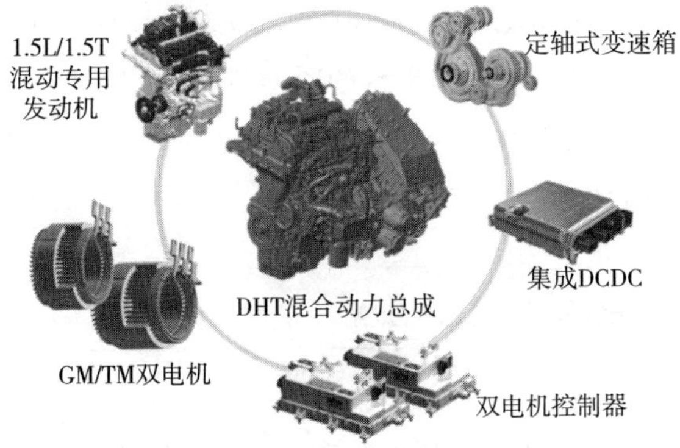

（a）

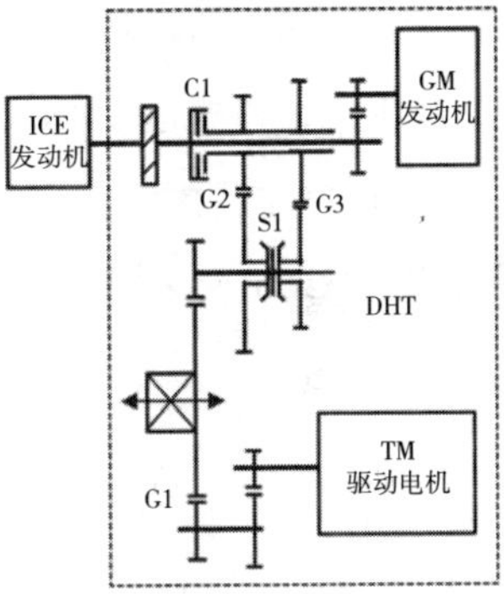

（b）

图 4　长城柠檬混动：（a）高度集成式七合一构型设计（b）双电机混联拓扑结构

柠檬混动 DHT 可实现多种工作模式，如图 5 所示。纯电模型下，发动机停机，动力电池提供电能，驱动电机 TM 驱动车辆；串联模式下，ICE 带动 GM 发电，TM 驱动车辆；动力直驱模式下，发动机通过大速比与 TM 一起驱动车辆；经济直驱模式下，发动机通过小速比与 TM 一起驱动车辆。全油门工况下，发动机、GM、TM 共同驱动车辆；回收工况下，TM 回收动能。

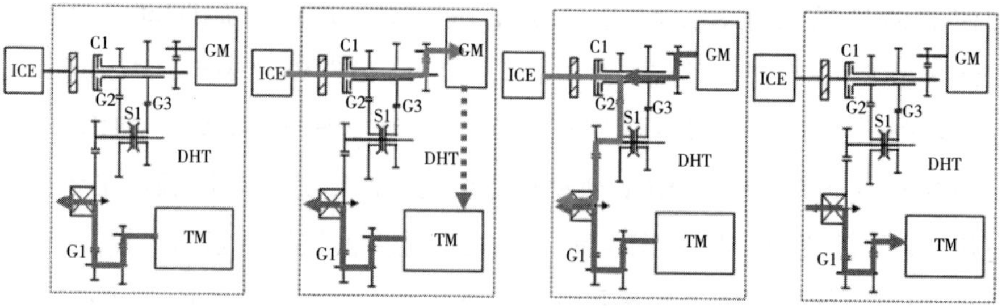

图5　长城柠檬混动工作模式

车型搭载方面，两驱HEV覆盖A级车和B级车，如表2所示。A级车搭配动力总成1.5L+DHT100，系统功率约140kW；B级车搭配动力总成1.5T+DHT130，系统功率约180kW。两驱PHEV覆盖A级车和B级车：A级车搭配动力总成1.5L+DHT100，系统功率约170kW；B级车搭配动力总成1.5T+DHT130，系统功率约240kW。全时四驱PHEV针对C级车开发，搭配动力总成1.5T+DHT130+P4，系统功率约320kW，最大爬坡能力可达65%。据悉，柠檬混动DHT将首搭WEY咖啡平台的紧凑型SUV玛奇朵，采用1.5L阿特金森发动机102kW，电机功率154kW，综合最大功率190kW，油耗4.7L/100km，最大续航里程1100km。

表2　长城柠檬混动部件规格

车型级别	动力形式	发动机	混动变速箱	系统功率(kW)	电池(kWh)
A级车	HEV	1.5L	DHT100	140	1.8
	PHEV			170	13~45
B级车	HEV	1.5T	DHT130	180	1.8
	PHEV			240	13~45
C级车	PHEV	1.5T	DHT130+P4	320	13~45

（三）吉利

2017年5月吉利发布“智擎”新能源动力系统，如图6所示。其中“智擎”是属于iNTEC技术品牌下五个模块中的“动力模块”，还可分为

“智擎电动”、“智擎醇动”、“智擎氢动”以及已经实现量产并搭载至实车的“智擎混动”四大部分，分别代表着纯电动、替代燃料、氢燃料电池和混动四大动力系统技术路线。48V 轻混系统以及插电式混合动力技术目前已经实现了量产（吉利博瑞 GE 和吉利嘉际等车型）。

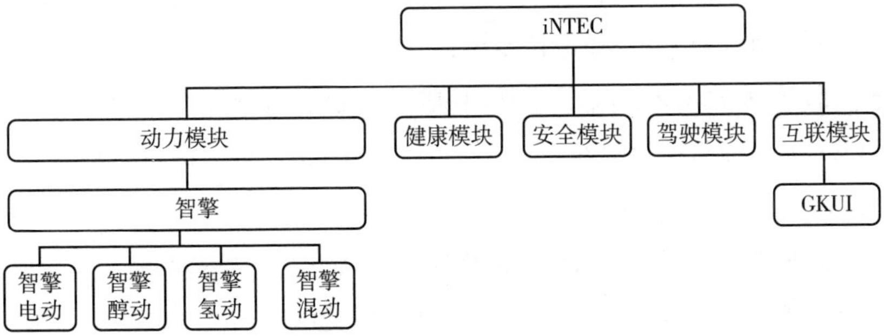

图 6　吉利 iNTEC 技术品牌

如图 7 所示，吉利智擎混动平台是基于吉利“1. 5TD + 7DCT 动力总成平台”，通过 P2. 5 混动构型结合空间集成、功能集成、即插即用组态式系统，解决了混动平台紧凑性与兼容性难题。吉利将深度米勒增压技术应用到 HEV 混动平台。在 PHEV 方面，先进的“芯算”e 混动 AI 精算系统打造出最智能、最省油的插电式混合动力产品，实现了轿车、SUV、MPV 品类覆盖，目前嘉际、博瑞 GE、缤越、星越等均已推出 PHEV 车型。

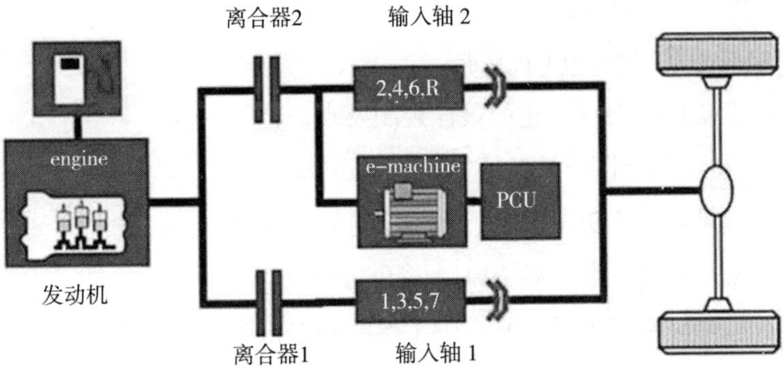

图 7　吉利 P2. 5 混动架构

吉利采用的混动构型为并联“P2.5架构”，是指将电机置于变速器内，通过动力耦合策略，将电机和变速器形成整体的方案。较传统P2架构，动力输出更强，动力衔接更顺畅；相比P3路线，P2.5结构紧凑，空间占用率小，空间布局合理。

在成本方面，P2.5混动系统只需要在原纯燃油车的基础上加一台60kW的发电机（电动机），一套电控系统，一个电池组。缤越PHEV的车内空间和燃油版缤越差异不明显。吉利PHEV车型的电池组采用T字型布局，11.3kWh的电池组被放置在车身中央通道和油箱位置，电机集成在变速箱内，不占用后排和后备厢空间。

搭载智擎·混动系统的车型可将导航规划与混动系统的效率相结合，提前进行整个导航道路的能量规划。分不同路段执行能量管理策略，根据导航后台反馈的路况拥堵信息，自行选择最适宜的驾驶模式，让出行变得愈发智能高效，实现“智能地图能量管理模式”。

据调研，吉利正在开发新一代混动专用动力总成平台，开发过程中更重视用户的真实使用工况，尤其是城市拥堵路况，并覆盖多种混动技术路线，包括MHEV/HEV/PHEV/REEV，实现更优的节能效果和更强的动力表现。

吉利混动变速箱技术向着P1+P2/3技术方向发展。变速箱采用多挡齿轮设计，满足动力性能需求；传动比设计要求发动机在所有工况下都运行在最优工作区。保留C0离合器以实现纯电驱动和发动机启动模式时，满足控制发动与传动系统分离的要求。

P1电机设计要满足以下要求：

（1）发动机启动或停止的最佳控制要求。

（2）C0离合器打开时满足怠速充电的要求。

（3）满足发动机负荷调整、优化充电效率的要求。

（4）满足低速工况卓越NVH性能的要求。

（5）满足极端工况及串联行驶工况的功率扭矩需求。

P2/3电机设计需满足以下需求：

（1）设计的功率扭矩满足动力性需求。

（2）满足低速工况下卓越 NVH 要求。

（3）满足能量回收效果的要求。

其混动发动机计划在 2025 年达到 50% 指示热效率的实验室目标，并实现 45% 有效热效率 DHE 量产。

吉利当前在研的深度米勒机型 GHE 1.5L TGDI，是新发动机平台的 base 机型。开发目标是高效、低油耗、NVH 优化、性能优化、耐久好、成本可承担。GHE 米勒机型热效率 42.5%，全迈普当量比控制为 1，最大功率为 105kW，满足未来排放和扩展 RDE。其采用的开发技术方案：高效米勒循环发动机，高湍流湍动能，低摩擦，350bar 喷射系统帮助混合气形成，13∶1 压缩比。低压废气再循环 LP-EGR，水冷中冷，电子水泵，分体冷却，冷却水温度调节模块，电子活塞喷射冷却。采用了质量平衡系统和双质量飞轮来改善车辆 NVH 表现。采用铝压铸正时罩和声学罩。

该机型的重点优化工作为：

（1）全新缸盖设计，紧凑型燃烧室减少热损失，提高滚流比，改善进气。集成排气歧管，快速暖机。冷却水套配合 lambda1 设计。

（2）全新配气机构，液压 VVT、中置 OCV 阀。DOHC，进气凸轮有锁止点用于提升动态响应。排气阀杆充钠，降低全负荷 lambda1 的爆震倾向。

（3）中置直喷、侧置火花塞：改善气体运动，降低燃烧持续期以提高燃烧效率。火花塞附近湍动能增加，改善点火和加快燃烧速率遏制爆震。

（4）350bar 喷油、六孔喷油器：降低 PN，减少壁面油膜质量。

（5）压缩比 13。

（6）增压器优化：低惯量涡轮，电控旁通阀。压气机进行了镍磷镀，防止氧化、水蒸气和颗粒的腐蚀。后处理：三元催化和颗粒捕捉器（GPF）。

（7）LP-EGR：改善爆震、降低泵气损失和传热损失，降低排温（燃烧效率高）。和高压 EGR 相比，低压 EGR 可以覆盖全部的发动机转速和负荷。LP EGR 在 TWC 和 GPF 之间取气，连在压气机轮前。同时有 EGR 阀，使小负荷下也有足够的压差。有 EGR 冷却，全 map EGR 气流最高温度不超过 150℃。120mJ 高能点火线圈。

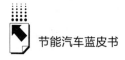

（8）全新进气系统，水冷中冷，布置在进气歧管顶端。节气门纵置防止水凝结和结冰。紧凑型布置，提高了EGR的响应。

（9）缸体缸盖分体冷却，发动机冷却系统配备450W电子水泵和冷却水温度调节模块。快速暖机，缸盖温度高降低爆震倾向。

（10）两级机油泵+电控活塞油冷。曲轴偏置10mm、刚度优化，改善NVH性能。

（11）缸体水套变浅，有利于暖机、改善温度不均匀性、减少散热。采用belt-in-oil来驱动机油泵。

（12）调整正时系统，增加皮带宽度到20mm、减重、改善NVH。

（13）采用全铝正时罩。降摩擦措施：总计25项降摩擦措施，如10mm的曲轴偏置减少活塞侧向力、低摩擦油、凸轮轴滑动轴承变滚动轴承等。

（四）比亚迪

比亚迪第四代插电式混合动力技术DM（Dual Modes）双平台战略于2020年6月发布。如表3所示，2008年，DM1技术发布并搭载F3DM，采用1.0L三缸发动机搭配双电机和单减速器，发动机功率50kW，电机功率25kW、50kW，可实现纯电、增程、混动模式，能耗16kWh/100km，综合工况油耗2.7L/100km。2013年，DM2发布并搭载在唐DM 2015款，采用2.0T发动机搭配6速湿式双离合变速箱，P3+P4双电机方案。其中，发动机功率扭矩151kW/320Nm，电机峰值功率扭矩110kW/250Nm，百公里加速表现为4.9s。此外，DM2还有双擎四驱版本。第三代DM3技术于2018年发布并搭载于全新一代唐。较DM2，DM3为改善馈电情况下经济性差、驾驶平顺性差问题，在P0位置增加了25kW的BSG电机，并将P4电机提升至180kW/380Nm，纯电续航100km，百公里加速4.3s。

表3　比亚迪插电式混合动力发展历程

代别	发动机排量	混动系统	发电机(kW)	驱动电机(kW)	电池容量(kWh)
第一代DM	1.0L	双电机串并联	25	50	—
第二代DM	2.0T	P3+P4	110	110	—

续表

代别		发动机排量	混动系统	发电机(kW)	驱动电机(kW)	电池容量(kWh)
第三代 DM		2.0T	P0 + P3 + P4	110	180	—
双平台 DM	DM-i	1.5L 阿特金森/1.5Ti	双电机串并联	75/90	132/145/160	8.3 ~21.5
	DM-p	2.0Ti	P0 + P3 + P4	110	180	17 ~22.3

资料来源：2021 汽车混动技术峰会。

2020 年 6 月，比亚迪发布双平台 DM 战略，其中，DM-p 四驱动力版继承 DM3 强劲动力，主打驾驶乐趣；DM-i 超级混动版在 DM1 基础上进行创新性继承，主打行车能耗。全新 DM 平台核心部件包括专用高效发动机、EHS 电混系统、架构控制系统（自研，包括 VCU/ECU/TCU）和专用刀片电池。DM-i 骁云插电式混合动力专用 1.5L 阿特金森发动机，功率 81kW（6000rpm），扭矩 135Nm（4500rpm），该发动机压缩比可达 15.5，配合冷却 EGR 热效率 43.04%。智能热管理方面采用缸体缸盖分体冷却，搭配电子水泵、电子节温器、传统蜡式双节温器和缸体水套插片技术。在减摩擦方面，采用低张力活塞环组，气门采用液压挺柱和滚子摇臂，优化连杆和主轴颈，可变排量机油泵，无皮带驱动附件系统。在控制方面也进行了相应优化，自主开发发动机控制策略，EGR 和 ETC 模型精度优于行业目标控制水平。用于覆盖 C 级车的 1.5Ti 高效发动机压缩比 12.5，采用米勒循环和可变截面涡轮，实现 40% 热效率。如图 8 所示，EHS（Electric Hybrid System）电混系统采用双电机串并联架构，根据驱动电机峰值功率、扭矩的不同分为 EHS132、EHS145、EHS160 三款。EHS132 和 EHS145 发电机峰值功率约 75kW，EHS160 将此指标提升至 90kW。在电机电控方面，采用最高效率 97.5% 的扁线电机和第四代 IGBT。电池方面采用功率型刀片电池，电池包电量范围 8.3 ~21.5kWh，单节电池电压 20V。双电机串并联架构使发动机主要工作在高效区，秦 plus DMi、宋 plus DM-i 最低荷电状态百公里油耗表现分别为 3.8L 和 4.4L；百公里加速水平为 7.3s 和 7.9s。唐 DM-i 搭载 1.5Ti 发动机，最低荷电状态百公里油耗表现 5.3L。

DM-p 搭载汉 DM，前轴采用 2.0Ti 141kW/320Nm 发动机，P4 电机调整为

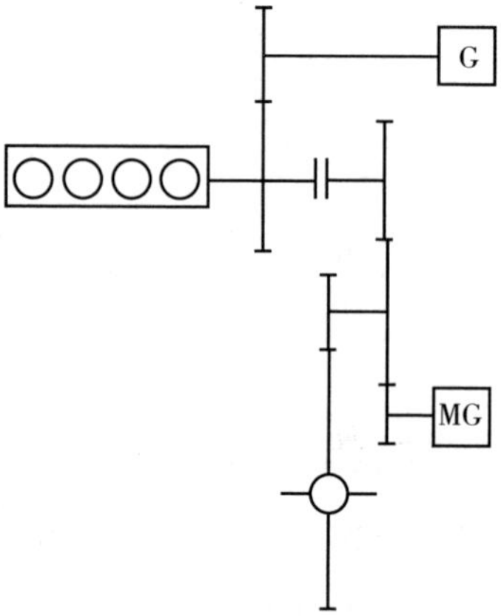

图 8　比亚迪 EHS 电混系统

180kW/330Nm，最低荷电状态百公里油耗表现 5.9L，百公里加速用时 4.7s。

刀片混动电池专门针对 PHEV 车型开发，2021 年进入 DM4.0 时代，刀片混动电池搭载全新 DM – i 和 DM – p 平台。刀片混动电池秉承 7S 概念，即超级成本、超级强度、超级安全、超级功率、超级低温性能、超级寿命和超级续航，针对不同续航里程需求的 PHEV 开发的产品序列如表 4 所示。

表 4　刀片电池产品序列

续航	电池容量(Ah)	电池电量(kWh)	电压(V)
50km	26	8.32	320
		10	384
100km	40	21.5	537.6
	42	22.85	544
120km	47.7	18.32	384

（五）长安

长安于 2017 年发布香格里拉计划，规划于 2050 年全面实现动力总成电气化。基于 P2 构型的 HF 电动化平台架构是混动化的核心，包括插电式混合动力 PHEV、低压混动 LV-HEV、高压混动 HV-HEV 产品，如表 5 所示。

表 5　长安混动平台策略

动力形式	系统电压(V)	系统电功率(kW)	系统电量(kWh)
PHEV	350	100	30
HV – HEV	260	65	1.6
LV – HEV	48	25	0.9

资料来源：2021 汽车混动技术峰会。

长安第一代插电式混合动力主要包括以逸动 PHEV 为代表的 P2 构型，采用 1.0T 功率 86kW 发动机，P2 电机 80kW，搭配双离合变速箱，综合油耗 1.6L/100km；P13 构型以 CS75 PHEV 为达标，采用 1.5T 发动机，系统综合功率 255kW，综合油耗 1.6L/100km，百公里加速 8s。长安第二代混动平台蓝鲸动力包括高效化发动机平台架构和电动化的混动平台架构，其油电混驱系统解决方案包括米勒循环发动机、集成式 P2 和功率能量兼顾型电池，主要参数如表 6 所示。蓝鲸发动机分为中排量高性能发动机和 NE 中小排量高效能（1.4T、1.5T）发动机。以 NE 1.5T 发动机为例，功率 132kW，采用 VVT、米勒循环、350bar 直喷、全铝缸体、增压、EGR、NVH 优化、电子节温器、活塞油冷等先进技术。

表 6　长安 HF 混动系统主要参数

指标	HF PHEV	HF LV-HEV
发动机	1.5TGDI	1.5TGDI
电机功率(kW)	80 ~ 120	20 ~ 30
电机扭矩(Nm)	280 ~ 330	140 ~ 160
电机布置	P2	P2
电池电压(V)	300 ~ 380	48
电池总电量(kWh)	15 ~ 30	0.9

资料来源：2021 汽车混动技术峰会。

HF 混动电动化平台架构包括 HF640 和 HF630 系统。其中，HF640 变速器 HV-HEV 方案系统电压 260 ~ 300V，电功率 65kW，电池电量 1.6kWh；PHEV 方案系统电压 300 ~ 380V，电功率 100kW，电池电量 10 ~ 30kWh。

HF640 于 2021 年 2 月 10 日首台下线。长安全新 PHEV 车型为 1.5T + HF640 的蓝鲸电驱系统，将首搭 UNI-K。

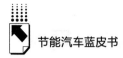

（六）上汽

上汽从 2008 年开始发展 PHEV，2009 年开始研发双电机的两挡构型，2013 年开始推向市场，在 2016 年实现全系列车型的搭载和推广，包括最高端的荣威 e950 和网红 SUV eRX5 等。2019 年 7 月上汽乘用车将 EDU G2 推向市场。

1. 上汽 EDU 一代混动系统

EDU 的零部件构成如图 9 和图 10 所示，主要构成是“双离合器（C1、C2）”、“双电机（TM、ISG）”、液压机构与两挡齿轮。其中离合器采用干式离合器，具备免维护、无拖拽损失的特点，响应时间小于 200ms。ISG 与 TM 电机均采用具有良好制造工艺的高性能、高质量永磁同步电机。

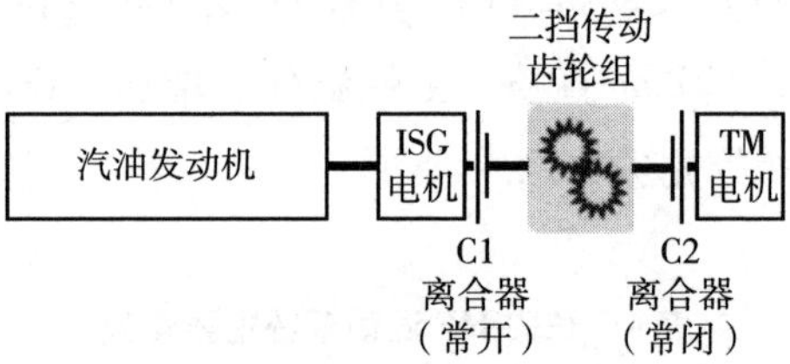

图 9　上汽 EDU 一代结构

EDU 一代的关键技术参数如表 7 所示。

表 7　EDU 一代关键参数

发动机	参数	ISG 电机	TM 电机
4 缸 1.5VCT	电机类型	三相永磁同步电机	三相永磁同步电机
80kW@6000rpm	峰值功率	27kW(10s)@300Vdc 25kW(10s)@280Vdc	50kW(10s)@300Vdc 44kW(10s)@280Vdc
	持续功率	14kW@280Vdc	26kW@280Vdc

续表

发动机	参数	ISG 电机	TM 电机
135kW@4500rpm	峰值扭矩	147kW(10s)(0～1450rpm)@额定电压	317kW(10s)(0～1325rpm)@额定电压
	持续扭矩	90	170

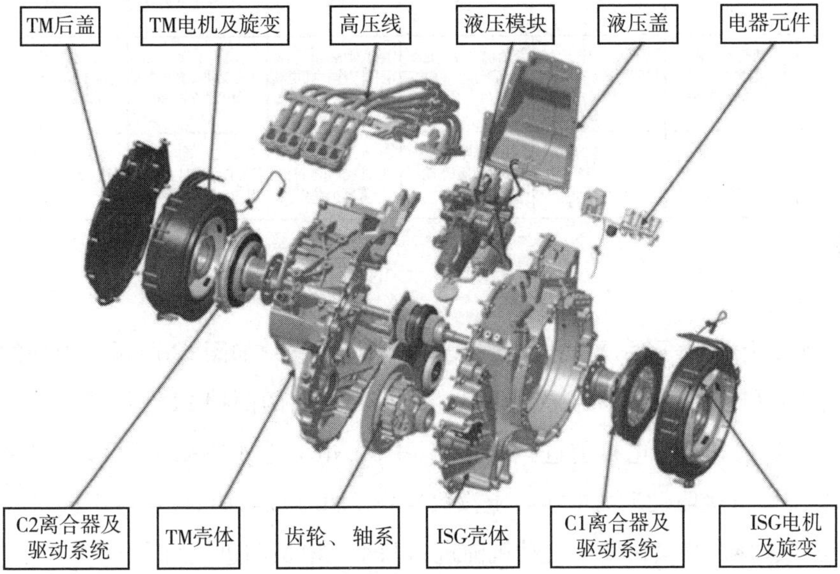

图 10　上汽 EDU 一代结构爆炸图

资料来源：2020 年中国动力总成电气化国际峰会。

灵活组合的三核动力（发动机动力、ISG 电机动力、TM 电机动力）为整车提供强劲动力。运行模式分为纯电、串联、并联等模式，具体工作状态与能量流如图 11 所示。

EDU 一代的二挡变速器是同一个同步器和液压换挡缸驱动实现的，类似 AMT 结构，上汽做出与 DCT、AT 相当的换挡品质。全部采用干式离合器，免维护，无拖曳损失，常闭离合器连接 TM 电机，常开离合器连接 ISG 电机和发动机。

2. 上汽 EDU 二代

相比于第一代 EDU 包含的 ISG 电机和 TM 电机分别分布在两挡齿轮组

工况/模式	纯电模式	串联模式	并联模式	制动能量回收	行车充电	怠速充电
示意图	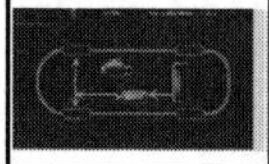	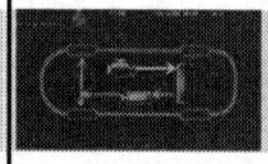	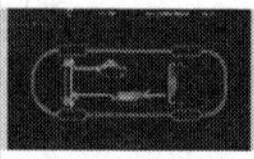	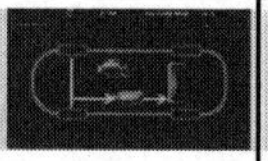		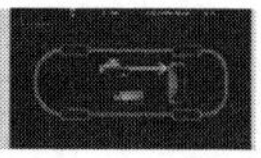
触发条件	电池电量许可且车辆对扭矩需求适中的情况	电池电量较低，扭矩需求低时	当有较大的扭矩需求时	滑行制动和踏板制动中	行车中，电池电量值低于规定值	车辆静止状态，电池电量值低于规定值
工作状态	发动机不工作，ISG电机不工作，TM电机工作	发动机工作，ISG电机工作（充电），TM电机工作（驱动）	发动机工作，ISG电机工作，TM电机工作	并联时ISG电机TM电机工作；纯电动模式下，仅TM电机工作	发动机工作，ISG电机工作（充电），TM电机工作或不工作	发动机工作，ISG电机工作（充电），TM电机不工作
能量流动	电池供电给TM电机，TM电机再驱动车轮	发动机对动力电池充电，TM电机驱动车轮	ISG电机发电，TM电机驱动车轮	制动力矩经过ISG电机或TM电机给蓄电池充电	发动机对动力电池充电，同时和TM电机一起驱动车辆	发动机只对动力电池充电

图 11　EDU 一代动总参数

的两侧，第二代 EDU 采用了更强大的单电机方案，如图 12 所示。内部的离合器 C1 和 C2 由三个同步器所取代。从而将之前的两挡 EDU 扩展至 6 个发动机前进挡和 4 个电机前进挡的十挡 EDU。电力电子驱动单元 PEB 仍位于 EDU 上方直接驱动动力电机。上汽第二代 EDU 电驱动系统的三个同步器不同位置选择，将会由 6 个发动机前进挡和 4 个电机前进挡组合。

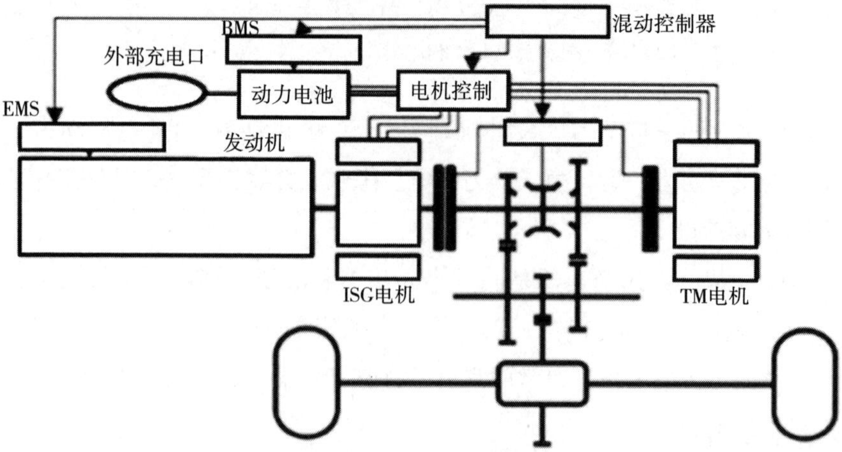

图 12　EDU 二代结构

资料来源：2020 年中国动力总成电气化国际峰会。

第二代 10 速 EDU 智能电驱变速器拥有 6 个发动机挡位和 4 个电机挡位（见图 13），挡位数增加能够使动力源转速得到优化，从而让车辆在同车速和工况下，都能有更好的效率或动力。上汽 EDU 二代可实现纯电 4 挡驱动，其中，1 挡和 6 挡是通过调节齿轮与同步器结合方式来实现的，因此 EDU 二代的功率传递路径比较复杂。

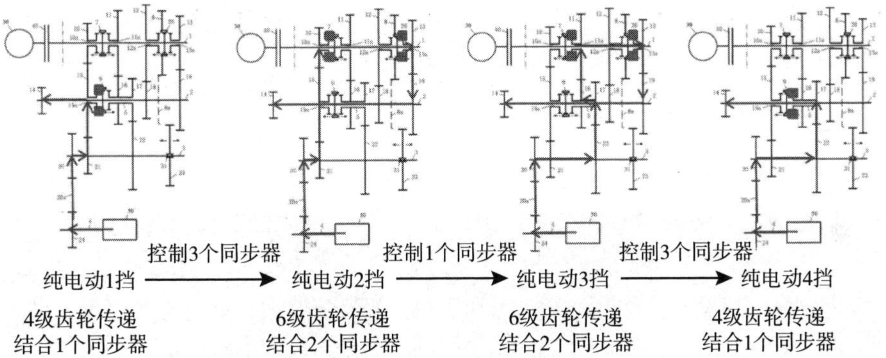

图 13　上汽 EDU 二代的纯电 4 挡驱动路径

（七）奇瑞

奇瑞汽车正式发布“奇瑞 4. 0 时代全域动力架构”，并将架构下的燃油及混动解决方案定名为“鲲鹏动力 CHERY POWER”。其中，鲲鹏混动公布了一套 2. 0TGDI 和 DHT 组成的混动总成，最大功率/峰值扭矩是 192kW/400Nm。常规版热效率可达 38. 2%，混动版热效率可达 41%。DHT 采用双电机构型 TSD 双轴驱动，可实现 11 个组合挡位和 9 种工作模式。DHT 相关参数如表 8 所示。

表 8　奇瑞 DHT 参数

名称	鲲鹏动力 CHERY POWER 动力参数
厂商	奇瑞
搭载情况	外部造型公布，将搭载瑞虎 8PLUS
发动机	鲲鹏 2. 0TGDI

续表

名称	鲲鹏动力 CHERY POWER 动力参数
变速器	全功能混动构型鲲鹏 DHT,TSD 双轴驱动
油耗	条件 B 油耗 4.3L/100km
其他描述	首创双电机驱动,9 种工作模式,11 个组合挡位;最大输入扭矩 510Nm;整车百公里加速时间≤5s;纯电模式整车 0~50km/h≤2.5s

如图 15 所示，混动变速箱输入扭矩 510Nm，整箱扭矩密度 35Nm/kg，最高传动效率大于 97.6%，NEDC 工况电驱动平均效率大于 90%，扁线电机峰值效率大于 97%，比功率 6.0kW/kg，低电量模式节油率大于 50%。纯电动总声压级 75 分贝（A），行业设计寿命 1.5 倍。

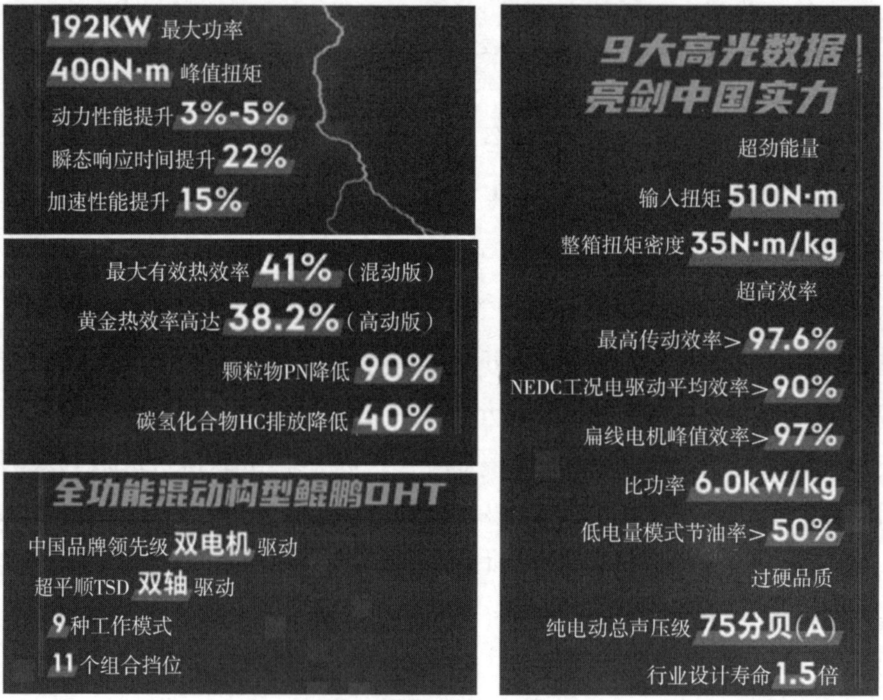

图 14　鲲鹏动力核心技术参数

（八）小康

东风小康赛力斯 SF5 采用了赛力斯/华为－驼峰增程系统（见图 15），

将华为 DriveONE 三合一电驱动系统、MCU 电机控制器，以及赛力斯 SEP200 电机、高效 1.5T 增程器、电池系统、整车控制器、充电系统等进行集成，实现了高性能、低能耗、更静谧、更安全、更智能的五大全新驾乘体验。

图 15　小康赛力斯动力总成

赛力斯 SF5 的系统最大输出功率为 405kW，系统最大输出扭矩 820Nm。其 NEDC 纯电续航为 150km，条件 B 工况 NEDC 油耗为 4.68L/100km，油电续航能力超 1000km。

赛力斯 SF5 采用了 35kWh 的三元锂电池，如表 9 所示。电池采用 3 重结构保护——电池模组外壳保护、电池包结构保护、车身边梁结构保护；IP67 物理防护等级，电机 + 电池 + 电控整体动系统可浸入 1 米深度的水下，持续运行 30 分钟。

小康在研的高效节能混动专用增程发动机，经过认证，峰值有效热效率达 42.59%。该发动机采用深度米勒循环、超高压缩比、超低惯量增压器、高效冷却 EGR 等高效燃烧技术；采用小轴颈轴系和摩擦副涂层等减摩擦技

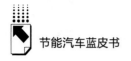

表 9　驼峰增程系统关键参数

名称	驼峰增程系统
厂商	赛力斯/华为
搭载情况	赛力斯华为智选 SF5
发动机	1.5T 增程发动机
电机	赛力斯 SEP200 电机;后置:华为 DriveONE 三合一电驱系统
电池	35kWh
油耗	4.68L
其他描述	系统最大输出功率 405k;系统最大输出扭矩 820Nm;超 1000km 续航能力

资料来源：2021 年上海车展。

术，并取消轮系、增加电子水泵和变排量机油泵等技术；采用创新型油冷系统，高转速区域的油冷效率相比传统水冷效率提高 10%，相较传统水冷电机峰值功率提升 5%；采用的高效 EGR 系统使 EGR 率高达 20% 以上，油耗降低 5%；采用的横流水套，相比传统水套流量系数提高 40%，降低爆震，提升了发动机整体性能；采用高效率低压损双层冷却水套，两级水套，相较传统水套压损降低 35%，提升冷却效率；采用鱼腹型进气道 MASKING 的燃烧室，超高滚流比，大于 15 的超高压缩比，实现了深度米勒循环。

（九）五菱工业

五菱工业自主研发的“菱擎”前置后驱混动系统于 2021 年上海车展正式发布。1.6L 四缸阿特金森发动机热效率可达 40.1%，驱动电机效率达 95.1%。该系统取消了离合器、变速箱，尤其是传动轴，提升了整车 NVH 表现，提高了传动效率，改善了传动平顺性，还提高了底盘利用率，降低了成本。该系统在提供无限接近纯电动汽车驾驶体验的同时，又以极具性价比的方式解决了续航焦虑和充电焦虑问题。

“菱擎”系统包括高热效率 1.6L 四缸阿特金森循环发动机、高效发电机与驱动电机、高放电倍率动力电池，以及高度集成化的动力控制系统与电池管理系统。以“一套系统”实现“双重功效”，省油省钱、省心省事。此外，该系统底盘延展性极高，未来可适配紧凑级 MPV、中型 MPV、皮卡等多种车型。

（十）东风

1. 东风汽车

东风汽车集团发布马赫动力总成品牌，包含发动机、变速器、混动动力总成。其中发动机排量覆盖 1.0～2.0L，涵盖了混动效率版和传统动力版。混动变速器包括基于 6 速和 8 速湿式双离合开发的 P2 和 P2.5 混动变速箱，以及包含单挡和多挡的混动专用变速箱 DH120 和 DH150。其中 1.5TD 发动机匹配 HD120 的动力性相比常规车提升 30% 以上，如表 10 所示。东风 C15TDR 分常规版（CR10.5）和混动版（CR12）。其中混动版最高热效率 41.07%。由 2018 年 C10TD 升级而来，从高效燃烧、深度降摩、智能热管理和轻量化四方面进行了优化。

表 10　东风常规与混动发动机关键技术参数

参数	最高有效热效率(%)	升功率(kW/L)	升扭矩(Nm/L)
1.5L 常规版	39	100	213
1.5L 混动版	41.07	83	173

资料来源：2021 年上海车展东风技术发布会。

东风汽车集团马赫动力总成计划在 2025 年利用预燃室技术实现大于 45% 的 DHE 热效率，2030 年热效率目标为高于 50%。目前已在预研预燃室、压燃及稀燃、超高压喷射等高效燃烧技术。

2. 东风乘用车技术中心（东风风神）

如图 16 所示，东风汽车结合市场发展趋势、自身技术资源，确认专用混动电驱动系统及变速箱（DHT）路线，其首代 DHT 产品采用双电机串并联架构，采用高集成度和高效轴齿/执行机构设计，匹配相同发动机，相比 DCT 车型 WLTC 节油 20%。

如图 17 所示，东风通过平衡功能、性能及成本，确定下一代 DHT 采用单电

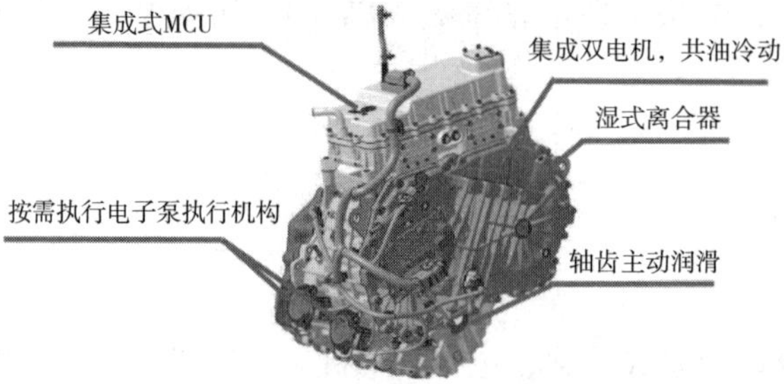

性能指标	HD120
功能模式	可实现纯电动、串联、并联、制动能量回收、驻车发电等
总成结构	集成式
驱动电机	130kW/300Nm
发电机	80kW/130Nm
电机冷却方式	油冷
电机系统最高效率	95%
变速箱传动最高效率	97%
发动机端扭矩容量	250Nm
总成重量	127kg

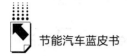

图 16　东风首代 DHT 架构和参数

机 P3 多挡架构，属于 DHT 低成本方案，类似 MT 结构，4 个同步器和 2 爪式离合器。发动机拥有 4 个独立挡位，电机拥有 1 个独立挡位（P3），4 发动机直驱模式、5EV 模式、8 并联模式。P3 位置可解耦，兼具 P3 高效率、停车发电功能及更多电机驱动挡位，P3 电机扭矩可填充动力换挡，实现无动力中断换挡。

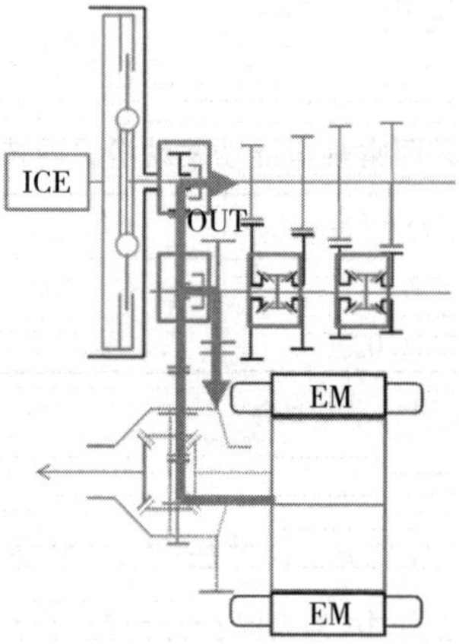

图 17　东风风神下一代 DHT 混动构型

三　国内混动技术未来发展趋势

（一）混动架构

新能源汽车近几年来发展迅速，各国各车企不断加码研发并推出混动车型，作为混动核心之一的混动变速器，是国内各大车企进军混动汽车市场的关键和核心。

混动变速器主要包括两大类，即拓展式混动变速器（Add-on Hybrid Transmission）和混动专用变速器（Dedicated Hybrid Transmission，DHT）。拓展式混动变速器是基于现有的传统变速器电气化改造而衍生的混动变速器，通常通过在原变速器基础上集成一个单独电驱动模块。该方案一般是将电动机集成到 AMT、DCT、AT 及 CVT 等变速器上。而混动专用变速器是专门针对发动机和电动机的功率和扭矩特性，重新系统开发的新型结构的混动变速器。DHT 在诞生之初就获得各方高度关注，已有相关领域的针对性研究。近几年来越来越多的国内自主汽车厂家和关键部件供应商启动了 DHT 的开发工作。

48V 轻混技术属于拓展式混动技术当中的重要技术路线，近几年 48V 技术在我国市场得以发展，这主要得益于德系车企的搭载和部分自主品牌的推动。48V 轻混技术第一代主要的架构类型为 P0 构型，第二代和第三代技术主要聚焦在 48V 轻混构型的升级优化、集成 P4 电桥的双 48V 电机方案和动力总成附件电气化等方面。

如图 18 所示，48V 轻混技术在经济性和燃油贡献率上优势有限，大部分自主企业或将放弃下一代 48V 轻混技术，进而将有限的资源投放在纯电动和重度混动技术上。虽然 48V 的成本较低，但企业面临油耗限值上的压力和巨大的合规成本，48V 轻混技术在自主品牌今后的应用前景不容乐观。

项目	动力总成成本（元）	P0 型 48V 系统成本（元）	平均动力总成成本增幅（%）	平均车价的成本体现（%）	综合合规成本
自主	10000 = 13000	3000 ~ 4000	30	2.9	很高
合资	12000 ~ 14000	4000 ~ 4500	30	2.5	高
豪华	15000 ~ 20000	4000 ~ 5000	28	1.3	中等

图 18　48V 经济性对比

对于强混车型，主流车企的强混技术发展趋势统计分析如表 11 所示。

对于日系品牌，丰田、本田、日产都已形成了自己的技术特点，主要使

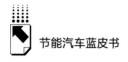

用功率分流、串并联和串联这三条技术路线，并且在日本或全球市场获得了优秀的销量表现和积极的市场验证。这些企业将在现有技术上不断迭代，不太会轻易放弃现有成熟的技术和规模化优势。

对于美系品牌，美系车企基本贯彻功率分流技术路线。虽然在我国市场推广并不顺利，但对于个别企业仍将会坚持该技术路线。通用泛亚也正在开发本土方案 EP28N 用于经济型 HEV/PHEV 车型。

对于欧系品牌，欧洲品牌目前青睐 P2 技术路线，且和功率分流相比 P2 在 HEV 上有着不小的技术差距，所以 PHEV 成为这些车企应对电动化的重要过渡路径。

表 11　主流车企强混技术发展趋势分析

车企		过去技术方案	目前技术方案	未来技术方案
日本	丰田	THS1. 0PS	THS2. 0PS	下一代 THS PS
	本田	i-MMD P1 + P3		
	日产	P2 + 7AT	P2 + CVT	e-Power （ HR12DE-XH5k1、MR15DDT）
	三菱	P1 + P3 + P4		
美国	通用	GFE 1. 0PS		GFE 2. 0PS、本土 DHT 方案
	福特	PS(FHEV/PHEV)		
	FCA		PS + P4	
德国	大众	P2:DQ400e		
	奥迪		P2:ZF 8HP/P2 + Hybird DCT	
	宝马		P2:ZF 8HP	
	戴姆勒		P2:9HAT	
	PSA		P2/P2 + P4	
	沃尔沃		P1 + P4(AWD)	
中国	长安	P2 + DCT (EADO PHEV)	P1 + P2 + P3 (CS75 PHEV)	DHT:P1 + P3
	长城	P0 + P4(WEY P8/VV7 PHEV)		A30(P)HEV:EG01H/C + DHT B30 PHEV:P2 + 9HDCT、P2/P2 + P4 + 9HAT
	吉利	PS	P2. 5(FHEV/PHEV:1. 5T + 7HDCT)	DHT 1/3 平台

续表

车企		过去技术方案	目前技术方案	未来技术方案
中国	上汽乘用车	EDU Gen1:P1 + P3	EDU Gen2/2.5:P1 + P3	EDU Gen2.5/3.0
	比亚迪	DM 1.0:P1 + P3	DM 2.0:P1 + P3 DM 3.0:P0 + P3 + P4	DM 4.0:P0 + P3 + P4
	一汽轿车		P2 + 7HDCT	P2 + 7HDCT DHT 300 平台
	东风汽车			HD120 4/2-Speed DHT

对于自主品牌，随着国内政策导向和合规压力，头部自主车企纷纷将发展目标往 DHT 发展，通过 DHT 能既应用于现有 PHEV 车型上也能够同步推出 HEV 车型。目前车企纷纷布局 DHT，但是高昂的成本能否被规模化分摊仍有很大不确定性。

综观技术路线的统计结果，从单电机并联转向双电机串并联是一种技术发展趋势。随着低油耗车型概念的提出和政策惠及，车企纷纷将发展重点转变到 HEV 的开发，DHT 技术将成为主流应用趋势。

图 19 为从传统动力系统到高效域工况动力系统发展的技术路线演变过程。由于 48V 轻混 P0 构型不具备低速纯电行驶能力，因此其与常规动力总成的发动机运行工况类似，均是面工况运行。对于单电机并联动力系统，运行工况可以通过换挡线和负荷迁移等方式进行优化，该方案的优势在于动力叠加动力性较好，多搭配 PHEV，变速器资源丰富，但节油效果有限，开发难度较低。

对于 DHT 而言，随着混动变速器的机电耦合程度逐渐加深，发动机从面工况变成线工况或域工况，逐步提升系统燃油经济性。双电机（DHT）有利于提高能量转换效率，工况油耗更佳，驱动依靠电机，发动机动力性要求低，有利于降低成本。

单电机并联架构与双电机串并联结构方案的对比分析如图 20 所示。单

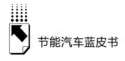

	单电机架构					双电机架构		
技术方案	发动机+DCT/AT/CVT+单电机					混动专用发动机DHE+双电机DHT		
技术架构	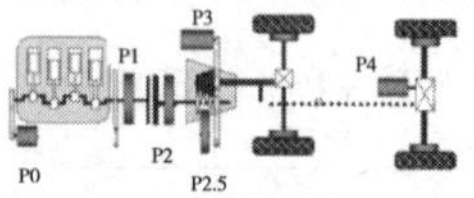					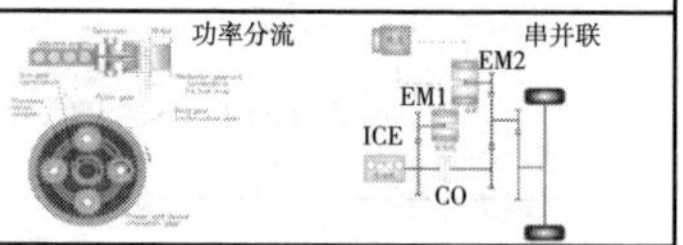		
应用代表	P0 吉利/现代/德系，高压配合其他构型使用	P2 德系/韩系	P2.5 北汽/吉利	P3 比亚迪	P4 宝马/长城，多配合其他构型使用	功率分流 丰田/福特	串并联 本田/长城/比亚迪/上汽/广汽	串联 日产e-Power
优缺点	动力性提升5%~3%，节油率10%~25%，控制较复杂					节油率20%~40%，动力性提升10%~20%，控制复杂		
适用车型	PHEV为主					HEV、PHEV、REV		

图 19　从传统动力系统到高效域工况动力系统发展的技术路线演变过程

电机架构以单电机＋多挡变速技术方案为主，多搭配 PHEV，动力叠加获得更强的动力性能。双电机架构以更节能的 DHE＋DHT 为主，是未来主要技术升级方向，在更多的电驱动场景下可提升驾驶体验。相比单电机架构，具有更好的客户感知性能，双电机架构是最佳技术选择，其拥有更低的油耗，城市工况时发动机运行与车速解耦、高速时发动机直驱。

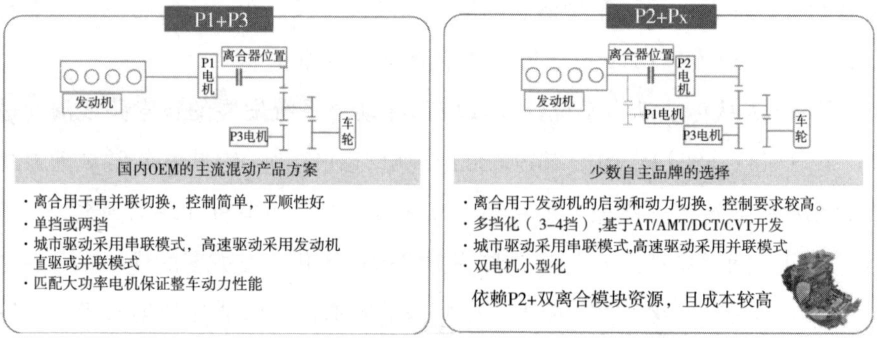

图 20　单电机并联架构与双电机串并联结构方案的对比分析

双电机的总拥车成本（TCO）优于单电机方案，市场驱动将越发显现。发电机和驱动电机各司其职，双电机有更优的行车保电策略。双电机具备串联模式，更多的电驱场景，且发电机启动发动机更平稳，控制要求低。

由于结构简单、易于控制，双电机串并联架构逐渐成为主流方案，根据离合器位置不同，可形成 P1 + P3 和 P2 + Px 两种路线。双电机串并联构型逐渐呈多挡化、无动力中断的技术趋势。

（二）混动发动机

汽车产业迎来新技术革命，新能源汽车、智能网联汽车为革命核心领域。混动汽车是智能网联汽车的重要组成部分，混动专用发动机作为混动汽车的核心部件，其性能的持续优化仍将成为主机厂的工作重点。研究方向逐渐呈现由研究高热效率、高功率发动机向混动专用高效发动机过渡的特点。电气化带来的小型化和运行范围收窄、法规、市场、成本均为混动专用发动机技术路线选择的重要因素。2020 年，国内多家主机厂量产机型热效率达到 40% 以上，预计 2020 ~ 2025 年实现热效率 42%，2030 年有望达到45% ~ 50%。混动专用发动机相关研究可大致分为四个方向：高效燃烧技术、热管理技术、进排气优化技术、降摩擦技术。

1. 高效燃烧技术

发动机燃烧的优劣决定其有效功率上限。在高效燃烧技术方面，自主品牌当前研究主要针对燃烧方式、点火形式和喷油形式。阿特金森循环和米勒循环分别采用进气门推迟关闭、进气门提前关闭的方法实现有效压缩比的降低，利用高膨胀比提高燃烧效率。阿特金森循环多用于匹配自然吸气机型，米勒循环多用于匹配增压机型，该技术已被国内主机厂广泛应用于混动专用发动机。

HCCI（Homogeneous Charge Compression Igntion）在进气冲程完成进气、缸内直喷和混合气形成过程，利用 EGR、16∶1 超高压缩比和进气加热，在压缩行程末期实现混合气自燃，具有低燃烧温度、低 NOx 排放的特点。但 HCCI 工作窗口较窄，面临 HCCI 和火花点火切换的问题。区别于当前化学当量比混合气，均质稀燃技术混合气空燃比远大于 1，有利于降低泵气损失、提高压缩比、燃烧温度低减少散热损失、提高燃烧效率。但需配合复杂的后处理系统以应对大量的 NOx 排放，喷油器费用高，点火系统复杂。预燃室技术在火花塞附近形成浓混合气，点火形成的火核逐渐由预燃室向主燃烧室内的稀混合气扩展，从而有效扩展稀燃的工作窗口。该系统有望实现45%热效率，降低爆震倾向，但喷射系统复杂程度增加。

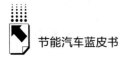

提高压缩比是提升发动机热效率的有效手段。国内主机厂约40%热效率机型压缩比多为11~12，部分43%热效率机型压缩比达到15.5。压缩比15及以上将成为混动专用发动机的发展趋势之一。缸内喷水技术降低缸内温度，可降低爆震倾向，为压缩比的提高提供可能性。此外，可减少大负荷部件保护所需的燃油加浓从而提升大负荷表现。与此同时带来的问题是水的来源、储存、与相关部件的低温耐久性能。

点火技术方面，高能点火线圈可在高增压情况下采用，有利于提升燃烧稳定性，但仍无法单独应对严重偏离空燃比1的稀混合气。增加火花塞个数或延长火花持续期也有利于提高燃烧稳定性。除传统点火方式外，电晕放电和等离子点火利用高频电场实现多点同时点火，目前尚在研究阶段。

对于直喷机型，喷射共轨压力已普遍升级至350bar，未来将向500bar及更高喷油压力进化。为应对低成本的需求，部分日系主机厂回归进气道喷射方案。

除不同标号汽油外，混动专用发动机也将尝试氢气、天然气、醇类、醚类、生物燃料等组分，考虑到多燃料系统的储存、设计难度，目前大多处于实验室研究阶段。

2. 热管理技术

散热为发动机损失的重要组成部分，先进热管理系统可提升暖机速度、合理调整冷却强度、改善布置、提升发动机效率，但设计复杂度随之增加。发动机先进热管理技术的关注重点为：为发动机创造合适的工作条件，减少热量散失。

如图21所示，缸体缸盖分体冷却、电子节温器、集成式排气歧管为当前国内主机厂主流热管理技术。缸体缸盖分体冷却考虑缸体缸盖的工作环境特点配合变排量泵、电控阀和电子节温器，有效降低燃烧室传热损失。电子节温器将更多部件引入冷却回路，配合电控阀与截止阀的设计，使发动机的热管理实现按需控制、迅速响应，提升暖机速度，降低中小负荷传热损失。

有效热管理可降低摩擦损失，如活塞喷射冷却、油温的电加热和排气能量加热等。集成式排气歧管可利用发动机排气热量加热冷却水，提高发动机暖机速度；同时，在高速大负荷工况下改善涡轮前气体的换热，有利于提升发动机功率扭矩。

（a）舍弗勒多功能热管理模块

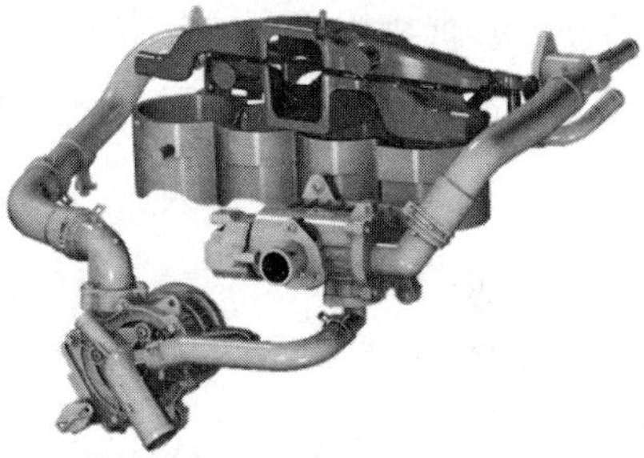

（b）分体冷却技术

图 21　主流热管理方案

在减少热量散失方面，除当前主流优化冲程缸径比（S/B，Stroke/Bore）和燃烧室形状外，在活塞、阀、缸套喷涂隔热涂层可以减少向冷却水的散热。TOYOTA 在活塞采用二氧化硅增强多孔阳极氧化铝（silica-reinforced porous anodized aluminium）涂层，该涂层的低热传导和热储存材料导致材料温度大幅度变化，减少热损失、减少对进气的加热、提升燃烧效率、降低排放。但该项工艺使相应部件加工复杂度增加。在排气系统增加热涂层、防止过多散热同样有利于起燃。此外，发动机停机时维持冷却水温度水平，可降低暖机损失。

3. 进排气优化技术

发动机进排气优化包括进气过程相关的增压、EGR、进气冷却、气道设计和排气过程相关的后处理。

增压有助于发动机小型化，电气化程度的加深使增压器匹配方向由提高低速扭矩向提高增压器效率的方向进化。除传统固定几何形式的涡轮外，包括双流道涡轮、双涡轮、可变截面涡轮（variable geometry turbo，VGT）、滚珠轴承涡轮、电子增压器等在内的先进增压技术也将逐渐占据越来越多的市场份额。其中，双流道涡轮避免排气干涉，利于扫气，可改善低速响应和瞬态响应，但发动机高转速下涡轮效率下降，可能导致高背压的出现。可变截面涡轮叶片角度可变，无需废气旁通阀，有利于降低背压并应用于米勒循环发动机，在低排气流量情况下可提高涡轮效率、提高背压、增加增压压力，但需采用耐高温材料，磨损率高。电子增压器可与发动机工况解耦，提升低速扭矩和瞬态响应，但系统成本增量较大。涡轮水冷有助于加快发动机暖机，实现全工况范围空燃比 1 运行。

除内部 EGR（Exhaust Gas Recirculation）外，外部 EGR 的引入可改变混合气的组分与比热，从而改善燃烧、降低传热损失。当前大多数发动机均配备可变气门正时（Variable Valve Timing，VVT）机构，低压 EGR 为市场主流选择。低压 EGR 可降低排温加浓倾向和爆震倾向，从而提高燃烧效率。

进气中冷有利于提高充气效率，降低泵气损失。配合管路的紧凑设计，可提高发动机动态扭矩响应。此外，两级进气中冷和 EGR 冷却器联合设计优化有利于减小体积，改善布置。

进气道设计影响充气效率和混合气形成。合理的进气道设计有利于提高滚流比与湍动能，提高火焰传播速度进而抑制爆震。可变进气道则兼顾了发动机不同负荷对进气量和滚流强度的需求，改善小负荷燃烧稳定性，提升大负荷功率。气阀夹角的合理设计，配合火花塞和喷油器布置，可改善混合气滚流比和流量。

针对进排气相位控制方式，除现行主流的可变气门正时外，主要优化方式为无凸轮轴配气机构（camless valvetrain）、可变升程进排气（Continuously Variable Valve Lift，CVVL）、凸轮轴廓线变换（Cam Profile Switching，CPS）。无凸轮轴配气机构使每个阀单独可控，节气门可随之取消，重量减轻、布置优化。可变升程进排气可通过机械或电液方式控制，有利于在部分负荷减少进气门开启持续期降低进气流量，减少节流损失。凸轮轴型线变换可视为可变升程进排气的特殊形式，即在2套固定的型线之间切换以兼顾中小负荷减少泵气损失和大负荷提升性能的需求。针对混动车型发动机的工况由面工况向线工况、点工况转变的特点，取消可变进气机构，采用固定气门相位方案也成为低成本车型的备选方案。停缸技术（Cylinder Deactivation）需配合可独立控制的进排气门设计，当发动机处于部分负荷时，除取消喷油点火外，关闭进排气门可减少泵气损失并改善尾气富氧情况，对于大排量发动机效果显著。

为满足扩展RDE和未来的国七排放法规，配合先进燃烧技术特点，除配备针对空燃比1附近混合气燃烧后处理的三元催化器外，可增加汽油颗粒捕集器（Gasoline Particulate Filter，GPF）用于捕捉尾气中的颗粒物；针对稀燃发动机，稀燃NOx捕捉装置（Lean NOx Trap，LNT）、选择催化（Selective Catalyst Reduction，SCR）和氨滑移催化器（Ammonia Slip Catalyst，ASC）将成为主流应对方案。其中，SCR涉及固态氨的储存问题。电加热催化器和发动机停机时催化器保温可提高催化器起燃速度，提高排气污染物催化效率从而降低排放。更多排气后处理技术与装置的引入使主机厂面临性能、布置、成本、控制难度、可再生性的权衡与选择。

4. 降摩擦技术

混动专用发动机降摩擦措施主要针对运动件和附件展开，包括曲轴、活塞、缸套、进排气门、机油泵和机油等。除当前已广泛应用的可变排量机油泵和电子水泵外，减少曲轴偏置、低弹力活塞环、低摩擦涂层、缸套喷涂、无凸轮轴进排气门、凸轮轴滚动轴承取代滑动轴承、低黏度机油、电动空调压缩机、取消真空泵等均为有效降摩擦措施。

（三）混动电池电驱系统

随着新能源及混合动力的发展进入深水区，以及用户对车辆性能的要求越来越高，车辆电驱系统的NVH，效率及功率密度成为电驱系统供应商和OEM关注的焦点。与此同时，在混合动力层面，丰田和本田混动车型的累计销量持续攀升，建立了坚实的成本优势；在新能源层面，逐渐退坡的政策干预，使市场正在向自由竞争过渡。以上2点均使自主OEM对电驱系统的成本要求变得非常严苛。

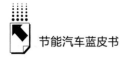

永磁同步电机（Permanent Magnet Synchronous Motor，PMSM）成为多数OEM的选择，而内置永磁体式PMSM由于具有磁阻转矩进一步提高了其功率密度而被广泛采用。因此，如下针对使用PMSM电机的电驱系统进一步说明当前状态及发展方向。

1. 电驱系统NVH性能

电驱系统的震动与噪声主要来自电机的转矩脉动以及半导体器件（IGBT、MOSFET）的开关动作。

PMSM的转矩脉动主要是由于定子绕组（齿槽）在圆周上为非连续分布，造成各个机械角度下的磁阻不一致（即齿槽转矩），因此解决的方案是增加槽（极）的数量，设计多层槽（极），优化开槽形状，或者使用斜极（斜槽）结构；当前正在快速发展的分布式绕组扁线电机（Hair-Pin、I-Pin、波绕组等均属于此类，见图22）可更好地优化齿槽转矩，有效地降低PMSM的转矩脉动。

另外，减少逆变器输出的调制波的谐波成分可获得更一致的定子旋转磁链，从而减少谐波磁场对转子的不规则吸引，降低转矩脉动；谐波成分与调制算法及半导体器件的开关频率相关。目前各大OEM以及电驱系统供应商所广泛采用的空间矢量脉宽调制（Space Vector Pulse Width Modulation，SVPWM）算法与SPWM（Sinusoidal Pulse Width Modulation）算法相比其在抑制谐波及转矩脉动上有明显优势。在开关频率上，当前主流逆变器已经达到10kHz~20kHz，可保证PMSM在12000rpm以内实现较高的载波频率比，从而减少谐波成分，开关频率正在进一步向20kHz以上发展。

SVPWM算法在减少谐波成分的同时，也减少了半导体器件的开关动作，因此减少了逆变器产生的震动和噪声，但通常逆变器引起的震动强度较小，在电驱系统的NVH分析中，通常不作为主要关注对象。

逆变器的谐波注入（“有益谐波”）算法正在被各OEM以及电驱系统供

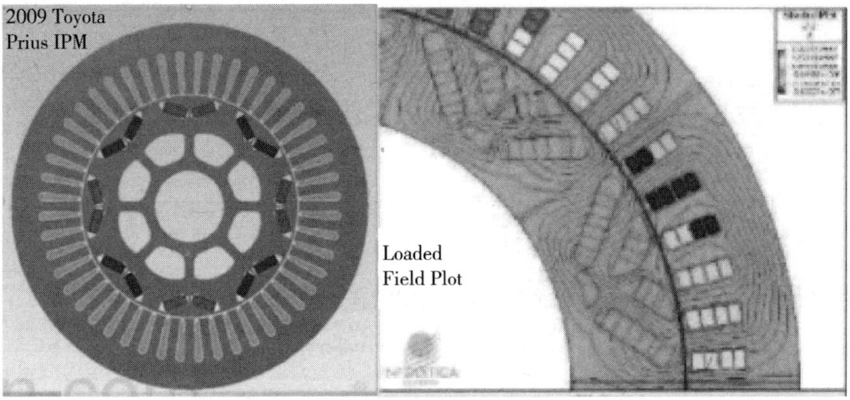

图 22　Hair-Pin PMSM 的槽（极）分布

注：左为丰田 Prius 应用的电机，由 Denso 供应；右为通用 Volt 应用的电机，由雷米供应（已被博格华纳收购）。

应商广泛用于抑制转矩脉动。如前所述，PMSM 各个机械角度下的磁阻不一致（导致永磁磁链不一致）是导致转矩脉动的主要原因之一，而当 PMSM 被设计完毕，其变化频率就已经固定，可在永磁磁链增强或减弱的同时，减弱或增强 q 轴电流（减弱或增强定子磁链）或 d 轴电流（减弱或增强永磁磁链），使定子磁链和永磁磁链之积恒定，从而使转矩平稳；在控制上，通过将产生上述电流调节的逆变器输出调制波与产生恒定旋转定子磁链的调制波叠加实现谐波。

如图 23 所示，在电机测试台架上验证恒定转速工况下谐波注入算法的效果，其有效地抑制了由于转矩脉动引起的转速波动。

另外，由于半导体开关器件死区时间等因素的限制，即使使用 SVPWM 或更先进的调制算法，“有害谐波”总是无法避免，定子磁链在圆周上的一致性无法保证。因此无死区开关控制法、时间补偿法和电流反馈型电压补偿法被提出，但由于电流传感器误差影响，这些算法常导致误补偿，目前并没有被广泛推广。

PMSM 应用在混动系统中，不仅要避免其自身产生扭矩波动，而且需要利用电机扭矩响应快速的特性平衡发动机高频扭矩波动（扭振）以及抑制

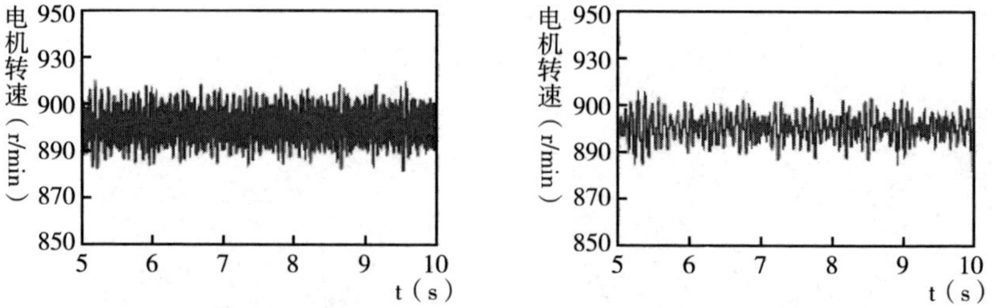

图 23　使用及不使用谐波注入算法的电机转速波动对比（左为不使用）

资料来源：《用谐波注入抑制永磁同步电机转矩脉动》。

整个动力总成的振动（振动频率相对较低，即 Anti-Jerk 功能，作用于 Tip-in/out、起动发动机等场景）。关于平衡扭振，可通过电机转速传感器精确获得发动机的曲轴转角信息，合并发动机上止点等信息后计算其瞬时扭矩，从而利用电机正扭矩补偿发动机扭矩低谷，利用负扭矩适当削弱扭矩峰值，最后将补偿扭矩与其他电机扭矩需求叠加，理想情况下，该功能可大幅降低对扭转减震器的要求，节约成本。关于抑制动力总成振动，需要利用考虑和不考虑动力总成柔性所得到的轮端转速的差值（计算值）进行修正，修正计算的主体是应用转速差对当前转矩下整个动力总成存储的弹性势能进行评估并根据这个转速差值利用电机进行扭矩干预，因此保证动力源扭矩信号以及动力总成各个部件的刚度（需包含轮胎参数）数值的准确是应用这一功能的前提。

我国 OEM 的混动系统集成能力还在不断提升，因此应用电机扭矩平衡发动机扭振的功能并未被广泛应用（需应用发动机扭振模型控制电机输出扭矩）。另外由于混动系统的动力传递链更复杂，且刚度等参数不易精确获得，使用电机抑制动力总成振动的功能也未能深入推广（该功能在纯电动汽车上已被广泛使用）。

但是，随着市场对性能提升和成本降低的要求越来越高，相信这种通过算法改进性能（不增加成本）的手段会快速地被我国 OEM 及电驱系统供应商所掌握。

2. 电驱系统效率

与其他类型的电机一样，PMSM 的损耗主要分为铜损耗、铁损耗、风摩损耗和杂散损耗；对于逆变器，其功率模块的损耗占总损耗的 70%，而在功率模块中，半导体（如 IGBT）的损耗占绝大部分，其余损耗发生在寄生电阻以及电感上。

降低 PMSM 铜损耗的最有效措施是增加槽满率，由于线与线，以及线与槽之间不会像圆线一样产生缝隙，因此扁线电机可有效做到这一点（见图 24），相比于圆线电机其槽满率一般可由 40% 提升至 70%（此处，槽满率指漆包线有效的铜横截面积与槽横截面积之比）。但是，由于生产工艺的限制，发展迅速的扁线 Hair-Pin 等形式的电机通常比顶级的集中绕组圆线电机拥有更长的端部（理想情况下，扁线电机的端部可能更短），因此其端部损耗更大，所以当前阶段，圆线电机与扁线电机的效率差距还没有被拉开。

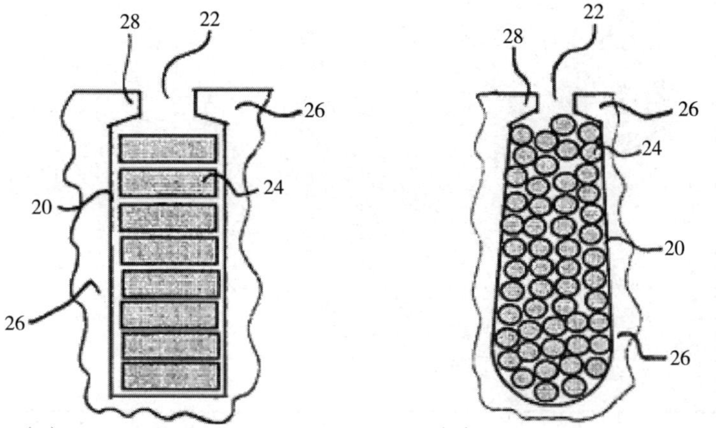

（a）Rectagular wires in slot　　（b）Round wires in slot

图 24　扁线与圆线在齿槽中的状态

降低 PMSM 铁损耗的有效措施一方面是使用更薄的硅钢片（增加叠片工艺难度）以降低铁芯中的涡流损耗，另一方面是使用具有更小磁滞的铁磁材料（例如提高硅钢片中 Si 的含量）以降低磁滞损耗，但两者均会降低铁芯的机械强度；硅钢片的制造工艺对磁滞损耗也有较大的影响，目前一般选择冷轧硅钢片；对于 PMSM 设计，使铜损耗及铁损耗降低的改进方向和措施早已明朗，但其均涉及其他性能的变化，因此改进是一个复杂的多目标权衡和优化过程，并且对 PMSM 的制造工艺提出了非常高的要求。

伴随着 OEM 及电驱系统供应商系统集成能力的提升，电机设计将向更注重循环效率的方向发展，即提高车辆在 NEDC/WLTC 循环工况或用户实际使用状态下，电驱系统相应工作点的效率，而不过分追求电机 Map 中最高效率的提升（当前电驱系统的高效区与上述工作点存在一定程度的剥离，见图 25）。

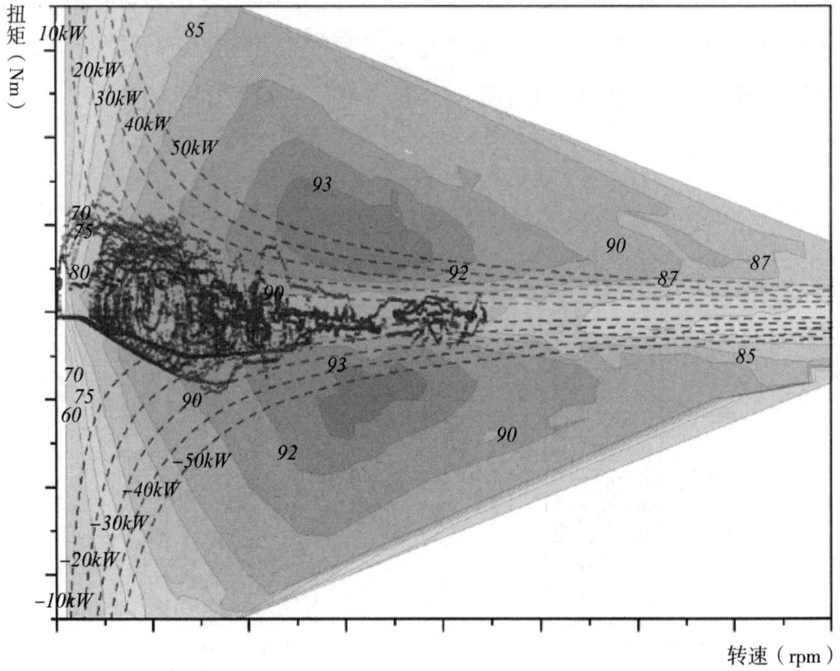

图 25　某驱动电机 WLTC 循环下工作点（黑色点）与驱动电机高效区域

根据这一目标重新对 PMSM 的定子铁芯长度与定子外径的比值、定子槽与转子铁芯的匹配关系、转子永磁体的布置及排列方式等参数进行调整是当下电驱系统供应商的主要工作之一。

半导体器件的开关损耗是逆变器功率模块损耗的主要来源，因此需在保证逆变器调制效果的前提下降低开关频率，在保证一定载波频率比的情况下，转速越高对开关频率的需求越高，因此可采用变频控制使低转速下的开关频率降低；为了更进一步地提升逆变器的效率，许多逆变器供应商开发了连续变频功能。

由于内置式永磁同步电机存在磁阻转矩，因此令 d 轴电流为 0 并不能使一定定子电流产生最大的电机转矩，合理分配 d/q 轴电流使单位电流获得的转矩最大的控制称为最大转矩电流比（Max Torque Per A，MTPA）控制。显然根据效率的定义，MTPA 控制拥有最高的效率，其本质上是控制定子磁链空间矢量与永磁磁链空间矢量的夹角，使二者叉乘之积最大。

在 PMSM 的恒转矩区，显然应当使用 MTPA 控制，但当转速升高至基速以上，若目标扭矩较小，电机运转并未受到电压极限圆限制，仍应使用 MTPA 控制；若目标扭矩较大且转速提高，电机运转已经受到电压极限圆限制，应取电压极限圆与恒转矩线的交点作为电流控制目标。以上控制方法可使 PMSM 非恒转矩区有更高的效率，目前已被电驱系统供应商广泛采用。

如上所述，在较高转速下，使用 MTPA 控制会受到电压极限圆的限制，因此可使用过调制增大电压极限圆，拓展 MTPA 控制区域（见图 26），此处

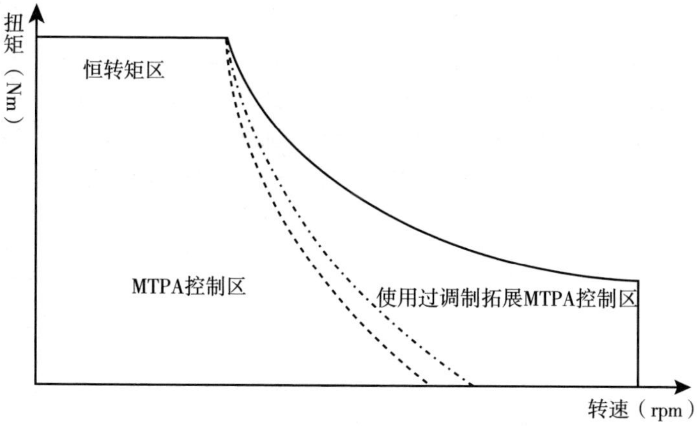

图 26　使用过调制进行 MTPA 控制区拓展

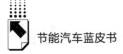

过调制一般指过调制系数在［0.9069，0.952］的调制方法（过调制系数指电压矢量幅值 V_{ref} 与 2/π 倍母线电压之商），过大的过调制系数会令过调制产生的谐波达到不可接受的程度；应用这一技术除需要在效率提升和谐波导致的扭矩脉动之间平衡之外，如何进行 SVPWM 线性调制与过调制之间的切换，使扭矩/转速均可平稳过渡是调制算法研究中的难点。目前已经有部分电驱系统供应商应用了这一技术。

参考文献

林卫斌等：《碳中和目标下中国能源转型框架路线图探讨》，https：//www.in－en.com/article/html/energy－2306172.shtml。

蒋含颖等：《基于统计学的中国典型大城市 CO_2 排放达峰研究》，《气候变化研究进展》2021 年第 2 期。

朱新明等：《混合动力变速器的现状和发展趋势研究》，《汽车工艺师》2020 年第10 期。

廖勇、甄帅、刘刃等：《用谐波注入抑制永磁同步电机转矩脉动》，《中国电机工程学报》2011 年第 31 期。

I. López，Ibarra E.，Matallana A.，et al.，“Next Generation Electric Drives for HEV/EV Propulsion Systems：Technology，Trends and Challenges”，*Renewable and Sustainable Energy Reviews* 114（2019）.

Cai W.，Wu X.，Zhou M.，et al.，“Review and Development of Electric Motor Systems and Electric Powertrains for New Energy Vehicles”，*Automotive Innovation* 4（2021）.

Rui Y.，Zhang C.，Wang M.，et al.，“Effect of Structure Parameters on the Losses and Efficiency of Surface-Mounted PMSM”，*Electrical Machines Design*，*Control & Diagnosis*. IEEE，2017.

附　录

Appendices

B.11

乘用车企业平均燃料消耗量

附表　2020 年中国乘用车生产企业（含进口）平均燃料消耗量

单位：辆，L/100km

乘用车企业名称	产量/进口量	企业平均燃料消耗量		是否达标
		实际值	达标值	
安徽江淮汽车集团股份有限公司	126671	3. 47	6. 11	是
北京汽车股份有限公司	66334	2. 52	5. 18	是
北京汽车制造厂有限公司	3089	5. 45	5. 48	是
北京新能源汽车股份有限公司	18437	0	5. 28	是
北汽(广州)汽车有限公司	33052	4. 62	5. 66	是
北汽蓝谷麦格纳汽车有限公司	2066	0	6. 58	是
北汽新能源汽车常州有限公司	86	0	5. 1	是
北汽云南瑞丽汽车有限公司	3684	0	5. 5	是
比亚迪汽车工业有限公司	137734	1. 35	6. 12	是
比亚迪汽车有限公司	252530	4. 24	5. 41	是
成都大运汽车集团有限公司	2267	0	5. 71	是
枫盛汽车(江苏)有限公司	2595	0	4. 97	是
福建天际汽车制造有限公司	342	0	6. 3	是
广汽乘用车有限公司	280553	4. 7	5. 65	是
国机智骏汽车有限公司	3623	0	4. 94	是

续表

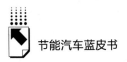

乘用车企业名称	产量/进口量	企业平均燃料消耗量		是否达标
		实际值	达标值	
海马汽车有限公司	14207	0.52	5.42	是
杭州长江乘用车有限公司	7979	0	4.72	是
合众新能源汽车有限公司	15150	0	5.02	是
河北中兴汽车制造有限公司	113	0	5.7	是
河南速达电动汽车科技有限公司	1074	0	5.1	是
恒大新能源汽车(天津)有限公司	185	0	5.7	是
湖北星晖新能源智能汽车有限公司	167	0	6.4	是
湖南恒润汽车有限公司	300	0	4.5	是
江铃控股有限公司	1890	0.44	5.65	是
江苏华梓车业有限公司	100	0.04	5.7	是
江苏吉麦新能源车业有限公司	1568	0	4.48	是
江苏九龙汽车制造有限公司	58	5.45	6.6	是
江苏敏安电动汽车有限公司	14	0	5.43	是
江西江铃集团新能源汽车有限公司	1445	0	4.69	是
兰州知豆电动汽车有限公司	197	0	4.3	是
明君汽车有限公司	3	0	4.3	是
南京金龙客车制造有限公司	1796	0	5.77	是
奇瑞新能源汽车股份有限公司	34809	0	4.48	是
山西成功汽车制造有限公司	58	0	4.96	是
山西新能源汽车工业有限公司	18457	0.78	5.39	是
上汽通用五菱汽车股份有限公司	932706	4.43	4.96	是
特斯拉(上海)有限公司	143393	0	5.59	是
天津一汽丰田汽车有限公司	582351	5.03	5.15	是
威马汽车制造温州有限公司	26144	0	5.74	是
云度新能源汽车有限公司	3150	0	5.21	是
肇庆小鹏新能源投资有限公司	18385	0	6.21	是
重庆金康新能源汽车有限公司	3693	0.4	6.18	是
重庆理想汽车有限公司	35889	0.75	7.2	是
安徽猎豹汽车有限公司	55	7.53	5.52	否
北京宝沃汽车股份有限公司	1381	7.05	5.54	否
北京奔驰汽车有限公司	608609	6.55	5.76	否
北京汽车集团越野车有限公司	18492	10.04	6.46	否
北京现代汽车有限公司	443086	5.61	4.97	否
北汽福田汽车股份有限公司	6147	9.29	6.42	否

续表

乘用车企业名称	产量/进口量	企业平均燃料消耗量		是否达标
		实际值	达标值	
成都高原汽车工业有限公司	44555	6.33	5.5	否
大庆沃尔沃汽车制造有限公司	59265	6.24	5.84	否
东风本田汽车有限公司	840219	5.72	5.23	否
东风雷诺汽车有限公司	318	6.22	5.24	否
东风柳州汽车有限公司	86976	6.81	5.63	否
东风汽车股份有限公司	4	8	6.4	否
东风汽车集团有限公司	68452	5.49	5.18	否
东风汽车有限公司	1207974	5.49	5.09	否
东风小康汽车有限公司	118711	6.74	5.41	否
东风裕隆汽车有限公司	40	8.4	5.51	否
东风悦达起亚汽车有限公司	213813	5.85	4.99	否
东南(福建)汽车工业有限公司	8153	6.84	5.08	否
福建奔驰汽车有限公司	29985	8.78	7.15	否
福建新龙马汽车股份有限公司	458	5.72	5.05	否
观致汽车有限公司	9050	6.73	5.47	否
广汽本田汽车有限公司	801289	5.73	5.27	否
广汽乘用车(杭州)有限公司	50987	6.33	5.22	否
广汽菲亚特克莱斯勒汽车有限公司	39091	6.69	5.59	否
广汽丰田汽车有限公司	764999	5.54	5.39	否
广汽三菱汽车有限公司	76110	7.52	5.39	否
贵航青年莲花汽车有限公司	76	6.42	4.5	否
海马新能源汽车有限公司	1012	7.2	5.5	否
汉腾汽车有限公司	1185	7.44	5.39	否
合肥长安汽车有限公司	260486	6.48	5.41	否
河北长安汽车有限公司	40417	5.91	5.22	否
湖南江南汽车制造有限公司	545	7.77	5.37	否
湖南猎豹汽车股份有限公司	812	7.57	5.44	否
华晨宝马汽车有限公司	600554	5.97	5.67	否
华晨雷诺金杯汽车有限公司	17964	8.46	5.81	否
华晨汽车制造有限公司	1091	6.62	5.26	否
华晨鑫源重庆汽车有限公司	37491	5.79	5.26	否
江铃汽车股份有限公司	48926	7.49	5.95	否
江西昌河汽车有限责任公司	988	6.15	5.03	否
江西大乘汽车有限公司	8571	7.57	5.28	否

续表

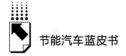

乘用车企业名称	产量/进口量	企业平均燃料消耗量		是否达标
		实际值	达标值	
江西五十铃汽车有限公司	1692	8.67	6.51	否
江西志骋汽车有限责任公司	3706	5.69	4.3	否
奇瑞捷豹路虎汽车有限公司	56986	7	6.17	否
奇瑞汽车股份有限公司	274916	6.78	5.26	否
奇瑞商用车(安徽)有限公司	99877	7.7	5.52	否
庆铃汽车股份有限公司	11	7.8	6.2	否
厦门金龙联合汽车工业有限公司	87	9.57	6.4	否
上海汽车集团股份有限公司	469202	5.35	5.16	否
上汽大通汽车有限公司	40196	7.07	6.07	否
上汽大众汽车有限公司	1499517	5.64	5.18	否
上汽通用(沈阳)北盛汽车有限公司	103479	6.95	5.75	否
上汽通用东岳汽车有限公司	193100	6.46	5.38	否
上汽通用汽车有限公司	1048184	6.22	5.34	否
深圳市宝能汽车有限公司	1604	6.6	5.5	否
神龙汽车有限公司	41113	5.24	5.19	否
四川野马汽车股份有限公司	5789	5.53	5.18	否
四川一汽丰田汽车有限公司	193360	6.09	5.68	否
一汽-大众汽车有限公司	2076038	5.87	5.3	否
一汽海马汽车有限公司	1453	7.63	5.9	否
一汽吉林汽车有限公司	509	6.93	4.99	否
宜宾凯翼汽车有限公司	11133	7.14	5.1	否
长安福特汽车有限公司	220542	7.18	5.71	否
长安马自达汽车有限公司	138084	5.93	5.21	否
长城汽车股份有限公司	838605	5.93	5.49	否
浙江豪情汽车制造有限公司	703957	6.29	5.28	否
浙江吉利汽车有限公司	560999	6.54	5.35	否
浙江众泰汽车制造有限公司	462	8.9	6.39	否
郑州日产汽车有限公司	14777	9.26	6.14	否
中国第一汽车集团有限公司	344763	6.89	5.58	否
重汽(重庆)轻型汽车有限公司	9903	7.88	5.7	否
重庆力帆乘用车有限公司	269	7.18	5.52	否
重庆铃耀汽车有限公司	14989	5.22	4.7	否
重庆长安汽车股份有限公司	702474	6.12	5.24	否
特斯拉汽车(北京)有限公司	6805	0	7.05	是

续表

乘用车企业名称	产量/进口量	企业平均燃料消耗量		是否达标
		实际值	达标值	
阿尔法罗密欧(上海)汽车销售有限公司	993	7.24	5.75	否
阿斯顿马丁拉共达(中国)汽车销售有限公司	360	12.55	6.3	否
宝马(中国)汽车贸易有限公司	168704	7.1	6.05	否
保时捷(中国)汽车销售有限公司	86968	6.95	6.3	否
北京路特斯汽车销售有限公司	12	10.5	5.1	否
大众汽车(中国)销售有限公司	20155	8.77	6.59	否
法拉利汽车国际贸易(上海)有限公司	338	11.79	5.51	否
丰田汽车(中国)投资有限公司	256740	6.06	5.92	否
福特汽车(中国)有限公司	13330	8.61	6.24	否
捷豹路虎(中国)投资有限公司	40968	8.51	6.95	否
克莱斯勒(中国)汽车销售有限公司	9437	9.22	6.48	否
玛莎拉蒂(中国)汽车贸易有限公司	4002	10.31	6.76	否
迈凯伦汽车销售(上海)有限公司	183	10.81	5.28	否
梅赛德斯-奔驰(中国)汽车销售有限公司	144849	7.77	6.27	否
日产(中国)投资有限公司	3222	7.82	6.46	否
斯巴鲁汽车(中国)有限公司	24902	7.16	5.48	否
沃尔沃汽车销售(上海)有限公司	19493	6.8	6.73	否
现代汽车(中国)投资有限公司	397	10.6	6.4	否
浙江中大元通国际贸易有限公司	6356	11.05	6.71	否
中国第一汽车集团进出口有限公司	53514	7.7	6.29	否

B.12

节能汽车相关政策、法规统计

附表　我国节能汽车相关政策法规统计（2020～2021 年）

政策法规	颁布时间	颁布单位	内容要点
《绿色出行创建行动方案》	2020 年 7 月 24 日	交通运输部、国家发改委	方案明确新能源和清洁能源车辆规模应用:重点区域［重点区域是指根据《国务院关于印发打赢蓝天保卫战三年行动计划的通知》(国发〔2018〕22 号)明确的京津冀及周边地区、长三角地区、汾渭平原等区域］新能源和清洁能源公交车占所有公交车比例不低于 60%,其他区域新能源和清洁能源公交车占所有公交车比例不低于 50%。新增和更新公共汽电车中新能源和清洁能源车辆比例分别不低于 80%。空调公交车、无障碍公交车比例稳步提升,依法淘汰高耗能、高排放车辆
《关于修改〈新能源汽车生产企业及产品准入管理规定〉的决定》	2020 年 7 月 24 日	工业和信息化部	随着国内外形势的发展变化,为更好适应我国新能源汽车产业发展需要,进一步放宽准入门槛,激发市场活力,加强事中事后监管,促进我国新能源汽车产业高质量发展,需要对 2017 年发布实施的《新能源汽车生产企业及产品准入管理规定》部分条款进行修改。主要修改三方面内容:一是删除申请新能源汽车生产企业准入有关"设计开发能力"的要求;二是将新能源汽车生产企业停止生产的时间由 12 个月调整为 24 个月;三是删除有关新能源汽车生产企业申请准入的过渡期临时条款。同时,根据上述条款的修改,对《新能源汽车生产企业及产品准入管理规定》的部分附件作出相应修改
《关于开展燃料电池汽车示范应用的通知》	2020 年 9 月 21 日	财政部、工业和信息化部、科技部、国家发改委、国家能源局	支持燃料电池汽车关键核心技术突破和产业化应用,推动形成布局合理、各有侧重、协同推进的燃料电池汽车发展格局。中央财政通过对新技术示范应用以及关键核心技术产业化应用给予奖励,加快带动相关基础材料、关键零部件和整车核心技术研发创新。争取用 4 年左右时间,逐步实现关键核心技术突破,构建完整的燃料电池汽车产业链,为燃料电池汽车规模化产业化发展奠定坚实基础

续表

政策法规	颁布时间	颁布单位	内容要点
《关于"道路机动车辆产品准入许可""节能与新能源汽车财税优惠目录申报管理""中国汽车能源消耗量"系统上线运行的通知》	2020年10月15日	工业和信息化部	整车企业原产品申报系统"道路机动车辆产品准入许可""节能与新能源汽车财税优惠目录申报管理""中国汽车能源消耗量"三个系统完成升级改造。此次几大系统统一之后，企业只需一次申报即可，不仅减轻了企业负担，同时也为正在全面推行的双积分管理方案提供了数据核对上的便利性
《新能源汽车产业发展规划(2021~2035年)》	2020年10月20日	国务院办公厅	《规划》是"1+3个5"的整体框架：1项总体部署、5项重点任务、5个专栏任务、5项保障措施。包括提高技术创新能力，构建新兴产业生态，推动产业融合发展，完善基础设施体系，深化开发合作。 《规划》的总体思路是要以深化供给侧结构性改革为主线，坚持"三化"发展——电动化、网联化、智能化，明确提出了新能源汽车是国家战略。并在发展愿景中提出了2025年、2035年两个时间节点的发展目标
《节能与新能源汽车技术路线图2.0》	2020年10月27日	中国汽车工程学会	技术路线图2.0进一步研究确认了全球汽车技术"低碳化、信息化、智能化"发展方向，客观评估了技术路线图1.0发布以来的技术进展和短板弱项，深入分析了新时代赋予汽车产业的新使命、新需求，进一步深化描绘了汽车产品品质不断提高、核心环节安全可控、汽车产业可持续发展、新型产业生态构建完成、汽车强国战略目标全面实现的产业发展愿景，提出了面向2035年我国汽车产业发展的六大目标
《关于调整甲醇汽车产品准入相关要求的通知》	2020年12月15日	工业和信息化部	对于产品申报要求，通知明确：企业选择对应的车型类别进行甲醇汽车产品申报，产品名称应包括"甲醇"。甲醇汽车产品应满足《道路机动车辆产品准入审查要求》(2019年第1号公告)、《八部门关于在部分地区开展甲醇汽车应用的指导意见》(工信部联节〔2019〕61号)等相关要求
《关于进一步完善新能源汽车推广应用财政补贴政策的通知》	2020年12月31日	财政部、工业和信息化部、科技部、国家发改委	通知明确了2021年新能源汽车补贴政策，2021年补贴较2020年退坡20%(公共领域车辆退10%)，技术指标不变，但测试循环由现行的NEDC变成了WLTC

续表

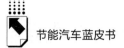

政策法规	颁布时间	颁布单位	内容要点
《碳排放权交易管理办法(试行)》	2020 年 1 月 5 日	生态环境部	办法明确:生态环境部根据国家温室气体排放控制要求,综合考虑经济增长、产业结构调整、能源结构优化、大气污染物排放协同控制等因素,制定碳排放配额总量确定与分配方案。省级生态环境主管部门应当根据生态环境部制定的碳排放配额总量确定与分配方案,向本行政区域内的重点排放单位分配规定年度的碳排放配额
《关于加快建立健全绿色低碳循环发展经济体系的指导意见》	2021 年 2 月 22 日	国务院	意见明确:要打造绿色物流。推广绿色低碳运输工具,淘汰更新或改造老旧车船,港口和机场服务、城市物流配送、邮政快递等领域要优先使用新能源或清洁能源汽车;加大推广绿色船舶示范应用力度,推进内河船型标准化。要加强新能源汽车充换电、加氢等配套基础设施建设。因地制宜发展水能、地热能、海洋能、氢能、生物质能、光热发电
《关于调整〈乘用车燃料消耗量限值〉实施标准的通知》	2021 年 3 月 17 日	工业和信息化部、国家市场监督管理总局、国家标准化管理委员会	该标准规定了燃用汽油或柴油燃料、最大设计总质量不超过 3500kg 的 M1 类车辆今后一个时期的燃料消耗量限值要求。标准发布实施对推动汽车产品节能减排、促进产业健康可持续发展、支撑实现我国碳达峰和碳中和战略目标具有重要意义
《2021 年能源工作指导意见》	2021 年 4 月 22 日	国家能源局	意见提到:①按照"源网荷储一体化"工作思路,持续推进城镇智能电网建设,推动电动汽车充换电基础设施高质量发展,加快推广供需互动用电系统,适应高比例可再生能源、电动汽车等多元化接入需求。加强技术交流与合作,深化中欧智慧能源、氢能、风电、储能等能源技术创新合作,推动一批合作示范项目落地实施。②结合氢能、储能和数字化与能源融合发展等新兴领域、产业发展急需的重要领域,研究增设若干创新平台。③提升能源产业链现代化水平,开展氢能产业试点示范,探索多种技术发展路线和应用路径
《关于实施重型柴油车国六排放标准有关事宜的公告》	2021 年 4 月 27 日	生态环境部、工业和信息化部、海关总署	为落实《重型柴油车污染物排放限值及测量方法(中国第六阶段)》(GB 17691 - 2018)相关要求,就全国范围内全面实施重型柴油车中国第六阶段排放标准(简称国六排放标准)有关事宜发布公告:自 2021 年 7 月 1 日起,全国范围全面实施重型柴油车国六排放标准

续表

政策法规	颁布时间	颁布单位	内容要点
《关于调整免征车辆购置税新能源汽车产品技术要求的公告》	2021年5月13日	工业和信息化部、财政部、国家税务总局	为适应新能源汽车技术标准变化，做好新能源汽车免征车辆购置税政策执行工作，本公告调整免征车辆购置税新能源汽车产品技术要求，对插电式混合动力车型一处降低能耗要求。 插电式（含增程式）混合动力乘用车纯电动续驶里程应满足有条件的等效全电里程调整为不低于43km。 插电式（含增程式）混合动力乘用车电量保持模式试验的燃料消耗量（不含电能转化的燃料消耗量）与《乘用车燃料消耗量限值》（GB 19578 - 2021）中车型对应的燃料消耗量限值相比应当小于70%；电量消耗模式试验的电能消耗量应小于电能消耗量目标值的135%
《关于轻型汽车能耗标识相关工作的通知》	2021年5月14日	工业和信息化部	通知明确：自第345批《公告》起，新申请产品准入的国产轻型汽车，应在“道路机动车辆产品准入系统”中按要求填报能耗标识配置信息。对于已获得产品准入，但未及时填报能耗标识配置信息的在产轻型汽车，企业应于2021年6月10日之前通过能耗标识信息补传系统补传相关信息
《机动车排放召回管理规定》	2021年5月20日	国家市场监督管理总局、生态环境部	规定明确：凡是机动车有排放不达标等3种行为之一的，生产商必须召回，进口机动车的进口商也包括在内。①由于设计、生产缺陷导致机动车排放大气污染物超过标准；②由于不符合规定的环境保护耐久性要求，导致机动车排放污染物超过标准；③由于设计、生产原因导致机动车存在其他不符合排放标准或不合理排放。 除此之外，机动车生产者应当采取修正或者补充标识、修理、更换、退货等措施消除排放危害，并承担机动车消除排放危害的费用。未消除排放危害的机动车，不得再次销售或者交付使用。一旦出现机动车经营者收到召回计划后未停止销售、租赁存在排放危害的机动车等行为的，将会被处三万元以下罚款
《关于进一步提升充换电基础设施服务保障能力的实施意见（征求意见稿）》	2021年5月20日	国家发改委、国家能源局	征求意见明确：加快推进居住社区充电设施建设安装；提升城乡地区充换电保障能力；加强车网互动等新技术研发应用；加强充换电设施运维和网络服务；做好配套电网建设与供电服务；加强质量和安全监管；加大财税金融支持力度

续表

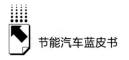

政策法规	颁布时间	颁布单位	内容要点
《"十四五"公共机构节约能源资源工作规划》	2021 年 6 月 4 日	国家机关事务管理局、国家发改委	规划明确:在"十四五"期间,将推动公共机构带头使用新能源汽车,新增及更新车辆中新能源汽车比例原则上不低于 30%;更新用于机要通信和相对固定路线的执法执勤、通勤等车辆时,原则上配备新能源汽车;提高新能源汽车专用停车位、充电基础设施数量,鼓励单位内部充电基础设施向社会开放
《关于发布〈燃料电池汽车测试规范〉的通知》	2021 年 6 月 11 日	工业和信息化部	为规范燃料电池汽车检测工作,支撑燃料电池汽车示范应用,发布《燃料电池汽车测试规范》,以便于生产企业及检测机构在开展燃料电池汽车示范应用工作中实施
《关于印发"十四五"循环经济发展规划的通知》	2021 年 7 月 7 日	国家发改委	通知明确:研究制定汽车使用全生命周期管理方案,构建涵盖汽车生产企业、经销商、维修企业、回收拆解企业等的汽车使用全生命周期信息交互系统。加强新能源汽车动力电池溯源管理平台建设,完善新能源汽车动力电池回收利用溯源管理体系
《新型数据中心发展三年行动计划(2021~2023 年)》	2021 年 7 月 14 日	工业和信息化部	计划明确:加快先进绿色技术产品应用。大力推动绿色数据中心创建、运维和改造,引导新型数据中心走高效、清洁、集约、循环的绿色发展道路。鼓励应用高密度集成等高效 IT 设备、液冷等高效制冷系统、高压直流等高效供配电系统、能效环境集成检测等高效辅助系统技术产品,支持探索利用锂电池、储氢和飞轮储能等作为数据中心多元化储能和备用电源装置,加强动力电池梯次利用产品推广应用

Abstract

Blue Book of Energy-efficient Vehicle is an annual research report on the energy efficient development of China's automobile industry. It was first published in 2016 and this book is the sixth volume. This report, organized and compiled by China Automotive Engineering Research Institute, with the wisdom of many experts from domestic and foreign vehicle manufacturers, component companies and research institutes. It is an authoritative work on the development of Energy-efficient vehicles in China.

In September 2020, President Xi Jinping pledged that China would reach its CO_2 emissions peak before 2030 and achieve carbon neutrality before 2060. The transportation industry is the cornerstone of economic and social development and one of the main industries of carbon emissions. The carbon emission data of China's transportation industry shows that the carbon emissions of passenger cars have been increasing year by year and commercial vehicles occupy a low proportion but emit large emissions. Energy-efficient and emission reduction in the whole automotive industry are crucial. In this context, continuous optimization of the industrial structure, steady development of energy-efficient vehicles, and comprehensive promotion of low-carbon technologies have become the internal requirements of the sustainable development of China's auto industry.

China is the second-largest oil-consuming country in the world. In 2020, domestic crude oil consumption was 736 million tons, its dependence on foreign crude oil being as high as 73.5% with the huge oil consumption of vehicles as the main factor. In 2020, the average fuel consumption of China's passenger cars did not fall but rise. In the next 10 years, traditional energy vehicles will remain an important component of the automotive industry. Therefore, to promote the application of energy-efficient technologies and continue to reduce the fuel consumption of traditional energy vehicles are necessary for the high-quality development of China's auto industry.

Begins with "Evaluation and Prospects for the Development of China's Energy-efficient Vehicles from 2020 to 2021", this annual report focuses on industry hot topics to discuss the current situations and trends of energy-efficient vehicles at home and abroad. The report falls into seven chapters, i. e. the general report, the market report, the technical report, the policy report, the experiment report, the special report, and the appendix.

In the general report, the development situation of energy-efficient vehicles is summarized and future trends are discussed based on the development trend of the global and domestic automobile industry in 2020 and combined with industry focus and policies.

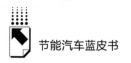

In the market report, the international market focuses on the United States, Japan, and Europe. The current situation of the energy-efficient automobile market is analyzed from the perspectives of market overview, energy-efficient strategy, energy-efficient technology application, and development. The current situation of energy-efficient technology application is presented through the analysis of typical enterprises in various regions. The development status of energy-efficient automobiles in the domestic market is analyzed from the perspectives of market performance, the fuel consumption level, the application of energy-efficient technology, and the development trend of energy-efficient vehicles are outlined.

In the technical report, the three fields of engines, transmissions, and heavy trucks intelligent energy-efficient development are analyzed. As to the development of engine thermal efficiency technology, the mainstream thermal efficiency improvement technology of the engine is briefly introduced from the aspects of industry development, domestic and foreign technology status, market development, and application. In the field of intelligent energy-efficient development of heavy trucks, the intelligent energy-efficient technology of heavy trucks is briefly introduced from the perspectives of technology introduction, main technology applications at home and abroad, development opportunities and challenges, etc. As to transmission energy-efficient technology, the product iteration and technical upgrading of transmissions are systematically expounded from three categories.

In the policy report, we focus on the key policies from 2020 to 2021, among which the passenger vehicle field has researched the fuel consumption limit of passenger vehicles related to the energy-efficient technology in the new dual-credit policy and the energy-efficient preferential treatment policy of vehicle purchase restrictions cities. In the field of commercial vehicles, we research the upgrading of emission standards. This chapter analyzes the impact of new policies and regulations on the automobile industry and provides suggestions for the development of gasoline-fueled vehicles.

In the experiment report, a group of PHEV models and a group of 48V MHEV models are selected for the test. The fuel economy under different driving modes is analyzed through experimental comparison.

In the special report, a literature review on e-fuels is presented, which aims to build a better understanding of the production technologies and implications, technology readiness level, environmental impact, investment, costs, and potential demand. The hybrid technology and products of domestic mainstream automakers are elaborated in the hybrid technology and products column.

Overall, this book will be of great reference value to managing departments of the industry, automobile and accessory producers and researchers, automobile users, and institutional investors. Readers will get a full-range understanding of the situation of Chinese energy-efficient vehicles' development, may it be the depth of the research, the fields involved, and the dimensions of the factors considered.

Keywords: Energy-efficient Vehicle; Intellectualization; Emission Reduction

Contents

Ⅰ General Report

Abstract: In 2020, the world's major car markets witnessed a downturn, the decline in China's car market being relatively small. Driven by the policies, markets, and new industrial development trends, mainstream car companies tend to adopt diversified energy-efficient technology paths, which brings new challenges and opportunities to the automotive industry chain. The energy-efficient technology of China's automobile industry has developed in the improvement of thermal efficiency, high-efficiency transmission, intelligent energy-efficient, and low-rolling resistance energy-efficient technology and new technology directions like high-efficiency transmission and intelligent energy-efficient. This paper presents and analyzes the global and domestic automobile industry situation, summarizes the achievements and problems China has made in the development of energy-efficient vehicles and looks forward to the development trend of energy-efficient technology.

Keywords: Energy-efficient Cars; Energy-efficient Technology; New Energy

Ⅱ Market Reports

Abstract: Against the backdrop of COVID - 19, the three major auto markets in the US, Japan, and Europe have not performed well, with sales dropping sharply. The US, Japan, and the EU have put forward carbon neutralization targets and increasingly stringent energy efficiency control measures. In terms of the fuel consumption of new vehicles around the world, the fuel consumption difference of traditional gasoline vehicles (non-hybrid) is not obvious, making it difficult to meet the standard. Some hybrid models and plug-in hybrid models have reached the 2025 fuel consumption target. Typical automobile and parts enterprises at home and abroad further expand the penetration range of 48V mild hybrid, battery-electric, fuel cell, and other electrified models while continuing to promote the application of traditional energy-efficient and emission reduction technologies.

Keywords: Automotive Market; Energy-efficient Strategies; Energy Efficiency Applications

Abstract: As the domestic COVID - 19 epidemic is getting less severe, China's auto market production and sales have been better than expected. Passenger car sales growth rate has been stable with a slight decline and the commercial vehicle market counter-trend has achieved five consecutive years of growth, the latter having higher sales than the former. Overall, the auto market has maintained stable development. In the field of traditional energy, the transformation of passenger cars into hybridization has been accelerated with still the trend of large-scale and SUVs; the penetration rate of alternative fuels in the truck market has increased with the obvious trend of electrification in the bus market. Commercial vehicles are still dominated by traditional energy sources in the whole market and there is still much room for the further application of energy-efficient technologies. It is foreseeable that the three major revolutions of energy, interconnection, and intelligence will bring strong new impetus to the innovative development of the automotive industry.

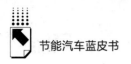

Keywords: Automobile Market; Energy-efficient Strategy; Energy-efficient Planning; Energy-efficient Technology Application

Ⅲ Technical Reports

B.4 Research on Related Technology of Engine Thermal Efficiency Improvement

Abstract: In China, commercial vehicles consume more than half of the fuel and discharge most of the exhaust pollutants with relatively low car parc. Therefore, to improve thermal efficiency and reduce CO_2 emissions are the top priority in the development of internal combustion engines. The United States applies the "super truck" to improve engine thermal and transportation efficiency. European bus energy-efficient technology is leading the world, the research and application of alternative fuel engines being at the forefront and intelligent energy-efficient research being carried out. Japanese researchers have engaged in the "innovative combustion technology" project, the gasoline and diesel engines reaching more than 50% of the net maximum thermal efficiency. The British research institute is engaged in the research and development of the CryoPower engine concept to improve engine thermal efficiency. Chinese automobile enterprises have technical reserves for improving engine thermal efficiency, the thermal efficiency of mass production being concentrated at 45% ~ 46%. This paper describes the comprehensive development status and trend of thermal efficiency improvement technology of commercial vehicle diesel engines at home and abroad, and analyzes the market application and energy efficiency level of the major technologies.

Keywords: Thermal Efficiency; Fuel Consumption; Low Emissions; Heat-recovering

Abstract: Under the increasingly stringent domestic energy conservation and emissions reduction regulations, the development of traditional energy-efficient technologies for heavy trucks is facing challenges, and energy-efficient technologies combined with Intelligence, Network, and electrification for energy-efficient technologies of heavy trucks have developed. This paper begins with an introduction to the definition of the intelligent energy-efficient technologies and classifies the technology from the perspective of vehicle energy flow. Afterward, this paper introduces the technology from the perspectives of development background, technical principles, development dynamics, and application efficiency, and development paths and trends by referring to the actual road conditions. Ultimately, the development opportunities and challenges of intelligent energy-efficient technologies are reviewed.

Keywords: Heavy Truck; Intelligent; Energy-efficient Technology

Abstract: Transmissions are divided into traditional transmissions, hybrid transmissions, and pure electric transmissions according to their different application models. Three types of automatic transmissions, i. e. CVT, DCT, and AT, have gradually occupied the dominant position of traditional transmissions. To adapt to the development of domestic energy-efficient vehicles and new energy vehicles, traditional transmissions have gradually evolved to hybrid transmissions through varying degrees of electromechanical coupling and continuous electrification upgrading and pure electric reducers have evolved from single gear to multi gears. Hybrid transmissions and pure electric transmissions require energy-efficient technologies based on traditional transmissions to minimize the vehicle's energy consumption.

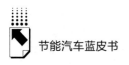

Keywords: Transmission; Energy-efficient; Electrification; DHT

Ⅳ Policy Report

Abstract: This chapter first interprets the automobile energy conservation and emission reduction policies from the perspectives of passenger and commercial vehicles respectively, focusing on the new regulations on "Limits of Fuel Consumption for Passenger Cars", "Measures on Parallel Administration of Passenger Car Enterprise Average Fuel Consumption and New Energy Vehicle Credits", "Limits and Measurement Methods of Pollutant Emissions from Heavy-duty Diesel Vehicles (The Sixth Phase in China)", and other standards and notifications. In addition, taking China, the European Union, Japan, and the United States as examples, this chapter analyzes the development of domestic and foreign carbon neutrality policies. Furthermore, the challenges and opportunities of increasingly stringent policies and regulations to traditional energy vehicles and energy-efficient technologies are analyzed in detail, and the future development of energy-efficient vehicles and energy-efficient technologies would be further predicted under the premise of compliance with policies and regulations.

Keywords: Energy Conservation and Emissions Reduction; Carbon Neutrality; Policies and Regulations

V Experiment Report

Abstract: *The Energy-saving and New Energy Vehicle Technology Roadmap 2.0* outlines the development target of the automobile industry — the proportion of HVs in new vehicles sales continues to increase to fully hybridize the traditional vehicles by 2035. Therefore, we will continue to conduct energy-saving effect tracking research for the mainstream hybrid system in China. This report chose a group of Plug-in hybrid models (different configurations) and a group of 48V light hybrid models (48V light hybrid and fuel vehicle) for the actual fuel consumption test. The test results showed that: (1) There was an error between the displayed data and the measured data. (2) The plug-in hybrid experimental models had far better energy-saving advantages in infeed condition compared with traditional fuel vehicles of the same level. (3) Traditional fuel vehicles had higher fuel consumption while the 48V light hybrid had limited fuel-saving effects.

Keywords: Hybrid; Actual Road Test; Energy-saving Effects

Ⅵ Special Reports

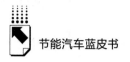

B.9 Research on Carbon Neutral Fuels

Zhao Jie, Wu Yu and Gao Guohua / 169

Abstract: Against the backdrop of recently established carbon peak and carbon neutralization targets, various industries should promote their carbon reduction strategies accordingly. In the field of automotive fuels, diversified technical routes are gradually taking shape and global energy companies begin to show strong interest in renewable energy like synthetic fuel (E-fuel) or biomass gasoline and diesel. This chapter will focus on e-fuel's technical background and preparation process and biomass energy's technical route to provide certain technical references for those engaged in the automotive industry. Carbon-neutral fuels help reduce fossil energy consumption and control CO_2 emissions to promote the realization of carbon neutrality commitments in various countries.

Keywords: Hydrogen Production Technology; Synthetic Fuel; Biomass Energy; Vehicle Fuel

B.10 Research on Hybrid Power of Domestic Passenger Vehicles

Liu Zhuo, Mao Bin, Bai Chenxu and Peng Lihui / 199

Abstract: Since 2020, the domestic car market has reached a plateau at which new energy sales could not meet the expected volume but the hybrid automobile market has ushered in development opportunities. The revised version of the dual-points standard uses the traditional vehicle fuel consumption threshold as the new energy points carryover condition; the realization of the dual-carbon goal requires energy conservation in the entire industry; *Energy-saving and New Energy Vehicle Technology Roadmap 2.0* proposes to fully hybridize the traditional vehicles by 2035. With the tightening of fuel consumption regulations, the limitations of 48V light hybrid technology have gradually emerged, hence domestic car companies have gradually turned to heavy hybrid technologies. There are various hybrid technology routes in the entire automotive industry, e. g. Japanese brands apply three technical routes of power split, series-parallel, and series which continue to iterate; American brands adopt the power split technology route; European brands favor the P2 technical route; Chinese independent car companies utilize Japanese hybrid technology as a benchmark for competition, with DHT products successively released by Geely, Great Wall, BYD, GAC, and other car companies.

Keywords: Hybrid Technology; Independent Brand; Energy-saving

S 基本子库
UB DATABASE

中国社会发展数据库（下设 12 个子库）

整合国内外中国社会发展研究成果，汇聚独家统计数据、深度分析报告，涉及社会、人口、政治、教育、法律等 12 个领域，为了解中国社会发展动态、跟踪社会核心热点、分析社会发展趋势提供一站式资源搜索和数据服务。

中国经济发展数据库（下设 12 个子库）

围绕国内外中国经济发展主题研究报告、学术资讯、基础数据等资料构建，内容涵盖宏观经济、农业经济、工业经济、产业经济等 12 个重点经济领域，为实时掌控经济运行态势、把握经济发展规律、洞察经济形势、进行经济决策提供参考和依据。

中国行业发展数据库（下设 17 个子库）

以中国国民经济行业分类为依据，覆盖金融业、旅游、医疗卫生、交通运输、能源矿产等 100 多个行业，跟踪分析国民经济相关行业市场运行状况和政策导向，汇集行业发展前沿资讯，为投资、从业及各种经济决策提供理论基础和实践指导。

中国区域发展数据库（下设 6 个子库）

对中国特定区域内的经济、社会、文化等领域现状与发展情况进行深度分析和预测，研究层级至县及县以下行政区，涉及省份、区域经济体、城市、农村等不同维度，为地方经济社会宏观态势研究、发展经验研究、案例分析提供数据服务。

中国文化传媒数据库（下设 18 个子库）

汇聚文化传媒领域专家观点、热点资讯，梳理国内外中国文化发展相关学术研究成果、一手统计数据，涵盖文化产业、新闻传播、电影娱乐、文学艺术、群众文化等 18 个重点研究领域。为文化传媒研究提供相关数据、研究报告和综合分析服务。

世界经济与国际关系数据库（下设 6 个子库）

立足“皮书系列”世界经济、国际关系相关学术资源，整合世界经济、国际政治、世界文化与科技、全球性问题、国际组织与国际法、区域研究 6 大领域研究成果，为世界经济与国际关系研究提供全方位数据分析，为决策和形势研判提供参考。